동아시아
금융 지역주의의 정치경제

: 제도적 발전과 쟁점들

아연동북아
총서 _06

동아시아
금융 지역주의의 정치경제
: 제도적 발전과 쟁점들

| 이용욱 엮음 |

아연출판부
고려대학교 아세아문제연구소

| 차 례 |

아연동북아총서 발간에 부쳐

탈냉전 이후 동아시아의 역동적 발전은 역내의 정치-외교, 경제 질서뿐만 아니라 문화, 사상, 종교 등의 제 영역에서 새로운 변화를 추동하고 있다. 이런 변화는 일국적 차원의 고찰로는 해명될 수 없는 복잡하고도 민감한 초국가적(transnational) 현상을 낳고 있다. 특히 동북아시아는 지리적 인접성, 공통의 역사-문화적 경험, 협력과 공존의 필요성 등으로부터 연유하는 초국가적 사고와 움직임이 활성화되고 있다. 이런 동북아에 대한 이해를 심화 확대하고 새로운 해석과 전망을 제공하기 위해서는 국가별 연구나 학문 분과의 분절적 연구를 넘어 동북아시아를 분석의 단위로 삼는 다학문적·학제적 연구가 요청된다.

동북아시아 연구가 갖는 실천적 의미는 매우 중요하다. 주지하듯이 동북아시아는 세계의 어느 지역보다도 급속한 변화와 발전상을 보여 주고 있음에도 불구하고, 여전히 근대성의 문제와 냉전의 구도에 얽매여 있는 곳이다. 20세기 전반기의 제국주의 침략과 식민 경험은 오늘에도 국가적·민중적 기억을 지배하고 있다. 냉전의 산물인 남북 분단과 북한의 핵 위협은 동북아시아의 커다란 불안 요소가 되고 있다. 국가 간 역사 및 영토 분쟁 또한 동북아의 평화로운 발전에 장애로 남아 있다. 그러나 우리는 불편한 역사적 경험과 현재의 불안정이 다른 한편으로 동북아시아의 여러 구성 요소들을 상호 긴밀히 연결시키고, 그로부터 문제 해결을 위한 공통의 기반이 마련될 수 있음에 주목한다. 동북아시아는 대립과 갈등의 무대이기도 하지만, 평화와 공존의 모색을 위한 토대이기도 하다. 이제 동북아 연구는 동북아가 처한 현실을 객관적으로 진단하고, 평화로운 미래를 건설하는 시대의 요청에 부응하지 않으면 안 된다.

고려대학교 아세아문제연구소(이하 아연)는 대표적인 동북아시아 지역 종합연구소로서 학제 간 연구를 통한 동북아 지역 연구를 이끌어 왔다. 1957년 설립된 이래 아연은 구한국외교문서와 공산권연구총서 및 동아시아연구총서, 중국연구총서, 한일공동연구총서, 민주주의총서 등 연구 성과의 체계적 집성을 통해 학문적 차원에서 현실을 진단하고 바람직한 미래의 방향을 전망하는 대학연구소의 역할을 충실히 수행해 왔다. 2008년부터는 한국연구재단의 인문한국(HK)사업 해외지역학 분야의 지원 기관으로 선정되어, '동북아시아의 초국가적 공간: 사상·사회문화·제도의 교류와 재구성'이라는 연구 어젠다를 중심으로 10년 기간의 대규모 프로젝트를 진행하고 있다. 이제 아연은 지난 50여 년 동안 축적된 연구 경험과 현재 진행 중인 인문한국 사업의 성과, 각종 동북아 지역 연구 지원, 국내외 소장 학자 교류 지원 프로그램 등을 기반으로 하여 〈아연동북아총서〉를 발간한다. 이 총서의 성과가 동북아 공동의 문제를 해결하고 조율하며 바람직한 미래를 모색하는 장이 될 수 있기를 기대하면서, 관심 있는 분들의 격려와 질정을 바란다.

2010년 10월

아세아문제연구소장 이내영

서론

동아시아 금융 지역주의 연구와 쟁점

이용욱

들어가는 말

국제정치·경제의 장에서 지역주의(Regionalism)의 대두와 발전은 지난 30년 동안 국가의 퇴각과 글로벌리제이션과 함께 가장 많은 논의와 연구가 진행된 영역이다(Strange 1996). 1990년대 지역주의 연구의 르네상스를 연 피터 카젠슈타인(Peter Katzenstein)은 21세기 국제정치의 키워드는 지역주의이며 지역주의에 대한 이해 없이는 국제정치를 심도 있게 논의할 수 없다고 주장했다(Katzenstein 2005, 4). 같은 맥락에서 캐티 파워즈(Kathy Powers)와 게리 고오츠(Gary Goertz)는 최근에 『리뷰 오브 인터내셔널 스터디즈』(*Review of International Studies*)에 기고한 논문에서, 국제정치는 급속하게 지역화되고 있으며 지역은 지역별 무역, 금융, 통화 협력을 견인하는 '지역 경제 제도'의 발전을 중심으로 구획되고 있다고 주장했다(Powers and Goertz 2011). 특히 1980년대 이후 진행되어 온 신자유주의적 글로벌리제이션은 주기적인 금융과 통화위기를 국가, 지역, 글로벌 차원에서 불러왔고, 이는 금융과 통화 분야에서 지역 차원의 제도적 협력의 강화를 가져왔다. 통화에서는 유럽의 유로화 탄생과 발전을 필두로 남미, 아프리카, 중동에서도 지역 차원의 통화동맹을 출범시켰거나 추진 중에 있다. 금융 분야 역시 유럽, 남미, 아프리카, 중동에서 역내 금융 안전망 확충과 지역 금융시장 발전 방안들이 활발하게 논의되고 있다(Powers and Goertz 2010, Table 1). 지역화와 지역성의 중요성은 지역이 국제법상 실체성을 가지고 한 단위로서 경제 협약을 맺는 것에서도 볼 수 있다. 가령 최근 한국은 ASEAN(Association of South-East Asian Nations, 아세안), EU(European Union, 유럽연합)와 자유무역협정을 체결했는데, 체결 상대가 국가가 아닌 지역 단위라는 것은 국제정치에서 지역의 실제적 존재성을 확인하는 예라 할 수 있다.

이런 맥락에서 본서는 1997년 동아시아 금융 위기 후 협력을 통한 두드러진 제도적 발전을 이룬 동아시아 금융 지역주의를 다룬다. 여기서 지역주의란 역내 국가들이 특정 이슈 영역에서 공통의 정책적 목표를 실현하기 위해 지역적 차원의 제도적 협력 메커니즘을 만들어 나가는 것을 의미하며, 이는 지역화(Regionalization)로 개념화된 민간 주도의 지역적 시장 통합과 구별된다. 물론 공급적 측면인 지역주의와 수요적 측면인 지역화는 상호 의존적이며 서로의 발전 방향에 영향을 주는 공진화적 현상이다. 이는 두 과정 모두의 분석을 요청하지만, 본서가 지역주의를 중심으로 삼아 분석하는 것은 이론적이라기보다는 경험적 이유에서이다. 다시 말해 동아시아에서 시장 중심의 상호 의존성 심화와 경제 통합은 1980년대 이래 점증적으로 발전해 왔지만 정부 주도의 지역주의는 부재했다. 따라서 그동안

'열린 지역주의'라는 모순어법적인 개념으로 동아시아의 경제적 상호 의존성의 심화가 분석되었다. 1997년 동아시아 금융 위기는 동아시아에서 ASEAN+3(중국, 한국, 일본)를 통해 정부 주도의 지역적 금융 및 통화 협력을 가속화하는 지역주의적 특성을 나타내게 하여, 본서는 이와 같은 새로운 현상에 대한 고찰을 목표로 한다. 관련해서 '동아시아'란 지역적 개념도 본서에서는 ASEAN+3로 한정한다. 자세히 후술하겠지만, 이 또한 이론적 기반에 의한 선택이라기보다는 동아시아 금융 지역주의의 제도적 발전이 이들 13개국의 정책 구성과 실천을 통해 지난 15년간에 걸쳐 경험적으로 이뤄져 왔기 때문이다.

동아시아 금융 지역주의는 지난 15년여 동안 크게 세 가지 정책 영역을 중심으로 발전해 왔다(Grimes 2009, 3-4). 키워드는 역내 금융 안전망 확충, 역내 금융시장 활성화, 역내 환율 안정이다. 먼저 금융 위기의 재발 방지와, 금융 위기 시 효과적인 대처를 위한 금융 안전망 확충에 방점을 둔 CMI(Chiang Mai Initiative, 치앙마이 이니셔티브)를 들 수 있다. CMI는 2000년 5월 양자 간 스와프 협정의 형태로 출발, 2010년 다자화되어 CMIM(Chiang Mai Initiative Multilateralization, 치앙마이 이니셔티브 다자화)으로 불린다. 다자화된 CMI는 아시아판 IMF(국제통화기금)인 AMF(Asian Monetary Fund, 아시아통화기금) 창설 논의로까지 확대되고 있다. ASEAN+3는 또한 다자화된 CMI의 자매기관으로서 역내 금융 감시 기구인 AMRO(ASEAN+3 Macroeconomic Research Office, ASEAN+3 거시경제조사국)를 2011년 5월 싱가포르에 성공적으로 출범시켜 AMF 창설의 가능성을 높이고 있다.

지속적 경제개발을 위한 안정적인 투자 자금 확보와 역외 금융 의존도를 줄이려는 노력은 역내 금융시장 활성화 방안을 통해 꾀했는데 ABMI(Asian Bond Market Initiative, 아시아채권시장 이니셔티브)의 제도적 발전이 그것이다. ASEAN+3는 아시아 채권시장 활성화를 위한 중요한 제도적 기제인 CGIF(Credit Guarantee Investment Facility, 신용보증투자기구)를 2011년 5월 발족시켰으며, 역내 채권 거래에 대한 결제 서비스를 제공할 RSI (Regional Settlement Institute, 역내예탁결제기구)의 설립 논의도 활발히 진행하고 있다. 역내 채권시장 표준화 방안도 심도 있게 논의되고 있는데 2010년 10월 도쿄에서 발족한 ABMF(Asian Bond Market Forum, 아시아채권시장 포럼)가 중추적 역할을 할 예정이다. 마지막으로 지역적 차원의 역내 환율 안정을 위해 ASEAN+3는 ADB(Asian Development Bank, 아시아개발은행)와 공동으로 지역 통화 설립 연구와 논의를 2006년 이후 진행하고 있다.

이처럼 동아시아의 금융 및 통화 협력은 일정 수준 이상으로 제도화되어 발전해 왔다. 단지 '토론 포럼'(Discussion Forum)이라는 비판들도 존재하지만 금융 및 통화의 제도적 협력이 전무했던 15년 전의 동아시아와 비교해 보면 ASEAN+3가 적지 않은 제도적 결실을 이루어 내었다고 평가할 수 있다(Pempel 2004; Katzenstein and Shiraish 2006). 특히 문화, 종교, 언어, 정치제도, 경제 발전 수준, 안보 환경 등에서 공통점을 거의 찾아 볼 수 없는 동아시아에서 이루어 낸 제도적 성과라는 데 주목할 필요가 있다 (Lincoln 2004). 본서의 각 장의 저자들이 논하듯, 동아시아에서 금융 및 통화 협력의 제도적 공고화까지는 아직 갈 길이 먼 것도 사실이다. 그러나 ASEAN+3가 이를 위해 상당한 투자를 하고 있는 것도 부인하기 어렵다. 각 영역별 제도적 공고화를 위한 연례 정상회담, 연례 재무장관 회담, 연 2회 재무차관 회의, 수많은 실무자급 회의 등을 단순히 '토론'을 위한 것이라고 하기에는 무리가 있다.

동아시아 금융 지역주의를 구성하는 이 세 가지 정책 영역의 제도적 발전이 1997년 동아시아 금융 위기의 원인에 대한 ASEAN+3의 공유된 인식에 기인한다고 볼 때 그 인식을 구성하는 요인들에 큰 변화가 없는 한 제도적 협력은 지속될 가능성이 높다고 할 수 있다(Katada 2009). CMI는 IMF의 개입을 불러온 역내 금융 안전망의 부재에 대한 대응이며, ABMI는 높은 역외 금융시장 의존도가 가져온, 급격한 자본 이동의 폐해에 대한 고민의 산물이다. 세 정책 영역 중 가장 점진적이며 장기적 관점에서 논의되고 있는 지역 통화 설립은 역내 국가들의 달러화 과다 의존이 가져온 환율 불안정과 금융 위기의 전염성을 염두에 두고 시작되었다. 제도적 공고화의 깊이, 폭, 방향성이 관건이 될 전망이다.

이에 본서는 동아시아 금융 지역주의의 태동과 제도적 발전에 관해 종합적이며 체계적인 분석을 시도한다. 그동안 국내외에서 많은 논문과 저서들이 동아시아 지역주의를 다루었지만, 동아시아의 금융과 통화 협력을 전 분야에 걸쳐 경험적으로 논한 글은 아직까지 나오지 않았다.[1] 기존의 대부분의 분석은 세 정책 영역 중 한 가지 사례를 다루었거나 통계나 수리경제학적 모델을 동원하여 동아시아 금융 지역주의가 함의하고 있는 비용과 손익을 분석하는 정책 보고서의 형태를 취했다. 기존의 연구 성과물들은 본서의 저자들에 의해 인용되고 논의의 기반을 주어 동아시아 금융 지역주의 연구 활성화에 기여했다. 동아시아 금융 지역주의가 실질적으로 진행되고 있고 그 제도적 방향성에 관한 논의가 확대되고 있는 이 시점에, 본서는 동

1_윌리엄 그라임즈(William Grimes)가 2009년 출간한 *Currency and Contest in East Asia: The Great Power Politics of Financial Regionalism*이 가장 종합적인 경험적 분석을 시도했지만 CMI 다자화, AMRO의 설립, ABMI의 주요 내용 중의 하나인 신용보증투자기구의 출범 등 2009년 이후 발전한 동아시아 금융 지역주의의 제도적 협력을 담아내고 있지는 않다. 또한 본서에서는 관련 부분에 비교 지역주의 분석을 도입하여 동아시아 금융 지역주의의 일반성과 특수성을 조망한다.

아시아의 금융 및 통화 협력이 본격화된 지난 15년간을 종합적으로 조망해 보고 현재의 쟁점들을 짚어 보는 작업을 수행하여 미래의 방향성도 가늠해 볼 수 있는 역할을 하고자 한다. 특히 2008년 미국발 글로벌 금융 위기 이래 세계는 국제금융 및 통화 시스템 개혁 논쟁의 한가운데에 있다. 이런 변환의 시대에 동아시아는 어떤 선택을 통해 금융 및 통화 협력의 제도화를 이뤄 나갈 것인가라는 질문은, 동아시아뿐만 아니라 세계경제 질서의 미래에 중요한 함의를 지닌다고 볼 수 있다.

동아시아 금융 지역주의를 구성하는 세 정책 영역에 대한 종합적인 분석이 필요한 가장 중요한 이유는 이 세 가지 정책 영역의 유기적인 연관성에 있다. 분석적 목적을 위해 각 사례로 나누어 연구하여 결론을 도출했지만, 특정 정책 영역에서의 제도적 변화와 발전은 다른 영역에서의 변화와 발전에도 영향을 미치는 상호성이 있다. 예를 들면, CMI를 통한 금융 안전망의 확충은 아시아 채권시장 활성화에 긍정적으로 작용할 수 있고, 반대로 아시아 채권시장의 활성화는 동아시아의 금융 자립도를 높여 금융 안전망을 높이는 데 기여할 수 있다. 또한 1990년대의 유럽의 경우에서 보듯이 역내 환율의 안정성은 역내 금융시장의 발전에 기반을 제공한다. 본서 역시 분석의 명료도를 높이기 위해 저자별 사례 분석을 하지만, 세 정책 영역에 대한 전체적인 조망을 제공하고 그 유기성에 대한 논의를 사례별 분석에서 부분적으로나마 다룸으로써 상호성을 확보하려고 노력했다.

아래에서는 먼저 본서의 개념적, 이론적 접근법을 소개한다. 본서가 수행하는 동아시아 금융 지역주의 분석은 그동안 축적되어 온 지역주의 연구의 개념적, 이론적 논의를 기반으로 이뤄지는데, 따라서 본서가 취하는 개념적, 이론적 입장을 간략하게 피력하고자 한다. 이어서 각 장의 주요 주장을 요약하며 서론을 마무리한다.

본서의 접근법: 지역주의 개념, 이론

국제정치에서 지역주의 연구의 중요성이 커짐에 따라 많은 전문가들에 의해 개념적, 이론적, 정책적 논의가 제기되어 왔다. 개념적 질문의 핵심은 '지역을 어떻게 혹은 무엇을 기준으로 정의할 것인가'라는 것이다. 이론적 논의의 지형은 1957년 언스트 하스(Ernst Haas)가 그의 저서 『유럽의 통합: 정치적, 사회적, 경제적 동인들, 1950~1957』(*The Uniting of Europe: Political, Social, and Economic Forces, 1950-1957*)에서 주창한 신기능주의를 필두로 국제정치의 핵심 이론들인 현실주의(Rosato 2010), 자유주의(Moravcsik 1998), 구성주의(McNamara 1998; Jabko 2006), 최근의 비교 지역주의(Mansfield and Milner 1997; Choi and Caporaso 2002) 연구까지 확장되었다. 지역주의 이론화는 지역주의의 출현과 발전 혹은 미발전에 관해 그 원인과 과정을 이론별로 다양하게 제공하면서 서로 경쟁하며 발전하고 있다. 이런 개념화와 이론화를 바탕으로 지역주의의 미래 발전 방향에 관한 논의도 활발하게 진행되고 있다. 정책 함의의 경우 지역 차원의 제도적 공고화를 견인할 요소와 기제들을 파악하고 이들의 실현 가능성에 대한 논의가 중심 질문 중의 하나이다. 본서의 각 장은 개별 사례 분석을 토대로 동아시아 금융 지역주의의 미래에 대한 전망을 한다.

국제정치에서 지역은 다양한 형태의 개념을 통해 정의되었다. 첫 번째, 개념적으로 가장 보편적인 형태는 '지리적 근접성'이다. 서유럽, 동유럽, 남미, 북미, 아프리카, 오세아니아, 동북아시아, 동남아시아, 서남아시아, 중동 등으로 구분, 이해되어 왔다. 두 번째, '지정학'에 근거하여 지역이 정의되기도 한다. 세력권(Sphere of Influence)이 핵심 개념인데 제국과 식민지의 관계, 2차 대전 종전 전에 일본에 의해 주도된 대동아공영권 등 전쟁에 의해 구획된 지역의 블록화를 의미한다. 냉전기의 서구와 동구라는 개념도 지정학적 산물이다. 세 번째, 지역은 '사회적 구성물'로 개념화된다. 지역의 형성과 발전은 지리적 근접성으로 인해 자연적으로 주어지는 것이 아니며 단순히 전쟁 등으로 구획되지도 않는다. 중세 유럽인들이 인식했던 유럽과 오늘날의 유럽인이 생각하는 유럽은 그 경계와 내용이 다르다. 지역은 사람들의 상호작용을 통해 역사적, 문화적, 사회적으로 상상되고, 담론을 통해 지역적 경계가 구성되며 그 특징이 결정되고 해체되기도 한다. 마지막으로, 지역은 정치적 실천을 통해 구성되는 '제도'로 이해될 수 있다(Katzenstein 2005, 6-13; Powers and Goertz 2011). 이에 따르면 각 지역은 다른 형태의 제도적 협력의 모습을 나타내고 제도의 형성과 공고화를 통해 지역이 구성된다는 것을 의미한다.

위에 논의한 네 가지의 지역 개념화가 상호 배타적이지는 않다. 가령 지정학적 분석과 제도적 분석 사이에는 교집합이 있을 수 있고, 지리적 근접성이 특정 지역의 지역화에 대한 사람들의 역사적, 문화적, 사회적 상상력을 용이하게 할 수 있다. 또한 각각의 개념화가 지역성에 대해 역사적으로 유의미한 경험적 분석을 일정 부분 제공하기도 한다. 따라서 지역성의 개념화에 대한 입장은 구체적인 맥락을 통해 정리돼야 한다.

본서는 동아시아 금융 지역주의를 분석하는 데 있어서 사회적 구성물로서의 지역, 제도로서의 지역을 혼합하여 사용하고자 한다. 이는 지리적 근접성이나 지정학적 요소가 관련이 없다는 의미가 아니라, 동아시아 금융 지역주의가 발전해 온 경험적 맥락에서 연유한 입장이다. 우선 동아시아라는 지역적 개념이 본격적으로 사용된 것은 1997년 동아시아 금융 위기 이후, 금융 위기라는 공통의 경험하에서 각국 간에 이뤄진 정책적 협력과 그 제도화를 통해 확립되고 있다. 한국에서 동아시아란 전통적으로 동북아 삼국을 의미했는데, 점증적으로 동북아와 동남아시아를 아우르는 통합된 지역 개념으로 대비되어 자리 잡고 있다. ASEAN+3의 제도적 협력은 동아시아라는 상대적으로 배타적인 지역 개념을 출발시켰고 기존의 APEC이라는 제도로 상징되는 아시아·태평양 개념과는 다른 지역성 확보에 중요한 역할을 했다.

또한 이 과정에서 정책 담당자들과 전문가들에 의해 사용된 '동아시아 협력' 담론은 동아시아라는 상상 속의 지역 개념에 새로운 경계와 그 구체적 특징을 부여하게 되었다. 예를 들면, 1998년 12월 베트남 하노이에서 열린 ASEAN+3 정상회담에서 당시 일본 수상이었던 오부치 게이조 총리는 일본 역사상 처음으로 지역 협력을 논할 때 아시아·태평양 협력과 대비하여 동아시아 협력을 언급함으로써 새로운 지역성의 정치를 상징적으로 보여 준 것으로 평가된다(Hayashi 2006, 109). 특히 본서의 중심 내용인 금융과 통화의 제도화 과정에서, 아시아·태평양과 대비되는 개념으로서의 동아시아는 포함과 배제의 정치를 통해(Politics of Inclusion and Exclusion) 미국, 오스트레일리아, 뉴질랜드 등을 역외 국가로 규정함으로써 누가 동아시아에 속하는지를 구성해 왔다(Kim and Lee 2004). 본서의 각 장들도 동아시아라는 지역적 개념이 어떻게 ASEAN+3에 의해 사용되고 제도화 과정 속에 녹아 있는지를 구체적 맥락을 통해 보여 준다. 이외 ASEAN+3의 각종 문서들과 정책 논의들에서 동아시아는 금융 위기를 공유한 주체로서, 국가 주도의 경제개발을 공유한 지역으로서, 은행 중심의 경제구조가 자본시장 확충으로 전환되고 있는 지역으로서, 다른 지역의 지역주의에 공동 대응하는 연합체로서, 역내 국가 간 경제적 상호 의존성이 심화되는 지역 단위로서, 21세기 세계경제에서 중심이 되는 동아시아 시대의 비전(vision)을 공유하는 비전 공동체로서 다양하게 집합적으로 표현되고 특징지어지고 있다.

지리적 근접성에 기반을 둔 지역 형성 접근법은 왜 동아시아 금융 지역주의가 ASEAN+3로 경계화됐는지 설명하기 어렵다. 지역 형성이 이뤄지기 위해서 어느 정도 지리적으로 가까워야 하는지 근접성의 기준이 모호하다. 또한 동아시아란 개념이 1997년 동아시아 금융 위기 후 확산되었다는 시점을 설명하기도 어렵다. 여기에서 지리적 근접성이란 상수이기 때문이다. 지정학적 접근법은 세력 중심 국가에 의한 강제성이 강한 지역 형성을 내포하는데 역내 정책 서클에서 동아시아의 개념 창출과 확산의 과정을 보면 이런 인과 기제가 관찰되지 않는다. ASEAN+3가 기존의 ASEAN 모임에 한국, 중국, 일본이 초대되는 형식으로 시작되었으며, 그 이후의 발전 양상이 역내 강대국인 중국이나 일본만큼 한국이나 ASEAN도 상당한 역할을 하여 강제성을 띠지 않는 균형적 협력의 형태로 나아가고 있기 때문이다(Ba 2009). 따라서 본서는 경험적 측면에서 동아시아 지역 형성을 사회구성적 접근법과 제도적 접근법의 입장에서 고찰한다.

본서의 이론적 입장은 크게 보아 비교적 시각을 띤 사례 중심의 중범위 이론의 적용이다. 바꾸어 말하면 지역주의 연구에 있어서 거시 이론적인 성격을 가진 신기능주의, 현실주의, 자유주의, 구성주의 등의 일반론적 논의나 적용을 지양한다. 각 장의 저자들이 간헐적으로 논의를 이끌어 내는 수단으로 일반이론을 사용하지만 일반이론이 논의를 주도하지는 않는다. 대신에 영역별 구체적인 중범위 이론을 중심으로 개별 사례를 검토하고, 비교적 시각을 통해 동아시아 금융 지역주의의 형성과 발전을 설명하고자 한다. 거시 이론들이 가진, 개별 사례연구의 인과 분석적 기제를 제공하는 분석 틀로서의 유용성은 본서의 저자 모두 공감한다. 그러나 다음과 같은 세 가지 이유로 본서에서는 중범위 이론을 중심으로 동아시아 금융 지역주의를 분석하고자 한다.

첫째, 유럽의 지역 통합 발전을 토대로 만들어진 거시 이론의 연역법적인 적용성에는 논란이 많다(Fawn 2009; De Lombaerde et al. 2010; Philomena 2010). 유럽의 특수성만큼이나 각 지역의 지역주의 형성과 발전 역시 시공간적인 제약과 기회가 다양한 형태로 존재하기 때문이다. 둘째, 무분별적 거시 이론의 적용은 지역주의 연구에서 다른 지역의 지역주의 발전 상황이 유럽의 발전 경로를 기준으로 판단되는 유럽 중심적인 목적론적 관점의 위험에 노출될 수 있다. 본서에서도 유럽의 경험을 비교 분석적으로 사용하지만, 동아시아의 지역적 맥락과 사례의 특수성을 함께 고려한 중범위적 분석을 통해 거시 분석에서 올 수 있는 유럽 중심적 일반화 경향을 낮추고자 한다. 셋째, 종합적으로 동아시아 금융 지역주의를 다룬 저서나 논문이 일천한 현실에 비추어 볼 때 본서가 주안점을 두고 있는 것은 특정 이론을 검증하거나 새로운 이론을 만들어 내는 것이 아니다. 체계적인 경험적 분석을 통해 동아시아 금융 지역주의의 과거와 현재 현황을 밝히는 토대 작업을 우선적으로 수행하는 데 목적을 가지고 있다. 중범위 이론은 구체적인 사례 분석에 강점을 가지고 있어 분석 도구로서 본서의 취지와 부합한다고 볼 수 있다.

본서의 각 장에 사용되고 있는 중범위 이론의 예는 다음과 같다. CMI와 AMF을 연구한 김진영 교수(1장)는 다층화된 글로벌 금융 거버넌스 이론을 통해 CMI의 발전과 AMF으로의 이행 가능성을 논한다. 박영준 교수(2장)는 2008년 이후 진행된 유럽의 금융 감독 시스템 개편에 대한 원인 분석을 통해 ASEAN+3의 'ERPD'(Economic Review and Polity Dialogue, 경제동향 점검 및 정책 대화)의 제도적 발전과 AMRO의 태동을 중심으로 동아시아 금융 감독 협력의 현재와 미래를 탐구한다. ABMI를 논의한 이용욱 교수(3장)는 지역 채권시장 발전 이론과 유럽과 남미와의 비교를 통해 ABMI의 의미와 한계, 발전 방향성을 분석한다. 최형규 교수(4장)는 통화동맹 일반이론인 OCA(Optimum Currency Area, 최적 통화 지역)를 비판적으로 검토한 후 정치·경제적 요소들을 중심으로 동아시아 통화동맹 가능성을 전망한다. 역시 통화동맹 분석을 시도한 배병인 교수(5장)는 통화동맹의 구체적인 대내외적 정치적 조건을 유럽의 경험으로부터 도출해 내어 동아시아 통화동맹의 미래에 대해 논한다. 마지막으로 후카호리 스즈카(6장)는 금융 및 통화 지역주의 발전 단계론을 적용하여 현재 동아시아 통화 통합의 발전 단계를 측정하고 인식 공동체(Epistemic Community)의 역할을 강조한다.

본서의 구성과 개요

본서는 서론과 결론을 포함하여 총 여덟 개의 장으로 구성된다. 서론과 결론을 제외한 여섯 개의 논문은 크게 두 개 파트로 나누어져 있다. 첫 번째 파트인 1장부터 3장은 동아시아 지역주의의 금융 협력 및 제도화를 다룬다. CMI와 AMF, 동아시아 금융감독 기구(ERPD와 AMRO), ABMI가 주제들이다. 두 번째 파트인 4장부터 6장은 통화 협력을 다루며 통화동맹의 가능성을 탐구한다. 기존의 동아시아 금융 지역주의 연구에서 금융 협력에 비해 통화 협력은 상대적으로 적게 논의되어 왔는데 본서는 세 개의 논문을 통해 통화 협력을 심층적으로 분석하여 이를 보완한다.

본서의 저자들은 동아시아 금융 지역주의의 미래에 대해 통일된 관점을 가지고 있지 않다. 물론 정책 영역별로 지금까지 진행되어 온 제도화 과정이나 정책 영역의 성격과 특징이 다른 수준의 협력을 요청한다는 점이 다른 견해가 나오는 배경이지만, 같은 영역에서도 제도적 공고화의 가능성에 대해 이견이 있다. 예를 들면 가장 높은 수준의 제도적 협력이 요구되는 통화 협력의 경우 본서의 세 명의 저자들은 각기 다른 전망을 내놓는다. 다른 전망은 상이한 분석 틀의 적용에서 온다는 측면이 있음을 보여 준다고 할 수 있다. 비판적 사고와 읽기를 통한 독자들의 판단을 기대해 본다.

1장에서 김진영 교수는 글로벌 금융 거버넌스의 차원에서 CMI의 발전과 2010년 다자화된 CMI가 AMF로 이행할 수 있을지에 대해 논한다. 글로벌 금융 거버넌스는 세계화에 동반된 생산 네트워크의 세계적 분산, 금융시장의 개방과 통합, 정보 기술의 확산 등으로 기존의 국가 중심적인 금융 거버넌스 시스템에서 다층적인 금융 거버넌스 체제로 변화되었는데, 지역 차원의 금융 거버넌스 체제의 성립과 발전이 그 대표적인 예이다. 지역 차원의 금융 거버넌스 체제는 전 세계적으로 확산되고 있고 동아시아도 예외는 아니다. 김진영 교수는 기존의 글로벌 금융 거버넌스가 서구 중심적일 뿐 아니라 빈번히 일어나는 금융 위기의 예방과 대처에 미흡하다고 평가한다. 따라서 지역 차원에서 금융 안전성 확보를 위한 노력이 요청되었고, 동아시아에서는 1997년 동아시아 금융 위기 후 2000년 5월 성립된 CMI를 통해 이런 노력이 제도적으로 발전하기 시작했다. 다자화를 포함한 지난 10여 년간의 CMI의 제도적 발전을 주요 정책적 타결을 중심으로 분석한 후, 현재 시점의 AMF 성립의 대내외적 조건은 일본에 의해 처음으로 제기된 1997년에 비해 우호적이라고 평가한다. 최종적으로 AMF가 출현하기 위해서는 동아시아 국가들의 정치적 결단이 무엇보다도 중요하다고 김진영 교수는 주장하며 이 과정에서 중국과 일본 사이를 가교할 수 있는 한국의 역할에 대해서도 논한다.

2장은 박영준 교수가 CMI와 자매적 성격을 갖는 동아시아 금융 감독 체계의 현재와 미래에 대해 논한다. 동아시아의 금융 감독 체계는 기존의 ASEAN+3 내의 ERPD의 한계성으로 인해 2011년 5월 AMRO의 설립과 함께 본격적인 제도적, 실무적 협력이 시작되었다. 따라서 그 제도적 발전이 어떤 형태를 띠게 될 것이며 어떤 제도적 협력 형태가 동아시아에 효과적인 금융 감독 체계를 가져다줄 것인지가 중요한 문제로 주목받고 있다. 이런 문제의식을 바탕으로 박영준 교수는 2008년 글로벌 금융 위기 이후 크게 개편된 EU의 금융 감독 체계를 상세히 분석하여 동아시아의 금융 감독 체계의 발전 방향에 시사점을 제시한다. 박영준 교수에 따르면 EU 금융 감독 체계 개편의 핵심은 미시건전성 감독과 거시건전성 감독의 상호 연계성을 높이는 제도화, EU 금융감독청의 회원국들에 대한 정책 구속력 강화, 다국적 금융회사들을 감독할 수 있는 단일 감독 규정의 마련에서 찾을 수 있다. 박영준 교수는 동아시아에서 경제 감시 기능을 담당해 온 ERPD가 동아시아 지역의 거시 경제 동향을 파악하는 데 중점을 두고 있어서 주요 금융 감독 기능을 수행하지 못했다고 평가한다. 따라서 새로 출범한 AMRO는 유럽의 경우처럼 감독 기능의 강화를 뒷받침할 권한과 기능이 부여되어야 한다고 주장한다. ASEAN+3 회원국들의 이질성 강한 경제적 특징과 상이한 수준의 각국 금융시장의 발전 정도를 고려해 볼 때 역내 금융 통합의 정도에 따른 단계적이면서도 차별적인 감독 기능의 강화를 박영준 교수는 주문한다.

3장에서 이용욱 교수는 동아시아 금융시장 활성화 방안인 ABMI의 태동과 발전에 관해 분석한다. ABMI의 태동과 발전에 관한 서술적 내러티브를 기반으로 이용욱 교수는 ABMI의 발전성을 비관적으로 평가하는 기존의 논의에 의문을 표한다. ABMI는 지난 10여 년간 서구 주도의 글로벌 금융시장에 대해, 동아시아 지역의 자율성을 높이기 위한 역내 금융시장 활성화의 방향으로 느리지만 일관되게 발전하여 왔다고 주장한다. 이용욱 교수는 ABMI가 단기적 국가이익의 차원을 넘어, 동일한 금융 규범과 규제를 공유하는 역내 채권시장의 통합을 향해 제도화되고 발전돼 왔음을 남미의 경우와 대비하여 경험적으로 논의하며 위의 주장을 뒷받침한다. 역내 금융시장 인프라의 부재와 함께, 점진적인 ABMI의 한 원인은 바로 역내 금융시장의 통합을 위한 조율 과정이 한 축을 차지하고 있다고 논한다. 이런 일련의 과정에서 2008년 글로벌 금융 위기는 ABMI의 구체적인 제도화를 촉진하는 역할을 했다는 점도 주목한다.

4장은 최형규 교수가 동아시아 통화동맹 수립 가능성을 비판적으로 고찰한다. 통화동맹에 대한 대표적인 경제학 이론인 OCA 이론을 검토한 후 경험적 한계성을 지적한다. 유럽의 통화동맹 성립은 최적통화이론으로 설명할 수 없고 정치·경제적 요소들이 더 중요한 역할을 했다고 주장한다. 기존의 문헌 분석과 유럽의 경험을 인용하며 최형규 교수는 통화동맹 성립에 필요한 정치·경제적 조건들을 제시한다. 정치·경제적 조건들은 크게 국제정치적 요인과 국내 정치적 요인으로 구분된다. 국제정치적 요인은 '회원국의 정책 영향력 유지' '역내 리더십' '연계 정치' '역내 공동체 의식'이 포함되며, 국내 정치적 요인으로는 '통화동맹의 국내 분배 효과'와 '국내 정치 제도'가 있다. 이를 바탕으로 최형규 교수는 동아시아 통화동맹 수립 가능성을 검토한다. 최형규 교수는 현시점에서 바라본 동아시아 역내의 상황이 국제정치적 요인과 각국의 국내 정치적 요인 모두에서 통화동맹 성립에 우호적이지 않다고 주장한다.

5장의 배병인 교수는 유럽 통화 연합의 과정과 역사를 상세하게 분석하여 동아시아에의 적용 가능성을 탐구한다. 배병인 교수는 기존의 동아시아 통화 연합 연구가 경제적 동인과 효과에 치우치고 있으며 동아시아의 정치적 조건이 통화 연합 전망을 어둡게 한다고 분석하고 있음을 지적한다. 이에 따라 유럽 통화 연합의 과정 분석을 통해 통화 연합을 가능하게 하는 정치적 조건들을 파악하여 동아시아에 정책적 함의를 도출하는 시도를 한다. 통화 연합을 통화 협력의 특수한 형태로 규정하며, 통화 연합은 통화 주권의 포기를 의미하는 근본적으로 역내 국가들의 정치적 선택임을 강조한다. 따라서 역내 국가들이 어떤 정치적 조건에서 통화 주권 포기라는 정치적 선택을 하게 되는가를 밝히는 작업을 한다. 배병인 교수는 유럽의 경험이 패권적 국제통화 질서에 대한 수정주의적 대응이라는 기초 위에 서 있음을 지적한다. 이런 현실주의적 '힘의 질서'가 통화 연합의 근본적인 동인을 제공하는 가운데, 통화정책의 성격과 방향에 대한 구성주의적 '이념의 수렴', 그리고 통화정책의 '정치적 민감성'과 '거부권 행위자'의 유무와 같은 국내 정치적 요인들이 통화 주권 포기라는 정치적 선택을 가능하게 했다는 것이다. 이런 관점에서 배병인 교수는 동아시아 통화동맹의 관건적 요소는 국제 질서의 수정주의적 전망에 대한 공감대 형성이라는 점을 강조한다.

6장에서 후카호리 스즈카는 동아시아 통화동맹 성립의 가능성에 대해 앞의 두 논문에 비해 다소 긍정적인 전망을 내놓는다. 후카호리 스즈카는 지역 통화 통합 단계 이론을 검토하며 동아시아가 1단계에 진입했다고 본다. 따라서 현재 시점에서 보면 2단계로 이행 여부가 관건이다. 후카호리 스즈카에 따르면 장기적으로 통화동맹이 이뤄지기 위해서는 역내 국가들 간에 통화동맹을 위한 로드맵 구성, 통화제도의 도입, 공동 통화 추진을 견인하는 정책 담당자들 간의 아이디어의 공유, 역내 강대국 간의 갈등 해소가 필요하다고 주장한다. 특히 2단계 진입을 위해서는 동북아 삼국인 한국,

중국, 일본의 정치적 의지와 결단이 중요하다고 본다. ASEAN 국가들은 이미 통화동맹에 대한 우호적 정책 선호도를 형성하고 있다. 동아시아 각국의 지도자들과 정책 담당자들에 대한 여론조사 등을 인용하여 동아시아 금융 지역주의의 현재와 미래에 대해 상세하게 분석하며 '지식공동체'의 역할에 주목한다.

마지막 결론에서 이용욱 교수는 각 장의 논의들을 통해 나타난 동아시아 금융 지역주의에 대한 정책적 함의를 약술하고 미래 연구 방향에 대한 제안을 하며 본서를 마무리한다.

제1부

동아시아 금융 협력

1장

글로벌 금융 거버넌스와 아시아 금융 협력

IMF와 아시아통화기금(AMF)

김진영

I. 문제 제기

최근 AMF(아시아통화기금), 또는 소위 '아시아판 IMF'에 대한 언급이 각종 신문 기사의 헤드라인을 장식하는 일이 잦아졌다. 특히 ASEAN+3(한, 중, 일) 국가들이 그동안 유지하던 CMI(치앙마이 이니셔티브)를 다자화하기로 하고, 지역 감시 기구인 AMRO(ASEAN+3 거시경제조사국)를 출범시키기로 하면서, 곧 '아시아판 IMF'의 설립이 목전에 놓인 듯했다. 아시아 외환 위기와 IMF 관리 체제라는 수모의 기억이 아직도 생생한 아시아인에게 지역 자체의 통화기금을 수립한다는 것은 분명 경사스런 일이다. 아시아 외환 위기 때 AMF가 잠깐 언급되었다가 사라진 후 보다 구체적인 기대가 가

• 본 논문은 『21세기정치학회보』 21집 3호(2011년 12월)에 게재되었던 것임을 밝힌다.

능하기까지 십여 년의 시간이 소요되었다. 미국발 경제 위기에서 유로화의 위기까지 위기가 거의 일상화되다시피 한 현재의 국제금융 체제에서 AMF의 필요성은 더욱 증가했다. 이런 관점에서 이 글은 AMF의 수립이 매우 필요하다고 보며, AMF의 필요성과 전망에 대해 진단하고 그에 관련된 여러 문제들을 논하려 한다. AMF의 필요성과 그에 관련된 문제들을 논하기 위해 다음의 두 가지 관점에서 접근하려 한다.

첫째는, IMF를 중심으로 한 글로벌 금융 거버넌스에 대한 비판적 고찰이다. IMF의 글로벌 금융 거버넌스가 지금의 세계 금융 체제에 적합한가 하는 문제인데, IMF의 거버넌스만으로 크고 복잡해진 현재의 세계 금융 체제를 감당하기에는 한계가 있다는 것이다. 이를 극복하기 위해서 기존의 부분적 IMF 개혁의 발상을 넘어, 지역의 금융 거버넌스를 담당할 지역 기구가 필요하다는 것이다.

둘째는, 그동안 ASEAN+3를 중심으로 유지되어 온 아시아 금융 협력 체제 구축의 노력에 대한 검토이다. CMI, ABMI(아시아채권시장 이니셔티브) 등이 있는데 전자에 초점을 맞추어 CMI의 진전 상황을 살펴보고 미래 AMF로의 발전 전망과 그와 관련된 문제에 대해 논해 보려는 것이다.

AMF를 설립하려면 글로벌 기구인 IMF와의 관계를 생각하지 않을 수 없다. 1997년 가을 최초의 AMF안이 좌초되었을 때, IMF와의 기능 중복에 대한 우려가 미국이 든 주요 반대 이유 중의 하나였다. AMF 추진의 정당성을 입증하기 위해 IMF의 거버넌스를 아시아와 신흥시장국의 입장에서 좀 더 자세히 살펴볼 필요가 있고, AMF와 IMF의 관계에 대해서도 고찰해 보아야 한다. 지금까지 국내외 논의들은 IMF와의 관계에 대해 크게 주의를 기울이지 않았는데, 이 글은 그런 점을 보완하고 IMF와 AMF의 관계에 대해서도 주의 깊게 논해 보려 한다.

세계를 강타한 2008년 미국발 금융 위기에 이어 아일랜드와 그리스 등 소위 PIIGs의 위기, 그리고 1990년대 아시아 전체를 강타한 아시아의 금융 위기까지 오늘날 금융 위기는 일상적인 일이 되었다. 시장의 확대와 상호 의존성을 심화시킨 세계화의 가속화로 금융 위기의 파급성과 피해 규모도 세계적, 지역적 규모로 증대했다. 이런 금융 위기 발생의 잠재적, 현재적 위험성에 비해 이에 대응한 글로벌 금융 체제의 거버넌스는 과연 적절한 수준인가에 대해 많은 의문이 제기되어 왔다. 이 비판은 글로벌 금융 거버넌스 전체를 대상으로 하지만 특히 세계 통화·금융 거버넌스의 정점에 있는 IMF에 관심이 집중되지 않을 수 없다. 특히 아시아 금융 위기 때 많은 논자들이 IMF에 대해 비판하며 그 폐기론에서 개혁론까지 다양한 스펙트럼의 의견이 봇물처럼 쏟아져 나왔었다(Eatwell and Taylor 2000; Thirkell-White 2005; Soederberg 2004; Danaher 2001; Peet 2003).

그러나 아시아 금융 위기가 수습되면서 IMF 폐기론은 수그러들고 IMF도 일반인의 관심에서 멀어진 듯했다. 그런데 최근 미국발 위기와 남유럽의 위기로 IMF는 세계경제 무대에 화려하게 복귀했다(Forbes 2011, 14). 2009년 4월 런던의 G20 회의에서 각국 정상들은 세계경제 위기에 대처하기 위해 IMF가 더 광범위한 역할을 해야 함에 합의하고 기금을 2,500억 달러에서 7,500억 달러로 증액하기로 합의했다. 글로벌 경제 위기가 IMF의 역할 강화에 기여한 셈이다. 이어 유럽의 위기도 IMF의 존재를 부각시켰다. 남유럽 국가에서의 위기는 유로권 국가들의 단합과 주도국 독일의 지도력을 시험대에 올려놓았는데 EU국들은 그리스 위기를 놓고 설왕설래하다가, IMF와의 협력으로 그리스 지원 방안이 마련되었다.

이같이 세계적, 지역적 경제 위기의 발생으로 글로벌 금융 거버넌스 기능의 강화가 요청되는 가운데 다음과 같은 문제가 제기된다. 과연 IMF의 거버넌스는 금융 위기의 가능성이 증가한 지금의 세계 금융 체제에서 위기 예방(crisis prevention)과 위기관리(crisis management) 기능을 감당하기에 충분한가?

글로벌 금융 체제의 거버넌스 기구로서의 IMF 역할의 확대가 요청되는 현실에서 그 역할의 적절성과 유효성에 대해 평가해 볼 필요가 있다.

IMF의 거버넌스에 대한 평가에 더하여 생각할 것은 동아시아의 금융·통화 협력 문제이다. 2008년의 미국발 세계경제 위기는 아시아 경제의 건전성과 잠재력을 다시 한 번 부각시키는 계기가 되었고, 아시아 경제에 대한 기대로 그동안 진행되어 왔던 아시아 금융 협력도 주목을 받게 되었다. 그리고 AMF 수립에 대한 내외의 관심도 고조되었다.

아시아 외환 위기(1997~98년) 이후 CMI와 ABMI가 출범하여 아시아 지역의 금융 협력을 위한 노력이 시작되었다. 금융 위기의 재발을 미연에 방지하고, 위기 발생 시 신속한 수습을 위해 지역 차원의 금융 협력 체제 구축이 필요하다는 데 합의한 결과이다. 쌍무적 스와프 네트워크로 출범한 CMI는 규모가 점차 커져 최근에는 다자화(CMIM)되었고, 그동안 미약했던 공동의 지역 감시 기능을 위해 지역 감시 기구, AMRO도 출범했다.

미국과 유럽의 경제 위기 상황에서 이와 같은 아시아의 진전은 AMF 수립에 대한 기대를 높이는 데 기여했다. ADB(아시아개발은행) 사무총장은 2009년 6월 18일 이미 "AMF 창설은 거스를 수 없는 흐름이다"라고 선언하기도 했다.

1997년 9월 아시아 외환 위기의 와중에서 일본이 제안했던 AMF안은 미국에 의해 저지되었다. 미국은 IMF의 기능과 중복되며 채무국의 도덕적 해이(moral hazard)를 야기한다는 이유로 AMF를 반대했다. 그러나 그때와 지금은 여러 가지로 상황이 달라졌다. 아시아는 그동안 꾸준히 CMI와

ABMI를 통하여 금융 협력 체제의 기초를 만들었으며, 앞으로 세계경제의 구도를 볼 때 아시아 지역 경제의 상호 의존 심화와 자력구제 체제의 필요성이 더욱 증가할 것이다. 한편 미국은 부채 위기와 경제 침체로 S&P가 신용 등급마저 강등한 상황에서 앞으로 세계경제의 구원투수 노릇을 할 수 없다는 것이 자명하며, 아시아의 노력에 대해 전과 같은 강한 브레이크를 걸 명분이 약해졌다.

AMF 수립 필요성에 대한 논거는 간략히 정리하면 다음과 같이 제시될 수 있다. 첫째, 브레튼 우즈 체제(Bretton Wood System)에서 성립된 IMF는 브레튼 우즈 시스템이 붕괴하고 금융시장의 자유화가 극대화된 현재의 체제를 감당하기에는 충분하지 않다. 둘째, IMF의 정책 결정 기구는 브레튼 우즈 체제 성립시의 국제정치 역학 관계를 반영하여 현재까지 지속되어 미국과 서유럽이 주도하고 있다. 아시아의 위상이 축소되어 있고, 최근 IMF가 신흥시장국 및 개도국의 지분을 다소 증가시켰다고 해도 미국과 서구 주도의 체제가 크게 변했다고 볼 수 없다. 셋째, 위기 발생의 가능성이 항상 잠재하고 있는 현재의 글로벌 금융 체제에서 평소의 금융 흐름에 대한 감시·감독 기능과 신속한 대응 기능을 가진 지역 금융 협력 체제가 필요하다. 넷째, 아시아의 경제 규모와 위상, 상호 의존성의 증대를 고려할 때 IMF에만 의존하기보다 지역 사정에 정통하고 적절한 대응을 할 수 있는 지역 통화기금의 존재가 필요하다. 이런 논거들에 대해 다음 장들에서 자세히 논할 것이다.

II. IMF와 글로벌 금융 거버넌스

1. 글로벌 금융 거버넌스의 다층화

세계화로 인한 국제적인 경제와 시장의 통합은 거버넌스의 구조에도 다양한 변화를 가져왔다. 국가와 국제기구 같은 공적(公的) 권위가 거버넌스 기능을 독점하지 않고 기업, 전문기구, NGO 등의 사적(私的) 권위가 점차 거버넌스 기능의 상당 부분을 분담하게 되었다. 영토적 차원에서도 세계적(global), 국가적(state) 차원의 거버넌스에서 국제 지역적(regional), 하부 지역적(subnational level) 단위로의 권한 분산이 활발해졌다(Kahler and Lake 2003; Cerny 2005; Pierre and Peters 2000). 이와 같은 거버넌스의 다양화가 일어나는 것은 종래의 구조로는 감당할 수 없는, 세계화와 함께 발생하는 많은 새로운 문제들에 대응하기 위해서이다. 세계화에 동반한 생산 네트워크의 세계적 분산, 금융시장의 개방과 통합, 정보 기술의 확산 등은 거버넌스의 영역에서도 종래의 국가 중심 구도에 변화를 야기한다. 새로운 거버넌스의 단위들을 출현시켜 다층적 레벨(multi-level)의 거버넌스가 형성되는 것이다. 국제금융 거버넌스에 있어서도 이런 점진적인 변화가 일어나고 있다(Baker, Hudson and Woodward 2005). 국제금융 거버넌스에서의 다층적 거버넌스라 함은 공적 차원에서 사적 차원으로의 다양화, 글로벌 차원에서 지역 차원으로의 다양화를 말한다. 이 글이 주목하는 것은 후자, 지역 차원의 금융 거버넌스 체제의 성립이다. 본고의 논지상 전자에 대한 논의는 생략하고 후자의 논의에 집중하기로 한다.[1]

다층적 금융 거버넌스 중에서 기존의 국제기구와 사적 기관들이 세계

시장을 독점적으로 지배해 오던 것을 넘어서 지역 차원 금융 협력의 시도가 일어나고 있다는 것에 이 글은 주목한다. 지역 차원 금융 협력의 움직임에서 국제금융의 다층적(multi-level) 거버넌스의 새로운 모멘텀이 발견된다. 그 예들을 들어 보면 다음과 같다.

아시아에서는 AMF가 거론되는 한편, 유럽에서는 EMF(European Monetary Fund, 유럽통화기금)의 필요성이 제기되고 있다. 그리스 등의 위기 대책을 논의하는 가운데 EMF가 필요하다는 인식이 대두되었다(Gros and Mayer 2010). 독일 재무상 볼프강 쇼이블레(Wolfgang Schäuble)가 최초로 발언하고 이후 EU 경제통화 담당 집행위원 올리 렌(Olli Rehn)도 그를 지지했다(〈Spiegel Online〉 10/03/08). 유로권의 통화·금융 질서의 안정과 위기 관리를 위해 IMF와는 별도로 지역 기구가 필요하다는 것이다.

아시아와 유럽 이외에 개발도상국들에도 이런 움직임이 일고 있는데 이를 대륙별로 보면 다음과 같다.

1_공적 차원에서 사적 차원으로의 거버넌스의 다층화에 대해 간략히 언급하면 다음과 같다. 대표적인 공적 거버넌스 기구들을 들자면 국제통화기금, 국제결제은행(BIS: Bank of International Settlements), 국제증권위원회기구(IOSCO: International Organization of Securities Commission), 금융안정화위원회(FSB), 바젤위원회(Basle Committee on Banking Supervision) 같은 것이 있다. 공적 거버넌스 기구에 영향을 미치는 사적 성격의 전문적, 업계 대표적 기구들도 있는데 예를 들면 세계증권거래소연맹(WFE), 국제증권시장협회(ISMA), 국제회계기준위원회(ISAB) 같은 것이다(Porter 2005, 111-115). 세계적인 신용 평가 기관, 예컨대 S&P, 무디스(Moody's), 피치(Fitch) 등은 민간 기업임에도 그들의 신용 등급 평가는 세계의 국가 및 기업의 시장 서열을 좌지우지할 만큼 막강하다. 이들이 대표하는 글로벌 금융 거버넌스는 대개 미국, G7, G10의 서구 선진국 주도로 형성된 것이며, 그들의 필요에 부응하여 시장경제 질서의 안정을 도모하는 데 최고의 목적이 있다. 금융의 세계화가 급속히 진행되면서 신흥시장국으로의 회원국 확대가 일어났지만, 서구 주도의 기존 질서를 유지하려는 것이지 신흥시장국이나 개발도상국의 수요에 맞는 새로운 패러다임을 추구하기 위해서라고 볼 수는 없다.

라틴아메리카의 남미은행(Banco del Sur) 제안, CEMAC(중앙아프리카 경제통화공동체)와 WAEMU(서아프리카 경제통화연합), 그리고 AfMF(아프리카 통화기금) 제안, ArMF(아랍통화기금)와 GCC(Gulf Cooperation Council, 걸프만협력위원회) 같은 것들이다(Desai and Vreeland 2011). 이들은 대체로 아직 매우 미약한 단계지만 지역 금융 협력의 구심점으로 앞으로 좀 더 성장할 가능성을 내포하고 있다고 볼 수 있다.

AMF 설립을 위한 노력은 이런 세계 여러 지역들의 움직임에도 큰 영향을 미칠 것이다. 예컨대 AMF와 EMF는 설립을 위한 노력 과정에서 상호 영향을 미치며 순기능을 할 수도 있다는 것이다(Yonghyup Oh 2010). 지역 통화기금의 설립이 IMF의 독점적 거버넌스에 도전이 될 것이므로 IMF로서는 이런 움직임을 환영하지 않을 수 있다. 그러나 세계적인 차원에서 금융, 통화 질서의 안정을 도모하기 위한 거버넌스 구축이란 관점에서 보면, 효율적인 지역 기구의 수립을 반대할 명분은 없다. 지역 단위의 금융 협력 체제는 지금은 시작 단계의 움직임이지만 장차 발전의 가능성을 배제할 수 없다.

2. IMF와 글로벌 금융통화 거버넌스 평가

IMF의 글로벌 거버넌스를 평가하기 위해서는 평가의 기준이 필요한데 여기서는 거버넌스에 관한 논의에서 가장 자주 언급되는 것들을 차용하기로 한다. 논자들은 글로벌 거버넌스 기구를 몇 가지 기준, 즉 정당성(legitimacy), 책임성(accountability)으로 평가하기도 하고(Keohane and Nye 2003), 의사 결정의 민주성(democracy) 그리고 절차 및 정보공개의 투명성

(transparency) 등으로 평가하기도 한다(Caporaso 2003). 이 연구는 정당성, 책임성, 민주성의 기준을 기초로 IMF의 거버넌스 기능을 평가할 것이다. 정당성은 '도구로서의 효율성'에 근거하며, 책임성은 시민사회, 언론, 수요자들로부터 그 기능 수행에 대한 긍정적 평가와 동의에 근거한다고 정의할 수 있다. 글로벌 거버넌스 제도는 국내적 차원에서는 성취될 수 없는 소정의 목적을 위하여 만들어진 전담 기구이다(Keohane and Nye 2003, 389-411). 따라서 국제기구의 글로벌 거버넌스는 그 기구가 소기의 목적을 잘 수행하고 있는가, 그리고 목적을 수행함에 있어 글로벌 사회로부터 어떤 평가를 받는가의 기준에서 평가될 수 있다. 여기에 '민주성'의 문제가 더해지는데, 오늘날 국제 제도들의 글로벌 거버넌스의 책임성과 정당성의 문제는 근본적으로 '민주성 결핍'(democratic deficit)에 기인하는 바가 크다. 국제 제도의 '민주성 결핍'이란 글로벌 시민사회의 공공(公共), 즉 개도국, 선진국을 망라한 세계 시민사회의 대중에 대한 대표성과 책임의 결핍으로 해석될 수 있을 것이다. 특히 개도국과 비판적 논자들에게 국제금융 거버넌스의 제도들은 개발도상국 시민사회의 요구에 둔감하고 서구 엘리트 사회의 필요에 치중되어 있다는 인식이 지배적이다. IMF 거버넌스가 세계화된 금융시장과 다양한 회원국들의 필요를 반영하고 있는가, IMF의 기능이 '민주성 결핍'이라는 비판을 불식시키고 세계의 다양한 회원국들과 시민사회의 수요에 부응하며 이에 대해 긍정적 평가를 받고 있는가 하는 문제가 제기된다.

IMF는 자유주의적 통화 질서를 유지하기 위해 수립된 브레튼 우즈 체제의 핵심 기구이다. 국제수지 불균형 국가에 자금 지원을 통해 환율 안정을 가져옴으로써 국제무역을 촉진하고 세계경제 발전을 도모한다는 것이다. 그러나 브레튼 우즈 체제가 붕괴한 지 40년이 지난 지금에 이르기까지

IMF는 잦은 비판의 대상이 되었으며 심지어 개혁은 이미 때늦은 과제라는 것을 수많은 논자들이 지적해 왔다(Browne 1996; Boorman 2007; Boughton 2007). 위에서 제기한 정당성, 책임성, 민주성의 관점에서 IMF의 두 가지 기능, 즉 위기 방지와 위기 해결의 기능에 초점을 맞추어 평가해 본다.

우선, IMF는 평시 세계경제와 금융의 흐름을 관찰, 감시하고 이에 기초해 위기를 미연에 방지하는 데 기여해야 한다. IMF는 해마다 세계 각국의 경제 전망에 대해 방대한 자료를 발표하고 있다. 그럼에도 불구하고 소소한 위기들은 제외하고, 1980년대 이후 발생한 대형 위기들을 IMF는 미리 예견하거나 방지하는 데 있어 무능했다. 예컨대 80년대 라틴아메리카의 외채 위기, 90년대 아시아 외환 위기, 2000년대 아일랜드 위기, 그리스 위기 등을 미리 예견하고 예방하지 못했다. 세계 곳곳의 사정을 IMF가 혼자 정확하게 파악하고 조기 경보를 울리기에 세계 금융시장은 너무 넓고 크고 복잡해졌다.

위기의 예방뿐 아니라 발생한 위기의 해결에 있어서도 한계를 노정한다. 복잡해진 세계 금융 체제에서 위기의 조정은 전문적이고 기술적 문제에만 그치지 않고 정치적 성격을 동반하게 되었다. IMF의 위기 해결 과정에 있어서 IMF는 객관적인 기술적 처방을 제공한다는 입장을 주장했지만, 채무국에게 가혹하다는 비판을 받았다. IMF의 부대조건(conditionality)은 채무국의 경제 상황에 적합하게 설계되기보다 통화주의에 경도되어 있었고, 디플레를 유발하며 채무국의 성장 가능성을 저해하기도 했다(Sen 1996; Thirkell-White 2005, 57). 대표적인 예가 라틴아메리카의 경우인데, IMF 처방으로 라틴아메리카의 1980년대는 '잃어버린 10년'으로 기억되고 있다. 구제금융의 대가로 엄격한 부대조건을 요구하는 이유는 채무자들의 '도덕적 해이'를 방지하기 위한 것이다. 그러나 고수익을 좇아 무분별하게 투자

한 채권자들의 책임도 간과할 수는 없으며 채무국과 채권자 사이에서 균형과 상호주의 원리를 견지하는 것이 필요하다. IMF 처방은 채무국에만 엄격하다는 인식을 심어 주었고, 이는 단지 기술적인 문제를 넘어 정치적 입장을 띠지 않을 수 없는 부분이다.

IMF는 자본이 유입되기 좋은 법적, 제도적 환경을 조성하기 위해 공공영역의 효율성 증대, 투명하고 안정된 경제 환경 등을 표방하는 '굿 거버넌스'를 수립할 것을 종용했다(Thirkell-White 2005, 64-68). 주로 금융시장의 정보공개와 투명성, 글로벌 스탠더드의 준수와 같은 것에 중점을 두었는데 이런 처방은 사실상 기술적, 전문적 수준을 넘어 채무국의 정치·경제구조에 광범위한 영향력을 미치게 된다. 그리고 채무국에게 이것은 금융 세계화를 확산시키기 위한 시장 개방의 요구로 인식된다. IMF가 친시장적 구조 개혁의 담보자로서 채무국의 광범위한 정치·경제개혁을 종용한다는 인식이 확산되어 있다. 이것이 과연 IMF의 존재 이유에 합당하며 잠재적 채무국들의 동의를 얻을 수 있을까 하는 문제가 제기된다.

1997~98년 한국의 외환 위기 당시를 보면, IMF의 자금 지원 조건은 위기의 수습과 관계없는 금융시장의 추가 개방 조항—외국인 주식 취득 한도 확대, 외국 금융기관의 국내 자회사 설립 허용, 단기금융 상품에 대한 외국인 투자 허용, 외국인 직접투자 제한 분야 추가 허용, 상업 차관 도입 단계적 자유화 추진—을 담고 있었다. 당시 타이의 경우는 외국인 금융기관 지분 25% 이상으로 확대, 민영화 촉진 등과 같은 조건을 포함하고 있었고, 인도네시아의 경우 외국인 투자 기업에 유통산업 개방과 같은 것을 포함하고 있었다. 위기의 수습과는 관계없는 외국자본에 대한 시장 개방과 규제 완화 같은 것들이 포함되어야 할 이유는 무엇일까.

이상에서 본 것과 같이 위기 예방과 위기 해결에 있어 IMF의 거버넌스는 도구로서의 정당성(legitimacy)과 책임성(accountability)에 문제가 있다고 평가된다.

이에 더해 IMF의 거버넌스에 문제가 되는 것은 그 조직 구조와 정책 결정 과정에 있어 제도화된 서구적 편향성과 주도권이다. 이는 민주성의 문제와 결부된다고 볼 수 있다.

IMF의 조직 구조와 정책 결정 과정을 보면 IMF의 친서방적 편향성이 드러난다. IMF의 총재(Managing Director)는 통상 유럽인이, 수석 부총재는 미국인이 맡는 것이 관례이다. 쌍벽을 이루는 세계은행 총재는 미국인이 맡고, IMF는 지금까지 유럽인이 독식해 왔다. 도미니크 스트로스 칸(Dominique Strauss- Kahn) 총재의 불명예 퇴진 이후 이제 아시아 또는 개도국 출신의 총재가 나와야 한다는 요청에도 불구하고 여전히 프랑스인이 다시 그 직을 승계했다. 총재가 어느 지역, 어느 나라 출신인가가 중요하다는 것은 말할 필요도 없다. 유럽인들은 저들의 외교 무대에서의 오랜 교분 관계를 통해 필요시 언제든지 전화를 걸 수 있는 누군가를 IMF의 최고 책임자로 앉혀 둔 것이다. 프랑스인을 또다시 총재로 선임한 것은 그리스 위기 문제를 유럽과 협력하여 잘 처리하기 위해서란 이유가 있었는데, 아시아 외환 위기 때 아시아 문제를 잘 해결하기 위해 아시아인을 IMF 총재로 임명하자고 했으면 서구인들의 반응이 어떠했을까.

총재뿐 아니라 실무의 대부분을 담당하는 상무이사회(Executive Board)의 구성을 보아도 그러하다. 회원국들에는 경제 사이즈와 대륙별 위치 등이 비슷한 나라들이 동일 그룹으로 묶여 상무이사(Executive Directors)가 1인씩 배정되어 있는데 현재 24명 중 11명을 미국과 서구 유럽인이 차지하고 있다.[2] 전 세계 187개 회원국 중 EU 27개국과 미국을 제외한 나머지 159개국이 이런 구조에서 충분히 제 목소리를 낼 통로를 찾을 수 있을지

의문스럽다. IMF 가중 투표제(weighted voting system)도 미국과 서구의 몫이 압도적이다. IMF는 최근 쿼터의 6%를 신흥시장국과 개도국으로 이전하여 쿼터와 가중 투표권을 조정했지만, 여전히 서구 선진국의 지분이 지배적이다. 미국은 현재 투표권 16.7%를 가져 거부권을 행사할 수 있는 비중이고, 세계 GDP(gross domestic product, 국내총생산)의 20%를 차지하는 EU의 투표권은 32%에 도달한다. 이에 비해, 아시아 4강(일본, 중국, 인도, 한국)의 투표권은 모두 합해 겨우 13.76%에 불과하며 ASEAN+3를 다 합해도 미국의 지분에도 미치지 못한다. 서구의 지분을 모두 합하면 50%에 가까운데, 신흥시장국과 개도국을 다 합해도 42.1%로 G7(43%)보다 적다. 아시아의 약소함을 보여 주는 다른 예로 경제 순위 31위인 유럽의 소국 벨기에가 1.86%의 투표권을 가져, 세계 2위 경제 대국인 중국(3.82%)의 절반 정도에 해당한다.[3] 가중 투표권이나 상무이사회의 구조를 볼 때 미국과 서구 중심의 논의가 이뤄지는 것이 이상한 일이 아니다.

IMF 구제금융의 협상 과정에서 대부분 개도국인 채무국이 자기의 사정을 충분히 입력하기에는 어려운 구조이다. 구제금융의 결정 과정을 보면 다음과 같은데, 우선 위기가 발생하여 IMF에 구원 신청을 하면, IMF의 해당 지역 전문 스태프가 의향서(letter of intent)를 준비하여 해당국을 방문, 정보를 수집하고 협상을 한다. 이후 IMF 본부에 돌아가 의향서와 부대조건 등에 관해 상무이사회의 검토와 승인 과정을 거치는데, 담당 스태프는 이 과정에서 거부당하지 않도록 미리 상무이사회와 총재의 정향성에 맞도록 스스로 규제하게 된다. 상무이사회는 채무국보다는 채권국 정부와 보다

2_http://www.imf.org/external/np/sec/memdir/eds.aspx

3_http://www.imf.org/external/np/sec/memdir/members.aspx(2011. 10. 21. 검색).

긴밀하게 교감하고 채권국 정부에 더욱 책임을 진다. 상무이사회의 토의 과정은 공개되지 않는 일종의 밀실 합의이다. 그리고 IMF 구제금융의 프로그램에서 총재와 상무이사회의 관심이 높은 정치적으로 중요한 프로그램일수록 이들의 영향력은 크다(Stiles 1991; Thirkell-White 2005, 42). 채무국은 IMF와 국제 자본의 의향에 부응하기 위해 자국의 사정을 소신껏 밝혀 협상에 반영시킬 수 있는 위치에 있지 않다. 약하고 빈곤한 국가일수록 이런 사정은 더하다(Thirkell-White 2005, 42-43; 김진영 2009, 288).

IMF는 그동안 잦은 비판에 직면하여 스스로 이미지 개선을 위해 나름의 노력을 했다. 몇 가지 예를 들면 긴급 대출 기금을 보강했는데, 평소 신용도가 건전한 국가에 일정한 한도를 정해 주어 본격적 위기가 발발하기 전에 조기에 자금을 대출해 주는 FCL(Flexible Credit Line, 탄력대출제도), FCL의 대상이 되지 않지만 일정 수준의 건전성을 유지한 개도국에게 대출하는 PCL(Precautionary Credit Line, 예방대출제도)과 같은 것을 신설했다. 또 IMF에 대한 시민사회의 불만과 비평을 의식하여 가능한 시민사회 주체들, 노조와 기업, NGO 등과 접촉의 문을 열었다. 그리고 아시아를 포함한 일부 신흥시장국들의 쿼터를 증액시키고, 추가 신설된 부총재에 중국 대표를 임명하기도 했다. 이런 조치들이 의미 없는 것은 아니지만 근본적으로 IMF의 서구 편향성과 기존의 권력 구도에 큰 변화가 생겼다고 볼 수는 없다. 중국인 부총재를 한 사람 더하여 세계경제에서 높아진 중국의 위상을 대표한다는 의미는 있지만 여전히 기존의 서구인 우위의 구조는 존재하고 있다. 쿼터의 증액이 서구와 미국의 지배 구조에 변화를 가져오고 힘의 재분배를 실현한 것도 아니다.

IMF는 스스로 이미지 개선을 위해 거버넌스 개혁을 시도하고 있다. 그러나 아마르티아 센(Amartya Sen)이 지적하였듯이 IMF가 진정 글로벌한 기관으로 거듭나려면 지금까지의 개혁 조치 이외에도 신흥시장국과 개도국들의 다양한 목소리가 좀 더 상무이사회와 전문 스태프의 구성에 반영될 수 있어야 한다. 세계경제는 G7, G10이 주도하던 시대와 달라졌다. 센이 언급했듯 G20가 함께 협력하지 않았다면 세계경제 위기는 지금보다 훨씬 악화되었을 것이다. 시장의 상호 의존, 신흥시장국과 개도국으로의 시장의 확산과 힘의 분산을 고려할 때 IMF는 이런 현실을 반영해야 한다. 미국과 서구 중심의 기관이 아니라 신흥시장국, 개도국의 다양한 사정과 목소리가 더욱 많이 반영될 수 있어야 더 효율적인, 그리고 "정의로운" 글로벌 거버넌스를 수행하고 세계경제의 복리에 기여할 수 있다.[4]

잠재적 채무국들에게 오늘날 IMF는 기피(忌避) 기관이 되었고, IMF행(行)은 '낙인 효과'(stigma effect)를 남긴다. 비서구, 신흥시장국, 개도국의 입장에서 IMF의 거버넌스를 평가한다면 정당성, 책임성, 민주적 대표성의 원칙에서 후하고 높은 점수를 주기 어려울 것이다. 그렇다고 IMF의 그간의 노력을 폄하하는 것은 결코 아니며 이런 문제들이 계속 개선되고 보완되어야 한다는 것이다. 이런 문제의 해결을 위해 IMF에만 집중하는 것이 효율적일까 하는 의문이 제기된다. IMF 중심의 글로벌 금융, 통화 거버넌스 구조에도 다층화, 분산과 협력이 필요하다. IMF를 중심으로 한 글로벌 금융, 통화 거버넌스를 보완할 지역 기구 수립이 필요한 때가 되었다는 것이다.

4_아마르티아 센의 IMF 거버넌스 개혁에 관한 IMF 자체 인터뷰, IMF 홈페이지에서 인용. http://www.imf.org/external/np/exr/govern/index.htm(2011. 8.1. 검색).

III. CMI의 발전과 AMF

1. 1997년 AMF안의 좌절

AMF안이 처음 나온 것은 1997년 8~9월 사이 아시아 외환 위기의 시초에 일본에 의해서이다. 이 안은 미국의 강력한 반대로 좌절되었고, 이후 CMI의 형태로 보다 느슨하고 낮은 단계의 동아시아 금융 협력체 구성이 시작되었다.

2000년 출범한 CMI가 그간 느리지만 꾸준히 진전해 오면서 현재 CMIM에 이르렀고 AMF안이 다시 부상하고 있다. 당초 AMF안이 어떻게 시도되고 무산되었는지 간략히 살펴보는 것이 AMF를 다시 부활시키는 데 따른 문제들을 짚어 보는 데 도움이 될 것이다.

당초 AMF안이 배태된 것은 1997년 8월 타이 위기에 대하여 IMF와 아시아 각국들이 금융 지원을 위해 회동하고 난 직후였는데 일본의 당시 재무관 사카키바라 에이스케(榊原英資)에 의해 주도적으로 기안되었다. 간략히 그의 회고를 따라 당초의 AMF안이 제기되고 기각되는 과정을 살펴보면 당시 미국과 IMF가 아시아의 독자적 지역 협력에 대해 어떤 태도를 가졌는지 이해하는 데 도움이 된다.

이미 많은 논자들이 지적했듯이 사카키바라도 당시 타이에 대한 IMF의 긴축과 구조 조정 패키지가 지나치게 가혹한 것이었다고 회고한다.[5] 그

5_IMF는 타이 정부에 위기의 와중에서 98년 1%의 흑자를 내도록 긴축을 요구하고, 논뱅크 금융사 58개를 무더기 정지시키게 했는데 이는 현실적으로 지나치게 가혹한 것이었다고 한다.

리고 타이의 금융 지원을 위해 아시아 국가들이 모인 회의에서 아시아 위기를 함께 막아야 한다는 연대감 같은 것이 느껴지는 분위기였다고 한다. 타이의 금융 지원에 아시아 국가 중 일본이 주도적 역할을 했는데, 중국은 처음에는 다소 미온적이었으나 일본의 적극적 태도를 보고 마지막으로 지원에 참여했다. 타이에 대한 긴급 구제금융에도 불구하고 위기는 계속 한국, 인도네시아 등으로 확산되었는데, 타이의 위기가 진정되지 않은 것은 IMF가 요구한 지나치게 가혹한 긴축과 성급한 금융 재건책 등의 탓이었을 것이라 진단한다. 위기의 와중에서 일본 재무성은 AMF안을 기안했는데 그해 9월 23~24일 홍콩에서 개최될 IMF/세계은행 합동 연례 총회를 빌어 참석한 아시아 국가들과 기금 설립에 합의할 것을 목표로 홍콩, 싱가포르 등을 시작으로 아시아 국가들을 설득해 가기 시작했다. 당초의 안은 우선 중국, 홍콩, 일본, 한국, 오스트레일리아, 인도네시아, 말레이시아, 싱가포르, 타이, 필리핀의 10개국을 중심으로 1,000억 달러의 기금을 조성하는 것이었다. 참여국의 범위는 지금의 ASEAN+3와는 달리 ASEAN 빈국들이 제외되었고 태평양 세력인 오스트레일리아가 포함되었다. 이 당시 AMF안은 민감한 사안에 대해 명확한 세부 기안이 있지는 않았던 것으로 보인다. 예컨대 IMF와의 관계가 그런 문제인데, IMF와는 기본적으로는 협조하되 경우에 따라 독립적 행동이 가능한 것으로 할 계획이었다 한다. 이는 사전 합의되지 않으면 미국과 IMF의 반대를 일으킬 수 있는 사안이었다. 사실 아시아 국가들 간 회람되던 이 안이 누군가에 의해 미국에 누설되었을 때, 미국은 격분했다. 일본이 단독 행동을 한 것과 미국이 제외되고 IMF와도 독립적 행동을 가능하게 한 내용들이 미국과 IMF를 자극한 것이다. 몹시 격분한 미국 로렌스 서머즈(Lawrence Summers) 재무차관은 한밤중에 사카키바라의 자택에 전화를 걸어 거칠게 항의했다고 한다. 재무장관 로버트

루빈(Robert Rubin)도 공식적으로 일본 재무상에게 우려를 전달했으며, 루빈 재무장관과 앨런 그린스펀(Alan Greenspan) 연방준비위원장 명의로 APEC 각국 재무장관에게 서신을 보내어 아태 지역 금융 협력은 IMF를 중심으로 수행되어야 한다는 사실을 강조하며 일본의 AMF안을 우회적으로 반격했다. 이런 분위기 속에서도 일본은 아시아 국가들을 개별적으로 설득하며 홍콩에서 열릴 IMF/세계은행 합동 총회를 빌어 이 안을 성사시킬 계획을 세웠다. 우선 10개국 재무차관 회의에서 AMF안을 조정하고 나서 재무장관 회의를 통해 결의하려는 계획이었다. 그런데 10개국 장관 회의에 가기도 전에 차관 회의에 미국과 IMF 대표도 옵서버로 참가하겠다고 요구했고, 여기서 미국의 반대로 부결되어 버린 것이다. 이 회의에 옵서버로 참가한 미국은 AMF안에 강력히 반대하며 AMF 대신 미국이 참여하는 지역 감시 체제(surveillance mechanism)의 수립을 주장했다. 한국과 ASEAN은 일본의 AMF 제안에 찬성했다. 그러나 홍콩과 오스트레일리아 등은 입장이 바뀌어 원론적 이야기만을 되풀이했고, 중국은 끝내 아무 말도 하지 않았다고 한다. 일본의 이니셔티브를 마뜩잖아 하던 중국을 미국이 사전에 설득하여 일본의 제안에 찬성하지 못하게 했다고 사카키바라는 후일 언급했다(2010. 8. 2. 필자와의 인터뷰; 榊原英資 2000, 180-190). 결국 AMF안은 좌절되고 미국의 주장대로 미국 참여 및 IMF가 중심 역할을 하는 지역 감시 메커니즘으로 마닐라 프레임워크(Manila Framework)가 출범하게 되었다.

여기서 나타난 몇 가지 중요한 정치적 요소를 추려보면, 우선 아시아의 지역 협력주의에 대한 미국의 강력한 반대 그리고 미국이 아시아에 대해 행한 막강한 압력이 다소 굴욕스러울 정도로 느껴진다. 그리고 일본의 이니셔티브에 대한 중국의 견제가 드러나고, ASEAN과 한국이 처음부터 AMF안에 대해 찬성했다는 것이 나타난다. 이들이 현재 AMF안을 다시 부활시키는 데 어떻게 작용할 것인지는 뒤에서 논의할 것이다.

2. CMI의 발전

AMF는 좌절되었지만 아시아 국가들은 지역의 자력구제 시스템이 필요하다는 데 합의하고 CMI를 출범시키게 된다. 이는 ASEAN+3에 의해 시작되었는데, 기존의 ASEAN 정상회담에 한국, 중국, 일본의 3국이 가세했다. 이들은 위기의 재발 방지를 위해 지역 협력이 필요하다는 데 합의하고 2000년 5월 CMI를 출범시켰다. 아시아 외환 위기 속에서 IMF와 미국의 태도에 대한 분노와 무력감도 컸고, 자력구제 시스템이 필요하다는 공감대가 이뤄졌다. CMI는 그러나 느슨하고 낮은 형태의 협력체로 다자적이 아닌 쌍무적 네트워크로 시작되었다. 스와프를 맺은 당사국 간에 위기 발생 시 평소 약정해 둔 액수만큼 자국 화폐를 맡기고 달러(또는 상대국 통화)를 차입할 수 있도록 한 것이다.[6] 처음에는 총약정액 300억 달러 미만으로 출발했는데 점차 약정액과 스와프 건수를 증가시켜 2007년경 총약정액 800억 달러에 도달했다. 당초의 CMI는 쌍무 협약이므로 실제 발동되어 효력을 발휘하기에는 취약점을 안고 있었다. 쌍무적 스와프는 발동되려면 스와프 파트너인 개별 국가와 각각 협상해야 하므로 시간이 지체되어 긴급 자금이 필요한 실제 위기 상황에서 유효성이 떨어진다. 쌍무적 스와프를 다자화하여 필요시 동시에 자금이 대출될 수 있도록 해야 한다는 것이 계속

6_CMI에 대해 상세한 것은 김진영(2007); Jin-Young Kim(2007)을 참고.

지적되었고, 2006년 ASEAN+3 재무장관 회담의 합의를 거쳐 2007년 교토 회담에서 쌍무적 스와프를 넘어 다자화와 공동 기금으로 전환하기로 합의했다. 소위 '포스트 치앙마이 구상'이라는 것인데 2006년 회의에서 스와프 발동의 신속화를 위해 위기 발생 시 모든 스와프 상대국들이 이틀 내 소집되어 동시에 자금 지원의 집단 의사 결정을 하는 것으로 합의했다. 그리고 2007년 회의에서는 단일 공동 펀드(reserve pooling)를 만들기로 하여 쌍무 스와프가 아니라 단일 다자간 협약으로 전환하기 위한 방법을 논의하기 시작했다.

2008년 세계경제 위기를 계기로 CMI는 더욱 탄력을 받아 2009년 2월 특별 재무장관 회의에서 다자화된 CMIM의 기금을 1,200억 달러로 증액하고 그 출자금 비율을 일본, 중국이 각각 32%씩, ASEAN이 20%, 한국이 16%로 하기로 결정했다. 출자금 비율에 대해 일본과 중국은 경쟁을 벌였는데 최고의 지분을 요구한 일본, 그리고 일본과 동등한 지분을 요구한 중국의 요구를 절충하여, 중국의 지분은 28.5%, 홍콩의 지분을 3.5%로 설정하여 합계 32%가 되게 하고, 일본은 독자적으로 32%를 부여하여 단일 최대 지분국이 되게 했다. 한국도 당초 중국과 동등한 지분을 요구하여 16%를 부여받는 성과를 거두었다(Kawai 2011).

CMIM은 CMI로부터 상당한 진전을 이룬 것인데 다시 한 번 그 특징을 간략히 정리하면 다음과 같다. 첫째, 기금의 총액이 1,200억 달러로 증액되고 단일 계약의 다자 기금화되었다. 둘째, 지금까지 CMI는 사실상 한, 중, 일과 ASEAN 5개국이 쌍무 스와프 네트워크에 참가했는데 CMIM에는 ASEAN의 나머지 빈곤국(베트남, 미얀마, 라오스, 캄보디아)과 브루나이가 모두 포함되어 명실공히 더욱 포괄적인 지역 다자 협약이 되었다. 셋째, CMI 시절의 현지 통화 스와프는 제외되고 미 달러화 유동성 지원 체계로 설계되었다. 넷째, 자금 지원 요청 후 통상적으로 1주일 이내(또는 2주 이내 다수결로) 자금 지원 여부를 결정하고 곧 인출이 가능하도록 하여, 신속한 유동성 공급으로 위기 대응 능력을 향상시키려 했다.[7]

CMIM은 2010년 3월 24일부터 공식 발효하게 되었다. 여기서 더 나아가 2011년 5월, 베트남의 하노이에서 열린 ADB 연차 총회에 참석한 ASEAN+3 재무장관들은 CMIM의 향상에 대해 논의하여 다음과 같은 사항에 합의했다. CMIM이 위기 발생의 경우에만 자금 지원을 할 수 있도록 한 것을 개선하여 위기 징후가 있는 국가에 선제적 지원이 가능하도록 구체적 방법을 논의키로 하고, 기금의 규모도 두 배로(2,400억 달러) 확대하기로 합의하여 구체적 방안을 연구하기로 한 것이다.[8]

단일 다자기금화에 더하여 중요한 사실은 CMIM이 AMRO라는 독자적 감시 기구를 두게 되어 CMI 때보다 진전된 기능을 가지게 된 것이다. 채무국의 도덕적 해이를 방지하고 자금 대출 결정을 CMIM 차원에서 내리기 위해서는 자체의 감시·감독 메커니즘 설립이 필요하다. CMI 시절에는 'ERPD'(Economic Review and Polity Dialogue, 경제 동향 점검 및 정책 대화)라는 느슨한 감시 체제가 있었다. 강제성이 없는 '정보 공유' 또는 일종의 약한 단계의 '동료 집단 압력'(peer group pressure) 정도에 해당하는 시스템이었다. 지역 감시 기능을 보강하기 위해 2006년 전문가그룹(Group of Expert) 및 경제·금융 모니터링을 위한 기술 지원 실무그룹(Technical Working Group on Economic and Financial Monitoring)을 신설하기도 했다. 효과적인 지역 자체적 감시 기구가 필요하다는 인식이 꾸준히 발전하여 마

7_기획재정부 보도 자료(2010/03/24); Kawai(2010).

8_『파이낸셜 뉴스』(2011/05/04).

침내 2011년에 AMRO를 출범시키게 된 것이다. AMRO는 평시에는 지역의 거시 모니터링과 감시 기능을 하고, 위기 발생 시에는 자금 대출을 위한 전문적 기술 지원 기능을 하도록 설립되었다. 위기 발생 시 자금 신청국에 대한 경제 상황 분석 보고서를 만들고 자금 대출 결정이 이뤄진 후 그 집행과 효과를 감독하게 될 것이다. 자금 대출의 실제적 결정은 ASEAN+3 재무차관급 회의에서 이뤄진다.

AMRO 본부를 어디에 유치할 것인가에 대한 논란이 있었는데 싱가포르에 두기로 했다. 그리고 그 수장(Director) 자리를 두고도 일본과 중국의 치열한 경쟁이 있었는데, 결국 초대 수장은 중국과 일본이 공동으로 맡기로 했다. 임기 중 처음 1년은 중국의 전 국가외환관리국 부국장 웨이 번화(Wei Benhua)가, 나머지 2년은 일본 재무성 참사관 네모토 요이치(Nemoto Yoichi)가 맡기로 했다. 나머지 조직은 4인의 수석 경제학자를 포함 총 12인의 전문 경제학자로 구성된다.

AMRO의 쿼터 지분과 수장 자리에 일본과 중국의 공동 지분이 합의되었고, 기금 쿼터에 따른 투표권 배분에 있어서는 ASEAN의 약소국들에게 다소 유리하도록 배정했다. 이와 같이 함으로써 지역 공동의 감시 기구를 출범시키게 되었다.

CMIM과 AMRO를 갖추게 되자 마침내 AMF로의 발전이 목전에 이른 것 같은 기대를 불러일으키게 되었다. CMIM의 발효와 AMRO의 출범을 두고 많은 언론들은 '아시아판 IMF' 란 용어를 서슴지 않고 사용하기 시작했다. 그러나 AMF 설립을 논하기에 아직은 한계와 미비점도 많은데, 다음과 같은 과제들이 남아 있다.

첫째, 대표적인 한계로 IMF와의 연계 문제를 들 수 있는데 CMIM은 아직 대출 가능 자금의 80%가 IMF와 연계되어 있다. CMI의 출범 당초에는 IMF 연계 비중이 90%였던 것을 2005년 80%로 조정했다. 위기 시 당사국이 대출할 수 있는 자금의 20%까지는 IMF와 연계되지 않고 받을 수 있지만 나머지 80%는 IMF의 심사를 거쳐 IMF 부대조건을 수락하는 조건으로 지원받을 수 있다는 것이다. 당초 IMF 연계에 관해서 잠재적 채무국들은 이를 반대했는데 잠재적 채권국인 일본, 중국 등은 IMF 연계를 주장했다. 자금의 회수를 보장하기 위해서 채무국에 부대조건의 부과와 이에 대한 감독이 필요하다고 판단했기 때문이다(Grimes 2006, 367). IMF와의 연계를 줄이거나 궁극적으로 제거하기 위해서는 지역의 자체 감시·감독 기능이 효율적으로 작동해야 한다.

둘째, AMF 수립이 가능하기 위해서는 AMRO가 얼마나 효과적인 감시 기구가 될 수 있는지가 매우 중요한데, 지금의 AMRO는 아직 규모와 구조에 있어 온건하며, 명칭도 강제성과 구속력의 이미지를 불식시키려는 듯한 인상이 강하다. 과거 식민지 시대의 경험으로 주권에 대한 구속을 싫어하기로 정평이 나 있는 아시아국들이 지역 감시 기구에 얼마나 강제력을 실어 주느냐 하는 것이 중요한 문제로 남아 있다.

셋째, CMIM이 AMF로 발전하기 위해서는 AMRO와 합쳐, 기금 운영과 감독 기능을 전담할 전문 스태프가 상주하는 상설 전문기구의 형태가 되어야 할 것이다. 그러나 아직 CMIM은 ASEAN+3의 대표가 참석한 다자회의체의 형태로 운영되고 AMRO는 싱크탱크 정도로 출범했다. 점진적으로 보다 견고한 기구적 통합과 조직의 구비가 필요할 것이다.

마지막으로, AMF란 어떤 수준의 기구를 말하는가에 대해 정리하는 것이 필요하다. 아직 이에 대한 명시적 합의는 없고, 항간의 AMF 언급은 구체적 내용이 없어 매우 막연한 대상이기도 하다. 지금까지의 많은 논의들을 살펴볼 때 대개 다음과 같은 수준의 기구를 전제로 하고 있다. 지역 차원의 유동성 지원과 지역 최종 대부자 역할을 하며, 그를 지탱하는 감시 기구를 가진 포괄적 기구, 즉 아시아판 IMF와 같은 것을 가리킨다. 공동 통화 창출까지를 언급하는 논자들도 있으나 그것이 AMF로의 필요조건은 아니라고 본다. 공동 통화 문제는 AMF 이후로 고려해도 될 사안이다.

IV. AMF와 IMF의 관계

이 글의 서두에서 지적했듯 AMF 설립을 논의할 때 고려해야 할 것이 IMF와의 관계이다. 글로벌 금융 거버넌스 기구인 IMF와 지역 거버넌스 기구인 AMF와의 관계를 어떻게 설정할 것인가? 간단히 결론부터 말하면, 보완·협력 관계라는 것이다. AMF가 성립되기 전까지 중간 과정에서도 IMF와의 협력 관계를 유지하면서 점차 지역 전문성과 독자성을 획득해 나가는 것이 좋을 것이라 제안한다.

CMIM과 AMRO는 아직 출발 단계이므로, 당분간 IMF와 협력 관계를 유지하여 IMF의 기금과 전문성을 공유하면서 지역 자립 능력을 증대시켜 가는 것이 좋다.

CMIM이 IMF와의 연계 비중을 지속적으로 줄여야 한다는 합의가 존재하지만, 이를 위해서는 적어도 두 가지 조건이 필요해 보인다. 하나는 앞에서 언급했듯 독립적인 감시 능력이 있고 기금 집행을 감독하며 구속력 있는 권위를 갖는 기구를 가져야 하며, 다른 하나는 기금의 규모도 더 커져야 한다는 것이다.

먼저 기금의 규모에 대해 논하자면, 현재의 액수는, 예컨대 2008년 가을 한국의 원화가 곤두박질치던 때 한국이 혼자 보유한 외환 보유고보다 적다. 효과적인 지역 기구로 작동하려면 기금 규모의 점진적 확대가 필요하다. 기금을 장차 2,400억 달러로 증액하기로 한 합의가 존재하는데, 동아시아 국가들의 외환 보유고를 고려하면 이 액수도 실현하기에 그리 부담스럽지는 않을 것이다.

한국 정부는 2008년 위기 당시 CMIM이 아니라 미국의 연방준비위원회(US Federal Reserve)와 300억 달러의 스와프 협약을 하여 위기에 대처했다. 한국 정부가 CMIM이 아니라 미 연준에 도움을 요청한 것은 한국이 대출할 수 있는 CMIM의 기금 액수가 수요에 비해 크지 않기도 했고, IMF의 스티그마 효과 때문이기도 했다. CMIM 대출 가능액의 80%는 IMF와 연계되어 있다. 'IMF 위기'의 악몽이 아직 생생한 한국민들에게 또다시 IMF의 부대조건을 받아들여야 한다는 것은 상상하기도 싫은 일이었다. 2008년 가을 한국의 경험은 CMIM에 두 가지 숙제를 분명히 제시했는데, 기금 규모의 확대 그리고 IMF와의 탈연계이다(Kawai 2011, 12).

AMF가 성립하려면 궁극적으로 자금의 집행에서 IMF와의 탈연계가 필요하다. 그러려면 AMRO가 평시의 효과적 지역 경제 감독 기능을 할 수 있어야 하고 자금 대출 결정 시 효과적인 부대조건을 부과할 수 있는 능력을 입증해야 한다. 평시에 회원국들은 AMRO의 자료 제출 및 정보 공유 요구, 권고 사항 부과에 따라야 하고, AMRO는 위기 징후의 조기 감지 등 효율적 감시 기능을 할 수 있어야 한다. 위기 시에는 자금 지원 결정에 필요한 분석과 함께 자금 지원에 동반될 자체적 부대조건을 부과할 수 있어야 하고, 이런 조치가 IMF의 조치처럼 시장의 신뢰를 얻을 수 있어야 한다. IMF의 기능은 위기 당사국에 긴급 자금을 대출하는 것이지만, 동시에 IMF가 개입하여 위기 당사국이 IMF가 부과하는 부대조건을 수락하는 것 자체가 시장의 투자자들을 안심시켜 위기를 진정시키는 효과가 있다. AMF가 성립하기 위해서는 CMIM의 자금 지원과 AMRO의 지역 감시 기능이 이런 수준으로 발전해야 한다.

논자들은 아시아에서 객관적이고 효과적인 감독 기구의 제도화에 대해 회의적이다(Grimes 2011, 97). 아시아 국가들은 주권의 제약에 매우 민감한데 지역 감시 기구가 개별 국가의 자료를 요청하거나, 자금 대부시 부대조건을 제시하는 것이 주권의 제약으로 보일 수 있기 때문이다. 현재 감시 기구인 AMRO는 그 명칭도 'ASEAN+3 거시경제조사국'으로서 강제성과 구속력의 이미지를 가능한 줄이려는 의도가 보인다(Eichengreen 2010). 그러나 아직은 시작 단계이므로 미리 회의적일 필요는 없을 것이다. CMI가 처음 출범하였을 때 서구에서는 회의적 시각이 많았지만 꾸준히 발전하여 여기까지 왔다는 것을 기억해두자.

현재 CMIM이 AMF로 발전하기 위한 현실적인 방법은 당분간 IMF와의 연계를 유지하면서 꾸준히 시장의 신뢰를 획득하여 그 비율을 줄여가는 것이다. AMRO도 객관성과 신뢰를 획득하기 위해서 IMF와 협력 체제를 유지하면서 조화를 이뤄 가고 점차 지역 사정에 보다 적절한 기준을 제시하며 자립의 자리를 굳혀 가는 것이 좋을 것이다.

그러면 지역 기구로서 AMF가 존재할 가능성에 대해 IMF의 입장은 어떤가? 위에서도 언급했지만 IMF는 아시아 위기 이후 내외의 많은 비난을 숙지하고 스스로 개선의 노력을 해왔다. IMF는 아시아 외환 위기 때의 IMF보다는 좀 더 개선된 모습을 보이려 한다.

IMF는 동아시아 지역 차원의 협력과 이에 기초한 지역 경제의 안정은 지지하지만 지역 차원의 독립적이고 결속력 강한 금융 기구를 원하지는 않는 것으로 보인다. 동아시아 경제의 중요성과 동아시아와의 협력 필요성에 대한 IMF의 인식은 "ASIA 21" 이란 표제로 2010년 7월 한국 대전에서 개최한 한국-IMF 컨퍼런스에서도 드러난다. IMF는 IMF의 쿼터 조정에서 아시아가 더 높은 비중을 가지는 것을 지지하며 글로벌 무대에서 아시아가 정당한 위치를 인정받아야 한다는 것에도 동의했다. 아시아가 자신들의 감시·감독(surveillance & monitoring) 체계를 가지는 것에 대해서도 반대하지 않았다.[9] 그러나 IMF와 독립한 별도의 지역 기구의 필요성에 대해서는 그다지 환영하지 않는 태도를 보였다고 판단된다.[10] IMF는 매우 크고 방대한 조직이므로 IMF가 공식적으로 AMF에 대해 정리된 입장을 발표하지 않는 한, 본 연구자의 정보와 인터뷰 결과로 어느 하나의 입장이 분명한 IMF의 태도라 단정할 수는 없다. 그러나 그런 제한성을 감안하고 크게 두 가지의 반응으로 정리해 볼 수 있지 않을까 한다. 하나는 직접적인 반대의 입장, 다른 하나는 다소 유보적이며 IMF의 중요성을 강조하는 입장이다. 전자의 논거는 IMF와 같은 전문성을 갖춘 기구의 설립을 위해서 고도의 전문화된 인력과 경험, 자본 등이 필요한데 왜 굳이 중복된 기구를 만들기 위해 자원을 소모할 것인가 하는 것이다. 후자의 논거는 AMF가 지역 차원의 금융 거버넌스 기능을 하는 것은 좋지만, 지역 차원 기구의 대응 능력이 제한적일 수밖에 없으므로 글로벌 차원의 감시·감독과 위기관리 기능을 가진 IMF에의 의존과 협력이 필요하다는 것이다.[11] 후자의 입장이면 AMF의 설립을 굳이 반대하지는 않을 것이다. 그런데 더욱 중요한 것은 AMF의 설립

9_필자의 IMF Asia-Pacific Department와의 인터뷰(2010/10/05).

10_IMF Asia-Pacific Department, Strategy, Policy and Review Department와의 인터뷰 (2010/10/05).

11_필자의 IMF 인터뷰에서 정리.

은 지역 국가들의 이니셔티브와 의지로 추진하는 것이며, 지역의 의지가 확실할 때 IMF가 저지할 사안은 아니라는 것이다.

AMF가 설립되면 IMF와 조화로운 협력 관계를 유지하며, IMF는 글로벌 이슈에, AMF는 지역 문제에 집중하는 협력적 분담 관계를 발전시킬 필요가 있다. 둘의 관계는 세계은행(World Bank)과 ADB의 관계에 비견될 수 있다. ADB의 존재는 세계은행의 권위와 기능을 저해하지 않고 오히려 지역개발에 더 효율적으로 집중할 수 있게 한다. AMF와 IMF의 관계도 그와 유사한 것이 될 것이다. ADB는 세계은행이 다 감당하지 못하는 지역의 수요를 파악하여 아시아 지역의 빈곤 타파와 경제개발 등에 기여한다. AMF의 경우도 유사하게, IMF가 다 감당하지 못하는 아시아 지역의 경제 감시와 위기 예방, 위기 처리의 기능을 하며 공존할 수 있을 것이다. 이런 점에서 ADB는 지금까지 ASEAN+3의 금융 협력 체제 구축에 적극적으로 협력해 왔고[12] AMF의 필요성도 지지하고 있다. 글로벌 차원에 IMF와 세계은행이 존재하듯이 아시아에 AMF와 ADB가 존재하며 상호 협력할 수 있을 것이다.

그럼에도 불구하고 IMF는 자신이 독점하던 힘을 분산시킬 지역 기구를 구태여 설치한다는 아이디어에 대해 회의적일 수 있다. 더구나 현실적으로 IMF를 비롯한 국제금융 기구들은 거버넌스 구조의 개선을 통해 아시아를 포섭하려고 한다(Grimes 2011, 101). G20 회의에서 일본과 중국은 각각 IMF에 기금 증액을 약속하며 글로벌 기구의 중요성을 강조했고, 중국

12_ADB는 CMI, ABMI 등을 수립하고 감시 기구인 ERPD를 운영하는 등에 있어 ASEAN+3와 계속 협력해 왔다. 아시아 금융 협력 체제를 구축하고 AMF를 설립하는 데 필요한 기초연구 등에 있어서도 적극적으로 협력해 온 입장이다.

은 IMF 신설 부총재의 자리를 얻었다. 글로벌 기구에서 아시아 국가들의 지위가 향상되는 것은 바람직하다. 그러나, 만약 아시아 국가들이 글로벌 기구에서 아시아의 존재를 인정하여 할애한 약간의 지분에 만족하여 AMF로의 발전에 미온적이 된다면 현명한 전략이 아닐 것이다. 국제금융 거버넌스에서 아시아의 지위를 격상시키기 위해서는 '그들의 리그'에 조연으로 출연하는 것에 만족하기보다 '아시아만의 리그'를 가지고 있어야 한다. 그래야 글로벌 거버넌스에서 더욱 아시아의 힘을 신장시킬 수 있다. AMF가 IMF의 지역 파트너로 존재하면 세계 금융 체제 안정에 더욱 도움이 될 뿐 아니라 아시아 문제에 있어서 IMF가 아시아의 좀 더 좋은 파트너 역할을 하는 동기부여도 될 것이다(Henning 2011).

이런 점에서 앞서 언급한 EMF의 가능성에 대해 잠시 논해 보는 것이 도움이 될 것이다. 유럽의 경우 그리스 구제금융을 계기로 EFSF(유럽재정안정기금)가 조성되었고 이것이 종료되는 2013년 상설기구로 ESM(European Stability Mechanism, 유럽재정안정메커니즘)을 설립하기로 했다고 한다(유승경·배민근 2011). 향후 유로권의 안정을 도모하기 위해 EFSF가 사실상 유럽통화기금으로 발전할 것인가에 관심이 모아진다. 서유럽이 IMF에 많은 지분을 가지고 있고 IMF 총재 및 상무이사 다수가 유럽인이라는 사실을 볼 때, 앞에서도 지적했지만 IMF는 친유럽적이다. IMF는 서구 유럽과 그 관련 국가의 위기에는 아시아의 위기보다 신속하게 좀 더 친절하게 대응했다는 정평도 있다. 그럼에도 유럽이 자체 통화기금의 필요성을 논의하고 있다면, 아시아는 더욱 그 필요성이 있지 않을까.

V. AMF 수립의 정치적 장애에 대한 재고찰

앞에서 1997년 제안된 AMF안이 무산된 데는 미국의 반대와, 일본 주도에 대한 중국의 견제가 있었음을 지적했다. 여기서는 미국의 반대, 중·일의 갈등, 그리고 지역의 리더십이란 세 가지 관점에서 고찰해 보고 전략적 방향을 도출하려 한다.

우선 미국의 반대인데, 앞으로는 미국이 10여 년 전처럼 강하게 반대할 수는 없을 것으로 본다. 2008년 서브프라임 모기지 위기 이후 미국 경제는 더욱 곤란한 상황으로 빠져들어 우선 자국의 경제문제 해법에 몰두해야 한다. 미국도 경제 회생을 위해 아시아와의 협력이 절실하므로 과거처럼 일본을 윽박지르고 IMF를 내세워 아시아의 자발적 금융 지역주의를 제지할 여력이 없다. 정부 재정 적자 감축안을 두고 여야가 오랜 대치 상황 끝에 누구도 만족하지 못하는 결론밖에 낼 수 없었던 미국 정계의 무력함과, 시장의 신뢰 추락 등과 같은 상황은 미국의 헤게모니에 심대한 손상을 가져왔다. 장기적으로 보아, 달러의 중심 통화로서의 위치가 점차 약화될 것이고 아시아의 달러 의존도도 과거보다 낮아질 것이다. 이런 위기는 오랫동안 미국 국채의 최대 구매 고객이며 달러에 의존해 온 아시아에 미국 의존에서 탈피하여 아시아 자체 시장의 잠재력 확대로 눈을 돌리게 하는 계기가 될 것으로 본다. 장기적인 전망을 볼 때 지금부터는 1997년보다 AMF에 대한 비전을 실현해 가기에 호의적인 조건이라는 것이다.

2006년 미국 재무성 국제담당 차관 티모시 애덤스(Timothy Adams)는 아시아의 금융 협력이 다자적 틀(framework)과 병행될 수 있다면 지지한다고 발언했다. 이는 미국의 입장이 과거와는 달라졌다는 것을 의미한다.

지금 현재로 보아서 미국이 CMIM까지는 관망하고 있었지만, 정작

AMF에 대해서는 반대할 가능성도 있다. 미국이 AMF를 용인하지 않을 수 없게 되기까지는 좀 더 시간이 걸릴 것이다. 미국의 헤게모니가 변화함에 따라 아시아의 자발적 지역주의 제도화에 미국은 좀 더 관용적이 될 수 있을 것으로 전망한다.

미국 변수에 더해 동아시아의 금융 협력을 저해하는 요인은 아시아의 외교·안보적 갈등과 중·일 간의 경쟁이다. 아시아의 외교·안보적 갈등과 상호 불신의 존재가 금융 지역주의의 빠른 진전에 장애 요인으로 작용할 수 있는 것은 사실이다. 특히 일본과 중국의 갈등과 경쟁으로 AMF가 불가능할 것이라고 주장하거나 그 진전에 회의적인 전망을 제시하기도 한다(Grimes 2011; Cohen 2011). 그러나 동아시아에 안보적 긴장이 존재하는 것은 사실이지만 경제적 상호 의존으로 인한 협력의 필요성이 증가하는 것도 사실이다. 전자의 문제가 후자의 필요성을 압도적으로 지배하여 무력화시킬 수 있는 것은 아니다. 지금까지 CMIM과 ABMI 등의 진전 과정을 보면, 실무적 차원에서 한 걸음씩 차근차근 발전해 왔다. 정치적, 안보적 문제가 그 진전 속도에 영향을 줄 수는 있지만 근본적으로 진전을 저지한다고 단정할 수는 없다. 동아시아의 금융 협력 체제 구축은 경제적, 현실적 필요에 의해 진전될 수 있다는 것이다.

정치적 불신에서 가장 큰 변수가 중·일 관계일 것인데 어쨌든 지금까지 일본과 중국은 상호 견제와 균형을 이루며 CMIM까지 발전시켜 왔고 AMRO의 대표도 공동으로 나누어 맡았다. 위에서 언급한 대로 CMIM의 쿼터 배정에서도 중국과 일본의 요구가 절묘하게 절충되었고 AMRO 초대 수장의 직도 공평하게 나누었다. 이런 견제와 균형이 앞으로도 필요할 것으로 보인다. 최근 중국은 10여 년 전보다 그 경제적 위상이 높아졌고 위안화의 국제화를 제기하며 위안화 권역을 확대하려 한다. 아시아 금융 협력에서도 적극적인 역할을 하려 할 것이다. 일본은 10여 년 전처럼 단독으로 주도할 수는 없지만 그동안 꾸준히 아시아 금융 협력과 AMF의 아이디어를 추진해 왔으므로 앞으로도 그럴 것이다. 중국은 아시아에서 지도력을 발휘해야 세계에서도 인정받는다는 것을 인지하고 있다. 일본도 중국의 부상을 인정하면서 아시아에서 일본이 가진 위치를 상실하지 않기 위해서 노력할 것이다. 중국과 일본이 극단적으로 경쟁하며 부딪치기보다는 앞으로도 한동안 견제와 균형 속에 아시아 금융 통합에 공동 선두의 노력을 계속할 것으로 본다.

중·일의 정치적 갈등을 피하기 위해 AMRO와 같은 기구가 객관성과 전문성을 발휘할 수 있도록 권위를 부여할 필요가 있다. 현재는 다소 온건한 규모로 출발하지만 점차 그 위상과 규모를 확충하여 지역 문제에 대한 초국가적 권위를 지닌 기구로 발전한다면 AMF로 발전하는 데도 도움이 될 것이다.

지역 리더십의 관점에서 AMF 설립의 시나리오를 가정해 보면 일본 주도 전략, 중국 주도 전략, 그리고 제3의 전략으로 나누어 볼 수 있다. 첫 번째 일본 주도 전략은 1997년의 경우에서 보았듯이 중국의 견제로 성공하지 못했고, 앞으로도 일본이 앞에서 주도하려고 하면 중국이 견제할 것이다. 아시아에서 일본의 주도권은 이미 기울었고, 일본은 표면적으로 선두에 나서기보다 뒤에서 주도하는 전략(leadership from behind)을 취할 가능성이 높다. 두 번째가 중국 주도 전략인데 중국은 최대의 외환 보유고를 갖고 있지만 국제금융 분야에서 아직 선진국은 아니다. 최대의 외환 보유고를 가져 자신이 직접 외환 위기의 피해자가 될 가능성도 별로 없으므로, 중국은 일본과의 경쟁이 아니라면 AMF 수립을 위해 다른 국가들을 재촉하고 서두를 큰 이유가 아직 없다. 중국은 지역 협력의 명분을 잃지 않도록 계속 협력하면서 주도적 지분 확보와 시간 벌기에 주력하면 된다고 생각할 가능성이 높다. 일본 주도 전략이 주효하지 않고 중국 주도 전략에도 문제가 있다면, 적절한 전략은 제3의 전략인데, 중국과 일본의 견제와 균형을 유지하면서 한국의 중간자적 리더십을 건설해 가는 것이다.

중국과 일본의 경쟁을 조정하고 공동 이익을 위한 협력의 틀로 묶기 위해서 중간국의 조정과 매개가 필요하다. 중, 일과 ASEAN 사이에서 중간자적 역할을 하기에는 한국이 적합하다. 한국은 외환 위기와 IMF 구조 조정을 겪었던 당사국으로서 글로벌 금융 체제의 안전망(safety-net) 구축을 주장할 수 있는 적절한 위치에 있다. 2011년 한국에서 개최된 G20 정상회담에서 한국은 의장국 어젠다의 일부로 '글로벌 금융 안전망 구축'을 주장했다. 글로벌 금융 안전망은 다층적(multi-level)으로 구성되며 글로벌 차원의 IMF 외에 지역 차원의 안전망의 구축이 필요하다. 상징적 효과에 그치지 않는 실제적인 효력을 가지는 지역 안전망을 구축하기 위해서 한국이 지역 국가의 협력을 견인해 내기 위한 노력의 선두에 설 수 있다. 2011년 7월 대전에서 열린 한국-IMF 컨퍼런스에서도 이런 점이 부각되었다. 일본의 리더십을 기대하기 어렵고 중국의 지배적 위치에 대한 주변의 우려와 경계를 고려할 때 중·일을 묶어 내고 ASEAN을 아우르는 역할을 중간국 한국이 할 수 있을 것이다.

중·일의 균형, 한국의 중간자적 역할 등으로 아시아 금융 협력 체제가 점진적으로 발전해 가는 도중의 어느 시점에서, 세계경제 위기의 새로운 모멘텀을 만나면, AMF로의 진행은 빨라질 수도 있지 않을까. 아시아는 아시아 외환 위기에서 그랬듯이 외부 충격에 의해 지역 통합을 위한 노력을 시작했고 미국발 세계경제 위기가 CMIM의 진전에 새로운 모멘텀을 제공했다는 사실이 이런 전망을 가능케 한다.

VI. 맺음말

오늘날의 세계 금융 통화 체제는 더 이상 IMF의 독점적 거버넌스로 감당하기에 힘겹다. 보다 촘촘하게 짜인 지역 안전망과 연계될 필요가 있다. 호세 안토니오 오캄포(Jose Antonio Ocampo)의 지적처럼 미래의 IMF는 세계 지역들의 지역 통화기금, 유동성 지원 기구, 스와프 네트워크 등과 연계되어 정상에 위치하는 기구로 존재해야 한다. 글로벌 기구와 지역 기구의 공존과 협력이 필요하며 이는 세계경제의 안정을 증대시키고 균형을 가져오는 데 기여할 것이다(Ocampo 2006, 1-37). 지역 기구는 지역의 주도로 만드는 것이며 글로벌 기구나 미국이 반대할 수 있는 문제는 아니다. 오히려 세계경제의 안정을 위해서 지역의 안정을 도모하는 효과적인 지역 기구들의 설립을 환영하며 글로벌 기구와의 적절한 협력 방법을 모색해 가야 할 것이다.

아시아 국가들은 그동안 다시 올지 모를 외환 위기에 대비해 개별적으로 천문학적인 외환 보유고를 축적해 왔다. 세계 수위의 외환 보유국들이 아시아에 있고 아시아가 세계 외환 보유고의 63%를 보유하고 있다 한다. 개별적으로 천문학적 외환을 보유하는 것은 값비싼 전략이다. 지금 아시아는 ABMI와 CMIM을 추진하면서 지역 차원의 공동 해법을 실현해 가고 있다. 아직은 갈 길이 멀지만 지역 차원의 해법을 통해 개별 전략보다 더 큰 이익을 창출할 수 있다. 그리고 장기적으로 볼 때 유형의 경제적 이익에 더해 세계 거버넌스 체제에서 아시아의 힘이 커진다는 무형의 정치적 자산을 창출할 수 있다. AMF에 대해 부정적 견해를 표명하는 소리는 대개 서구권에서 강하다. 이는 카산드라의 예언일까? 아니면 견제의 목소리일까? 이 글을 쓰는 입장에서 볼 때는 불길한 예언을 의미하는 전자보다 후자에 가깝다고 판단된다. 아시아 국가들이 아직은 AMF와 같은 초국가적 지역 기구의 설립에 조심스럽다 해도 지금까지처럼 노력을 지속해 가면 점차 가능성이 커질 것이다. 문제는 경험이 부족하고 시간이 걸린다는 것이다. CMIM과 AMRO의 기능을 점차 강화, 발전시키면서 사실상의 AMF로 가기 위한 기반을 만들어 가는 것이 현실적인 방법이다. 그런 과정의 어느 시점에서 세계경제와 정치의 상황 변화로 아시아가 새로운 대응의 필요를 느낄 때, 새로운 도약의 모멘텀이 제공되지 않을까 전망한다.

2장

EU 금융 감독 체계 개편과 동아시아 금융 협력에 대한 함의

박영준

1. 서론

최근 글로벌 금융 위기를 계기로 금융 규제 개혁 및 감독 체계 개편이 추진되면서 기존의 미시건전성 감독 외에 거시건전성 감독의 중요성이 크게 부각되고 있다. 글로벌 금융 위기 이전에는 개별 금융기관에 대한 건전성 규제 감독을 일컫는 미시건전성 감독(micro-prudential supervision)에 대한 논의가 많이 이뤄졌다. 하지만 2008년 발생한 글로벌 금융 위기 이후 금융시장 전반의 시스템 리스크[1]를 관리하고 금융 안정성을 확보하기 위한

• 본고는 박영준·김연실(2010)과 Park and Oh(2010)를 재구성하여 작성되었다.

1_시스템 리스크는 각 금융 부문별로 분산되지 않는 위험으로 금융 시스템 전반의 불확실성을 키워 결국 실물경제에 심각한 부작용을 가져오면서 경제의 구조적 위기를 초래할 수 있다.

감시·감독의 거시건전성 감독(macro-prudential supervision)이 필요하다는 인식이 보편화되면서 후자의 중요성이 더욱 커지고 있다. 이러한 배경으로, 기존의 감독 체계가 거시건전성 감독의 실패로 말미암아 금융 위기 발생 이전에 시스템 리스크를 선제적으로 인지하지 못했고, 또한 이에 적절히 대응하지 못했다는 비판이 대두된 것이다. 아울러 기존의 미시건전성 감독만으로는 경제 전반에 걸쳐 나타날 수 있는 시스템 리스크에 효과적으로 대응하기 어렵다는 인식이 높아졌기 때문이다.

그동안 활발히 진행되었던 글로벌 금융 혁신과 함께 각국의 금융시장 간 상호 연계성이 높아지면서 어느 한 지역의 금융 위기가 다른 지역으로 전이되어 글로벌 금융 위기 또는 시스템 위기로 확산될 개연성은 과거보다 더욱 높아진 것이 사실이다. 이런 상황에서 미국과 영국 등 주요 선진국을 비롯하여 유럽 지역에서도 보다 실질적이고 효율적인 금융 감독 개혁을 실시하고 있다. EU(유럽연합)에서는 2008년 11월 EU 집행위원회(European Commission)가 고위급그룹(High-Level Group)에 EU 금융 감독 체계의 개혁안을 준비하도록 요청하면서 역내 금융 감독 체계 개편에 대한 논의가 시작되었다. 이렇게 마련된 EU의 개혁안에 따라 2011년 1월 1일 금융감독청이 공식적으로 출범했다.

EU의 금융 감독 체계 개혁은 거시건전성 감독 기구로 ESRB(European Systemic Risk Board, 유럽시스템리스크위원회)를 신설하고, 미시건전성 감독 기구로서 기존의 Level 3 위원회를 개편한 ESAs(European Supervisory Authorities, 유럽감독 당국)와 EU 회원국의 감독 기구로 구성되는 ESFS (European System of Financial Supervisors, 유럽금융감독시스템)를 설립·운영하는 것을 주요 골자로 하고 있다. 이는 국가별로 시행되고 있던 금융 감독을 EU 차원의 단일 체계로 통합하여 EU 회원국들에 대한 금융 분야의 감시·감독 기능을 한층 강화하자는 것이다. 또한 감독 체계를 거시건전성 감독과 미시건전성 감독으로 나누어 감독 기능을 세분화, 전문화하는 데 그 특징이 있다고 할 수 있다. 특히 최근 그리스 재정 위기를 계기로 재정 건전성 감독 체계를 마련해야 한다는 주장도 유로존(Eurozone)[2]에서 제기되었다. 이번 EU의 금융 감독 체계 개편은 지역 차원에서의 금융 규제 및 감독 집행을 보다 효율적인 방향으로 구체화시켰다는 점에서 다른 지역의 금융 협력에 중요한 시사점을 제공하고 있다.

동아시아의 ASEAN+3 체제는 CMIM(치앙마이 이니셔티브 다자화)를 추진하면서, 2009년 역내에 독립적 감시 기구를 설립하기로 합의했다. 그리고 2010년 3월 24일 CMIM 협정이 공식 발효됨에 따라, ASEAN+3 회의체는 역내 독립적 감독 기구 설립 등 구체적인 역내 금융 협력에 대한 협의를 지속적으로 해나가고 있다. 최근 ASEAN+3 체제하에서 진행되고 있는 동아시아의 금융 협력에서도 역내 감독 기구 설립에 대한 논의가 활발하게 진행되고 있다. 현재 독립적인 역내 감시 기구로서 AMRO (ASEAN+3 거시경제조사국)가 싱가포르에 설립되었고, AMRO의 운영 구조 합의 등 실무적 차원에서의 논의가 진행되고 있다.

본고에서는 EU의 지역 차원의 금융 감독 체계 개편에 대해 살펴보고, 동아시아 금융 협력 차원에서 ASEAN+3 감시체계에 대한 시사점을 제시하고자 한다. 2절에서는 EU의 금융 감독 체계 개편에 대해 살펴보고, 3절에서는 동아시아에서 ASEAN+3 금융 협력의 현황 및 역내 감시체계를 다

2_유로존의 16개 국가로는 오스트리아, 벨기에, 키프로스, 핀란드, 프랑스, 독일, 그리스, 아일랜드, 이탈리아, 룩셈부르크, 몰타, 네덜란드, 포르투갈, 슬로바키아, 슬로베니아, 스페인이 있다.

룬다. 4절에서는 EU의 금융 감독 체계 개편이 동아시아 금융 협력에 주는 시사점과 함께 ASEAN+3 금융 협력의 향후 발전 방향을 모색해 보고자 한다. 그리고 5절에서는 본 논문의 간략한 요약과 함께 결론을 제시한다.

2. EU의 금융 감독 체계 개편

가. 배경

최근 EU는 금융 위기의 징후 발생 시 적절한 위기관리 시스템의 부재에서 오는 엄청난 파급효과를 경험했다. 특히 개별 국가별로 산발적으로 이뤄지고 있었던 국가 간 감독 기능의 부조화는 유럽 지역 차원의 감독 기구 설립에 대한 필요성을 제기했다.

특히 이번 글로벌 금융 위기를 겪으면서 기존 금융 감독 체계의 문제점으로 다음의 사항들이 지적되었다. 첫째, 적절한 거시건전성 감독 기관의 부재이다. 둘째, 조기 경보 체제의 부재로 금융 위기에 대한 초기 대응 능력이 부족했다. 셋째, EU 회원국들에 일괄적으로 적용할 수 있는 감독 규정 및 제재 조치가 없어 다국적 금융기관에 대한 감독에 실패했다. 그리고 마지막으로 기존 금융 감독 자문 위원회의 권한이 미약하고 감독 기능 수행에 필요한 충분한 정보와 운영 지원이 이뤄지지 못했다.

이에 대해 EU 내에서는 종합적이고 체계적으로 금융 위험에 대응할 수 있는 EU 차원의 공동 대응 시스템이 필요하다는 공감대가 형성되었다. 이를 위해 기존에 산발적으로 분산되어 제 기능을 수행하지 못했던 감독 기구들을 개편하여 EU 차원에서 새로운 금융 감독 기구를 설립하기로 한 것이다.

나. EU의 금융 감독 체계 개편

EU에서는 2008년 11월 EU 집행위원회가 고위급그룹에 역내 금융 감독 체계 개편에 대한 연구를 요청하면서 이에 대한 본격적인 논의가 시작되었다. 이후 2009년 2월 고위급그룹의 의장인 자크 드 라로지에르(Jacques de Larosiere)가 작성한 보고서를 토대로 하여 같은 해 5월 EU 집행위원회는 실행 계획을 발표했다. 이후 6월 초에 EU 이사회(EU Council)가 이를 검토한 결과를 발표했고, 6월 중순에 최종 개혁안을 승인했다(Council of European Union, 2009). EU 집행위원회는 2009년 9월과 10월에 걸쳐 관련 법률안을 채택한 후 이행을 위한 관련 절차를 마무리했다.

EU 금융 감독 체계 개편에 따르면, 〈그림 1〉과 같이 역내 감독 기관은 크게 미시건전성 감독 기관과 거시건전성 감독 기관으로 구분된다. 즉, ESRB를 거시건전성 감독 기구로 신설하고, 기존의 Level 3 위원회를 강화한 ESFS를 미시건전성 감독 기구로 개편했다. 이하의 각 소절에서는 미시건전성 및 거시건전성 감독 기구에 대해 살펴보고자 한다.

1) ESFS

EU는 ESFS를 신설하여 미시건전성 감독을 담당하도록 했다. ESFS는 산하에 EU의 은행·증권·보험의 각 부문별 ESAs와 EU 회원국별 자체 감

그림 1 | 새로운 EU 금융 감독 체계

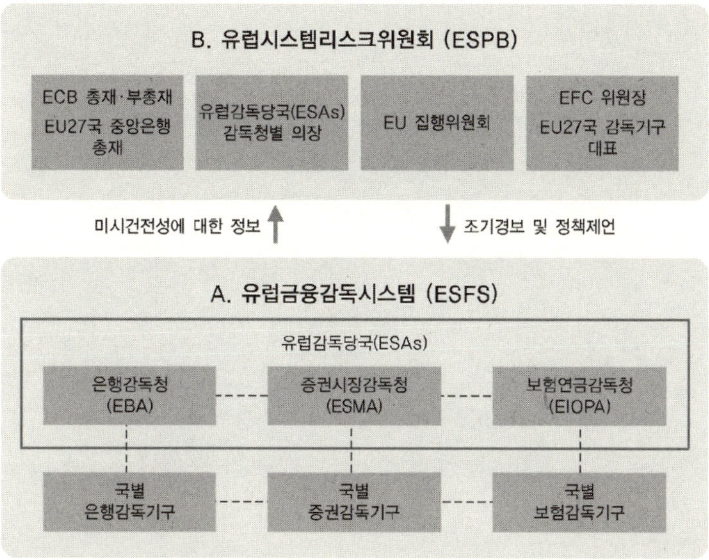

자료: Jackson(2010); 박영준·김연실(2010).

독 기구를 두고 있으며, ESFS는 이들을 총괄하는 기능을 하고 있다. 2011년 1월 1일 공식적으로 설립된 ESAs는 EBA(European Banking Authority, 유럽은행감독청), ESMA(European Securities and Markets Authority, 유럽증권시장감독청), EIOPA(European Insurance and Occupational Pensions Authorities, 유럽보험연금감독청)의 세 감독 당국으로 구성되어 있다. ESAs 산하에는 의장과 세 감독청, 집행위원회, ESRB의 이사로 구성된 공동위원회를 두고 있는데, 이 위원회는 세 감독청 간의 긴밀한 협력과 은행·보험·

그림 2 | 유럽금융감독시스템(ESFS)의 구조

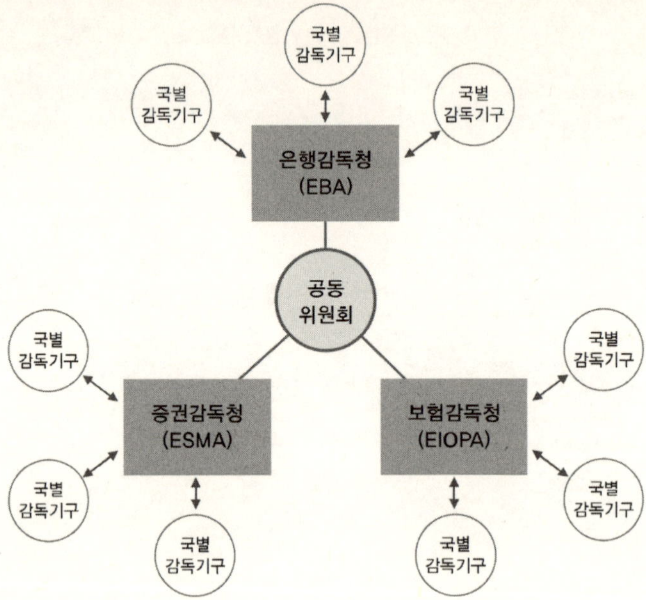

자료: Moss(2010); 박영준·김연실(2010).

증권업을 포괄하는 일관성 있는 정책 수행을 지원하고 있다.

ESAs는 기존 램팔루시(Lamfalussy) 체계[3] 내의 은행·보험·증권 관련 자문 위원회를 개편한 것으로, 권한과 운영에서 독립성과 지배 구조가 더

3_2000년 7월 유럽이사회는 유럽 증권시장을 규제하기 위해 유럽 증권시장 위원회(Committee of Wise Men on the Regulation of European Securities Market)를 설립했으며, 알렉산더 램팔루시(Alexandre Lamfalussy)가 의장으로 임명된 바 있다. 이후 은행 부문과 보험, 연금 부문에 대한 자문 위원회도 추가적으로 설립되었다.

욱 강화되었다. ESAs의 주요 역할은 각 부문별로 EU 회원국에 공통적으로 적용할 감독 기준과 법규를 마련하는 데 있으며, 이를 바탕으로 다국적 금융회사들을 감독할 수 있게 된 것이다. ESMA를 통하여 신용 평가 기관에 대한 직접적인 감독을 담당할 수 있게 된 것도 주요 특징이라고 할 수 있다. 또한 개별 국가의 감독 기관 사이에 발생하는 의견 차이를 조정하고 합의를 이끌어낼 수 있는 권한이 부여되었다. 한편 각국의 개별 금융회사에 대한 평상시 감독 기능은 현행처럼 국별 감독 기구에서 담당하도록 했다.

2) ESRB

거시건전성 감독을 위해 신설된 ESRB는 2010년 12월 16일 공식적으로 출범했다. 기본적으로 ESRB는 EU 지역에서 시스템 리스크를 최소화하고 금융 위기를 방지하여 역내 금융시장의 안정에 기여하는 것을 목적으로 설립되었다. ESRB의 주요 기능은 거시건전성 관련 정보를 수집하고 분석하여 역내에서 금융 위기 징후가 감지되면 회원국들에 경보를 발령하고 정책 대응을 촉구하거나 대응 조치 등을 권고하는 것이다. 이는 특정 국가나 지역에서 발생한 위험이 EU의 여타 지역으로 파급되는 것을 사전에 방지하기 위한 것으로 보인다.

ESRB는 독립성이 보장되는 거시건전성 감독 기구이지만, 법인격이 없고 거시건전성 위험 징후 발생 시 직접적으로 개입할 수 있는 권한이 없다. 하지만 위기 징후 발생 시에 ESRB는 ECOFIN(Economic and Financial Affairs Council, 재무각료이사회)[4]에 해당 권고 사항을 제시할 수 있다. ECOFIN의

4_EU 각료이사회 산하의 ECOFIN은 경제정책 조정, 경제 감시 기능, EU 예산, 예산 정책 모니터링을 담당한다.

권고 사항 자체는 법적 구속력이 없지만, 해당 국가로 하여금 이를 이행하게 하거나 그렇지 않을 경우에는 그 사유를 설명하도록(comply or explain) 함으로써 감독 기능의 실효성을 제고할 수 있는 제도적 장치를 마련하고 있다. 이런 경보 발령과 권고 사항은 ESRB 일반이사회의 2/3 다수결과 ECOFIN의 자문을 거쳐 공표하도록 되어 있다. 그리고 ESRB는 ESAs 외에도 IMF나 FSB(금융안정위원회)를 포함하여 거시 금융 안정을 담당하는 국제기구와도 밀접한 관계를 유지하도록 하고 있다.

ESRB의 조직은 일반이사회(General Board), 운영위원회(Steering Committee), 자문기술위원회(Advisory Technical Committee), 사무국(Secretariat)으로 이뤄져 있다(〈그림 3〉 참조). 일반이사회에는 ECB(European Central Bank, 유럽중앙은행) 총재(만약 총재가 ESRB의 의장으로 선출된다면 부총재)와 EU 27개 회원국의 중앙은행 총재, ESAs의 EBA, ESMA, EIOPA의 의장 3명과 EU 집행위원회 대표 등이 의결권을 가진다. 거시건전성 감독 기관임에도 불구, 미시건전성 감독을 담당하는 ESAs의 의장 3인을 포함하여 균형 있는 의사 결정을 내릴 수 있도록 했다. ESAs가 행사할 수 있는 구속력의 실효성 여부에 대한 논의도 이뤄지고 있다(Čihák et al. 2009). 이는 회원국 간의 위기 처리와 관련하여 개별 회원국에 대해 발동할 수 있는 ESAs의 구속력 있는 권한이 각 회원국의 재정 주권과 상충될 수 있는 가능성이 있기 때문이다.

의결권은 없으나 EFC(Economic and Financial Committee, 경제·금융위원회) 위원장과 27개 회원국 감독 기구의 고위급 대표 등도 옵서버 자격으로 회의에 참여할 수 있다. 운영위원회는 일반이사회의 회의를 준비하고 진행 중인 사안의 진척 상황을 모니터링하면서 ESRB의 기능을 지원한다. 그리고 자문기술위원회는 ESRB의 감독 기능 수행을 위한 기술적 지원을 담당

그림 3 | 유럽시스템리스크위원회(ESRB)의 조직도

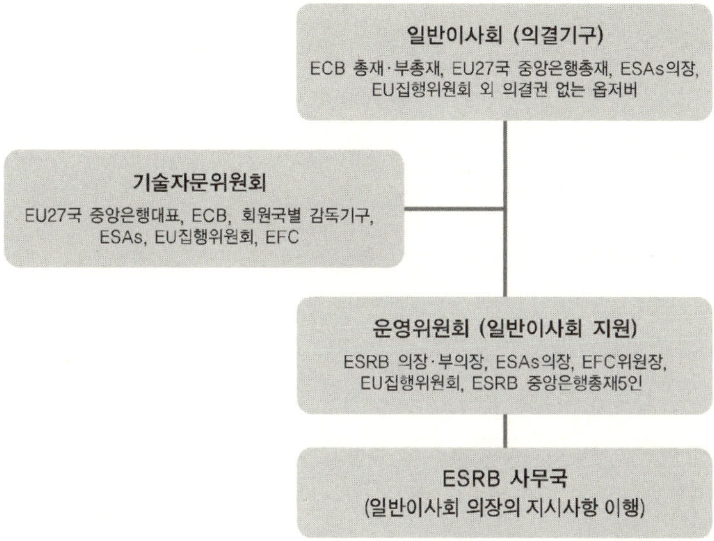

자료: Moss(2010); 박영준·김연실(2010).

하고, ESRB 사무국은 ECB에서 제반 역할과 지원을 담당하고 있다. 따라서 ECB는 ESRB에 통계분석 등의 연구 지원뿐만 아니라 행정 지원 등 다양한 역할을 수행하도록 되어 있다.

다. EU 금융 감독 체계의 특징과 평가

새로운 EU의 금융 감독 체계 개편의 특징은 미시건전성 감독과 거시건전성 감독을 구분하되, 서로 유기적인 관계를 유지하는 이중적 구조로 이뤄져 있다는 점이다. 특히 거시건전성 감독을 담당하고 있는 ESRB는 최근 글로벌 금융 위기를 계기로 신설된 것인데, 이는 거시건전성 감독 기능의 중요성을 반영한 것으로 볼 수 있다. 그리고 ERSB의 의사 결정 체계에 미시건전성 부문의 ESAs 의장(3인)을 포함하여, 미시와 거시건전성을 아우르는 종합적인 상황 판단과 대응책을 내놓을 수 있도록 했다는 것도 특징이라고 할 수 있다.

이번 EU 금융 감독 체계 개편의 또 다른 특징 가운데 하나는 이전과 달리 정책 이행의 구속력을 강화했다는 점이다. 즉 ESRB에서 제기된 정책 제언은 법적 구속력을 갖지 않으나, 이의 불이행 시에는 그 사유를 설명하도록 하는 간접적인 압력 장치를 제도적으로 마련한 것이다. 그리고 미시건전성 감독에서 다국적 금융회사들을 감독할 수 있는 단일 감독 규정을 마련하려는 것도 특징적이다. 물론 각국별로 규제 대상과 범위, 기준이 다르기 때문에 자율 규제에 기초하여 운영되는 감독 기관은 그대로 두기로 했다.

이와 같은 지역적 차원의 금융 감독 기구 설립은 글로벌 금융 위기 이후 나타나는 금융 협력의 새로운 모습으로 평가할 수 있다. 그동안 진행되어 온 금융 협력은 국가 간 금융시장 또는 자본시장의 통합을 위주로 진행되어 왔는데, 감시 기구의 통합은 금융 협력의 새로운 양상으로 평가할 수 있다. 또한 지역적 차원의 감독 기구에 대한 수요 증대는 이런 기구들이 기존 개별 국가 또는 글로벌 감독 기구가 소화해 내지 못한 부분을 수행한다는 점에 기인한다. 결국 EU 차원의 새로운 감독 기구들은 권한이 상대적으로 제한되어 있지만, 이런 개편은 유럽의 금융 감독 시스템을 구축하기 위한 중요한 시도로 평가할 수 있을 것이다.

2011년 출범한 EU의 금융 감독 기구는 그리스 등 유로존 국가들의 재정 위기 가능성이 제기된 이후 다양한 감독 기능을 수행하고 있다. EBA는 올해 7월 15일 유럽 내 90개 은행에 대한 재무 건전성 평가(즉, 스트레스 테스트)를 실시하고, 이 중 여덟 개 은행이 평가 기준을 충족하지 못했다고 발표했다.[5] 이번 평가는 각국의 금융 감독 당국이 자국 은행들을 일차로 점검한 후 EBA가 각국 금융 당국 및 ECB, ESRB 등의 지원을 받아 진행했다. 스트레스 테스트 결과 탈락한 은행들은 EBA의 권고에 따라 자본 확충 등을 담은 자구 계획을 제출하고 늦어도 2012년 4월까지는 이를 이행해야 한다. 이와 더불어 이번 유럽 재정 위기와 관련하여 금융 안정을 해치는 시스템 리스크에 대한 ESRB의 진단과 평가가 절실히 요구되고 있으며, 이는 글로벌 차원의 거시건전성 리스크에 대한 조기 경보를 제공할 수 있는 IMF와 FSB와의 긴밀한 협력을 바탕으로 이뤄질 것이다.

글로벌 금융 위기 이후 시행된 EU의 금융 감독 체제 개편은 ECB의 역할과 위상에도 변화를 가져왔다. 글로벌 금융 위기 이전에 ECB는 유로존의 통화정책에 대해 책임을 지고 있었으며 주로 소비자물가의 안정에 초점을 맞추고 있었다. 즉 금융자산 가격의 인플레이션이나 유로존의 금융 안정 및 성장과 고용 등에 대한 ECB의 역할은 상대적으로 미미했다. 하지만 글로벌 금융 위기와 유럽 재정 위기 이후 ECB는 최종 대부자(lender of last resort)의 기능을 수행하면서 ESRB를 통해 거시건전성 감독 기능의 수행에도 관여하게 되었다. 따라서 이번 위기를 계기로 통화정책과 금융시장 안정 정책을 분리하여 운영해 왔던 ECB의 기능과 역할이 변하면서 향후 유

5_평가 대상인 90개 은행 가운데 8개 은행이 핵심 자기자본(CT1) 비율 5%를 충족하지 못하는 것으로 나타났다.

로존에서의 위상도 변화될 것으로 예상된다.

3. ASEAN+3 금융 협력과 감시 체계

가. ASEAN+3의 경제 감시 체계 현황

ASEAN+3 금융 협력 체제는 역내 경제 감시 기구로서 'ERPD'(경제 동향 점검 및 정책 대화)를 운영하고 있다. ERPD는 2000년 5월 ASEAN+3 재무장관 회의에서 경제의 불확실성과 위기에 대한 취약성을 조기에 감지하여 금융 위기 재발 조짐에 대해 신속하게 대응할 목적으로 도입되었다. 이 회의는 ASEAN+3 재무차관 회의(연 2회)와 재무장관 회의(연 1회) 때 개최되며, 재무차관과 중앙은행 부총재가 모여 각국이 제출한 경제 보고서를 통해 역내 경제 상황을 점검하고 정책 대응에 대해 논의한다. 또한 회원국별 경제 상황에 대한 정보를 수집하여 이에 대한 각국의 의견을 공유하고, 금융·통화 및 재정 관련 공동 이슈에 대해 공동 협력을 추구하고 있다.

2005년 5월 ASEAN+3 재무장관 회의에서 ERPD를 CMI 체제와 통합하도록 합의가 이뤄진 이후, CMI의 감시 체제로서 ERPD의 기능을 강화하기 위한 다양한 노력이 시도되었다. 이 회의에서 CMI 다자화 방안을 모색하기로 하면서 역내 경제·금융에 대한 공동 감시 체계 구축의 필요성이 대두된 것이다. 이후 2006년에 ERPD의 기능 보강과 실무 지원을 위해 GoE(Group of Experts, 전문가그룹)와 ETWG(Economic and Technical Monitoring Working Group, 역내 경제·금융 모니터링에 관한 실무그룹)가 구성되었다. ETWG는 EWS(Early Warning System, 조기 경보 체제)를 개발하여 회원국들이 이용할 수 있도록 함과 동시에 ERPD의 경제 모니터링에 대한 실무 지원도 하도록 했다.

ERPD 회의는 ASEAN+3 재무차관 및 중앙은행 총재 회의와 함께 이틀 동안 개최된다. ERPD 회의의 참가자들은 세계경제, 지역 경제 그리고 개별 국가의 경제 상황 및 지역 경제의 위험 요인과 이에 대한 정책적 대응 방안 등을 정리한 보고서를 회람하고 상호 의견을 공유한다. ADB(아시아개발은행)와 IMF는 회의 자료로 사용되는 보고서를 작성하여 제공할 뿐 아니라, 재무차관들의 정책 토론과 정보 공유를 위한 지원을 담당하고 있다. ERPD 회의에서는 외부 전문가들도 특정 이슈에 대해서는 의견 개진을 할 수 있으며 재무차관과 함께 정책 토론에 참여할 수 있다(Kawai and Houser 2007). 그런데 각국의 정책 담당자들은 오직 자국의 경제 상황에 대해서만 평가하고 그치는 경우가 많다. ERPD 회의에서는 공식적으로 다른 나라의 경제 상황에 대한 평가나 잠재적 위험 요인에 대한 지적을 하지 않을 뿐 아니라, 다른 나라의 경제정책에 대한 조언도 이뤄지지 않고 있는 실정이다. 이는 그동안 ASEAN+3 체제의 운영에 있어서 암묵적으로 이뤄져 왔던 불간섭 원칙(non-interference principle)에 의한 것이기도 하다. 이는 결국 그동안 ERPD에 의한 역내 감시 기구의 기능이 제대로 이뤄지지 못했다는 것을 보여 주고 있다.

ERPD에 대한 이런 문제의식에 따라 2009년 5월 개최된 ASEAN+3 재무장관 회의에서는 CMIM의 출범과 함께 독립적인 역내 경제 감시 기구를 조기에 설립하기로 했다. 이는 역내 감시 기능의 강화가 CMIM 체제에 대한 역내외적 신뢰도를 높이고 도덕적 해이를 방지하기 위해서라도 매우 중요한 요소이기 때문이다. 이에 따라 ASEAN+3 회원국들은 2011년 싱가포르에 AMRO를 설립하기로 함에 따라 같은 해 5월 베트남 하노이에서 개최된 제14차 ASEAN+3 재무장관 회의에서 AMRO의 초대 소장(director)을 선출하면서 AMRO는 공식 출범했다. 초대 AMRO 소장으로는 중국의 웨이 번화와 일본의 네모토 요이치가 공동 선출되었다. 초대 소장의 임기 3년 중 첫 1년을 중국의 웨이가, 그리고 다음 2년을 일본의 네모토가 나누어 수행하게 된다. AMRO의 운영 구조는 ASEAN+3 차관들로 구성된 집행위원회, 한·중·일 각 1명과 ASEAN 3명으로 구성된 자문단, 총괄 소장(director) 및 스태프들로 구성된다. 이밖에도 AMRO의 법적 성격 등 세부 운영 사항에 대한 회원국들의 논의가 진행 중에 있다. 한편 AMRO가 설립되어 제 기능을 수행할 수 있을 때까지 잠정적으로 ADB와 ASEC(ASEAN Secretariat, ASEAN 사무국)을 활용하여 현행 경제 감시 기능을 유지하고 감시 체계의 활동을 강화하기로 했다.

나. ASEAN+3 감시 체계의 한계

아직까지는 동아시아에서 실질적인 역내 감시 기능을 수행할 수 있는 금융 감시 체계가 제대로 구축되지 못한 상황이다. 일반적으로 경제 감시 체계의 세 가지 구성 요소로서, 경제 동향 토론을 통한 정보 공유(information sharing), 회원국 간의 상호 평가(peer review and peer pressure), 그리고 실사(due diligence) 기능을 들 수 있다. 하지만 기존의 ERPD는 정보 공유 및 낮은 수준의 상호 평가와 정책 대화(policy dialogue)를 수행하는 데 그치고 있으며, 권고 사항에 대한 이행 의무 또는 실사 기능이 없는 점이 역내 경제 감시 기능의 실효성 저하 요인으로 지적되고 있다.

그림 4 | 경제 감시 체계의 구성 요소

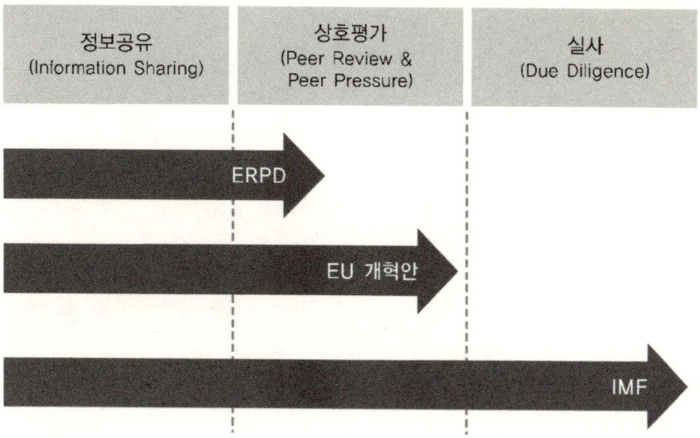

자료: 박영준·김연실(2010).

경제 감시 기구로서 ERPD가 지닌 한계와 역량 부족 때문에 CMIM은 IMF와의 연계자금 비중을 높게 설정하고 있다. ASEAN+3 체제 내에 효율적인 감시 기구가 없기 때문에 IMF 연계자금 비중이 80%로 높게 설정되어 있는 것이다. 이는 높은 IMF 연계자금 비중을 축소하고 자금 수혜국의 도덕적 해이를 방지할 수 있는 역내 감시 기구가 시급히 요구되는 이유이다. 그러나 단기간에 IMF 등 기존 국제금융 기구 수준의 감독 기능 수행 능력을 갖추기는 어려우므로 IMF와 연계하여 감시체계를 보완할 수 있을 것이다.

또한 엄격하고 까다롭게 적용되는 사후 자금 지원 조건(ex post conditionality)은 CMIM의 실효성을 저해하고, 나아가 역내 금융 협력의 실효성을 저하시키는 요인으로 지목되고 있다. CMIM 기금 가운데 IMF 연계자금 인출 시 사후 자금 지원 조건으로 인해 수혜국에 대한 낙인 효과(stigma effect)를 유발하는 부작용이 있다. 향후 역내 감시 기구가 설립되어 효율적으로 운영된다면 현재 20%로 설정되어 있는 IMF 비연계자금 비중은 확대될 수 있을 것이다.

경제 감시 체계의 초기 단계인 회원국 간 정보 공유에서 중요한 요건 가운데 하나가 역내 국가들 간의 효율적인 정보 공유와 실질적인 정책 토론을 위한 회원국들의 의지(willingness)이다. 예를 들어, 인도네시아는 관련 자료 공개를 위해 IMF의 GDDS(General Data Dissemination System, 일반자료공표기준), SDDS(Special Data Dissemination Standards, 특별자료공표기준) 등에 가입되어 있으나, 실제로 공공 부문 거래에 대한 정보는 여전히 제한적으로 이뤄지고 있는 실정이다. 이는 정부의 취약한 회계 관리 시스템에서도 그 이유를 찾을 수 있는데, 인도네시아가 정부 기금을 하나의 계정이 아니라 다수의 개별적인 계정으로 운영하면서 생기는 문제일 수도 있다. 또한 정부나 공공 기관의 전산 시스템이 서로 호환되지 않는 문제를 포함하여 내부 통제의 어려움이 존재하기도 한다. 그리고 조세 피난처로서 싱가포르는 인도네시아와의 무역에 대한 통계를 공개하지 않으며, 싱가포르 시장에서 이뤄지는 금융거래에 대한 통계도 공개되지 않는다. 따라서 제한된 방식으로 이뤄지고 있는 정보 공유는 역내 감시 기능의 실효성을 제고하는 데 한계로 작용하고 있다.

감시 기능 강화를 위한 상호 평가(peer review and peer pressure)를 위해서는 회원국의 국내 정책에 관한 불간섭 원칙이라는 아시아적 가치(Asian value)를 넘어서는 것이 또한 ASEAN+3 체제가 극복해야 할 과제로 지적되고 있다. 이를 극복하기 위해 동아시아 국가들은 유럽의 사례를 참고하여 역내 공동 감시 기능의 실효성을 제고해야 할 것이다. 마지막으로 상호 감시 기능을 위한 규칙이 투명하고 동일하게 적용되어야 하며, 감시 기능은 정치적 개입으로 인한 감시 활동의 왜곡이 발생하지 않도록 초국가적 감시 기구에 의해 수행되어야 한다.

4. ASEAN+3 금융 협력에 대한 시사점

가. 동아시아의 시스템 리스크

동아시아 신흥국은 세계 경제성장의 견인차 역할을 수행하고 있으나 국내외 경제 충격에 취약한 금융 시스템을 가지고 있기 때문에, 에스와 프라사드(Eswar Prasad)는 동아시아 신흥국의 금융 시스템 안정화를 최우선 정책 과제로 제안하기도 했다(Prasad 2010). 이번 글로벌 금융 위기에서도 선진국은 파생 상품 시장 등 금융 부문의 위험에 주로 노출된 것과는 달리, 신흥국은 해외 충격에 취약한 미성숙한 금융 시스템으로부터 발생하는 경제 위기의 가능성이 크게 나타났다.

신흥국에서는 시스템 리스크가 실제 위기로 발생하면 이는 일반적으로 외환시장의 혼란으로 이어져 나타나고 있다. 〈표 1〉은 2003~04년과 2008~09년 동안 주요 아시아 통화의 일별 평균 NDF(Non-Deliverable Forward, 차액결제 선물환) 거래량의 변동을 비교하고 있다. 글로벌 금융 위기 이후 동아시아 주요 통화의 NDF 시장은 투기성 자금이 급격히 유입되

표 1 | 아시아 주요 통화의 일별 평균 NDF 변동(단위: 억 달러)

통화	2003~04년	2008~09년
중국 위안	50	1,000
인도네시아 루피	20~50	800
한국 원	700~1,000	3,000
필리핀 페소	20~30	500

자료: Asia Capital Markets Monitor(2009); Park and Oh(2010).

어 불안정성이 증가했음을 짐작할 수 있다. 이런 NDF 시장의 불안정성은 결국 자국 외환시장의 불안정으로 이어지면서 거시 경제 전반에 걸친 혼란과 경제 위기로 발전하기도 한다.

동아시아의 시스템 리스크 요인으로 여러 가지를 꼽을 수 있는데, 이 중에서 아시아 금융 구조의 '만기 불일치'(maturity mismatch)[6]와 '통화 불일치'(currency mismatch)[7]는 대표적인 리스크 요인으로 지적되고 있다. 과거 아시아 지역의 금융 구조를 살펴보면, 역내 국가들은 장기 투자 자금의 조달에 있어서 채권시장보다는 단기 해외 차입 및 은행의 단기 대출 등에 크게 의존해 왔다. 즉 그동안 동아시아 국가들은 은행 중심의 금융 구조(bank financing)에 크게 의존해 온 것이다. 이는 결과적으로 아시아에서 역내 채권시장의 발전을 저해하면서 결국 만기 불일치 및 통화 불일치를 초래하고 아시아 금융시장의 불안을 가중시켜 외환 위기의 주요 요인으로 작용하기

6_외화 자산과 외화 부채 사이에 발생하는 만기 구조의 불일치를 의미하며, 위기 시 단기 외채의 만기 연장이 어려워지면서 외화 유동성 관련 위험 요인이 커지게 된다.

7_외화 표시 자산과 외화 표시 부채간의 차이를 의미한다. 특히 통화 국제화가 충분히 진전되지 않은 신흥국에서 문제가 되는 경우는 외화 부채가 외화 자산보다 많은 경우인데, 이로 인한 외화 부채의 상환 불능 위험으로 인해 외환시장이 국내외 경제적 충격에 취약해진다(서영경·김근영 2009).

그림 5 | 주식 포트폴리오 자금 흐름의 변동

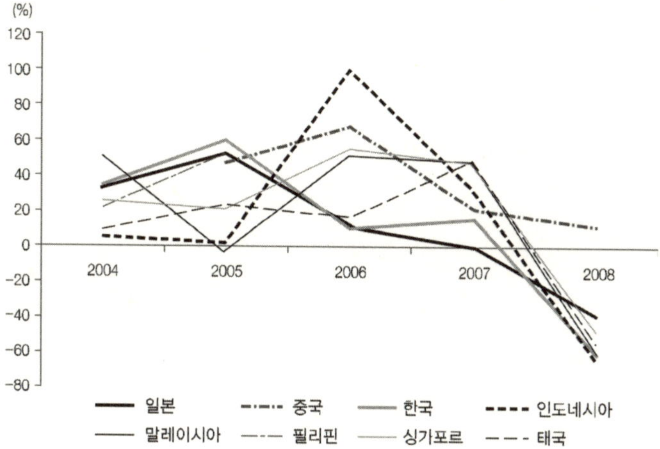

자료: IFS; Park and Oh(2010).

도 했다.

외국인의 포트폴리오 투자 자금 회수나 급격한 자본 유출도 동아시아 시스템 리스크의 요인 가운데 하나이다. 글로벌 금융 위기 이후 ADB는 "아시아 각국은 자본 흐름의 변동성 위험에 적절히 대응하여 금융시장의 안정을 유지하는 것에 정책의 우선순위를 두어야 한다"고 강조하기도 했다. 특히 급격한 단기 자본의 유입은 위기 징후 발생 시 포트폴리오 투자 자금의 회수를 통한 급격한 자본 유출로 이어지면서 통화가치의 변동성을 키우고 있다. 이번 글로벌 금융 위기 동안에도 동아시아는 급격한 자본 유출을 경험했는데, 〈그림 5〉에서 보는 것처럼 자본 유출의 상당 부분이 포트폴리오 자금의 유출에 기인한다. 이외에도 은행 차입과 대출의 과도한 경기 순응성 및 신용 위험 등도 동아시아 금융시장의 불안정성을 높일 수 있는 시스템 리스크 요인으로 꼽히고 있다.

나. 역내 감시 기구의 실효성 제고 방안

1) AMRO(ASEAN+3 거시경제조사국)

CMI 출범 당시에는 ASEAN+3 국가의 최대 인출 가능액의 10%까지만 IMF의 동의 없이 통화 스와프 거래가 가능하고, 나머지 90%는 융자 조건과 함께 IMF 지원 프로그램과 연계되었다. 이런 IMF 비연계(de-linked) 자금의 비중은 초기의 10%에서 이후 20%로 확대되어 현재의 CMIM에서도 적용되고 있다. CMI 출범 당시 일부 ASEAN 국가들은 CMI가 IMF로부터 완전히 독립할 것을 주장했으나, CMI의 발전 초기 단계에서 IMF 감독 기능을 이용한 IMF와의 협력은 CMI에 대한 대내외적 신뢰도를 높이는 한편 도덕적 해이를 방지할 수 있다는 점에서 IMF의 자금 지원 조건(conditionality)을 수용하게 되었다.

IMF 연계 자금 이용에 따르는 IMF 자금 지원 조건의 존재 이유 가운데 하나는 동아시아에 역내 경제 상황을 독립적으로 모니터링하고 실질적인 감독 기능을 수행할 수 있는 감시 기구가 없다는 것이다. 이로 인해 IMF의 경제 감독 기능과 함께 CMIM 기금의 80%를 IMF 프로그램과 연계하여 운영하고 있는 실정이다. 따라서 가급적 빠른 시일 내에 독립적인 역내 감독 기구를 설립하는 것은 IMF 연계자금 비중의 축소를 위해서도 반드시 필요하다고 할 수 있다. 하지만 역내 자체 감시 기구가 설립되더라도 IMF와 완전히 독립적으로 운영되기는 현실적으로 어려울 것으로 보이고, 상호 보완적으로 운영하면서 CMIM의 독립성을 확보하는 방향으로 발전시켜 간다면 지역 금융 안전망으로서의 유효성은 한층 제고될 것으로 보인다.

향후 AMRO가 단시일 내에 역내 경제 감시 기구로서의 역량을 완전히 갖추기는 힘들지라도, 동아시아 금융 협력의 실효성을 제고하기 위해 중요한 역할을 담당하고 있다. 이런 기대에 부응하기 위해 AMRO는 역내 거시 경제 동향을 객관적이고 공정하게 평가한 경제감독보고서(economic surveillance report)를 작성하여 공개해야 한다. 일례로 현재 아시아 지역의 경제 동향을 모니터링하고 있는 ADB의 OREI (Office of Regional Economic Integration, 지역경제통합국)는 AMRO와 협력하여 아시아 경제 동향보고서를 출간할 수 있을 것이다. 이는 ASEAN+3 ERPD 회의의 자료로 사용될 뿐 아니라, 위기 시 CMIM의 자금 지원 여부에 대한 의사 결정의 참고 자료 및 자금 수혜국의 상환 가능성 등을 평가하는 과정에서도 중요한 자료로 활용될 수 있을 것이다. 그리고 AMRO의 설립 초기 단계에서 감시 기구의 업무 영역과 권한을 명확히 설정할 필요가 있다.

역내 경제 감시 기능은 경제 위기의 예방이라는 사전적(ex ante) 관점에서 필요할 뿐 아니라, 실제 위기 발생 시 위기국의 경제적 어려움을 적절히 관리하고 긴급히 유동성을 지원하는 등의 사후적인(ex post) 관점에서도 매우 중요하다. 이와 관련하여 독립적인 역내 감시 기구가 되기 위해서는 CMIM 자체의 자금 지원 조건을 마련할 필요가 있다. 특히 지금까지 CMIM이 위기 해결(crisis resolution) 기능에 초점이 맞춰져 논의되었다면, 이제는 한 걸음 더 나아가 위기 예방(crisis prevention) 기능을 갖추는 방향으로 발전해야 할 것이다. 위기 예방 기능의 강화를 위해서는 사전적인 지원 조건(ex ante qualification)을 갖고 CMIM 자금 지원에 대한 자격 요건을 설정한 후, 자격 요건을 충족하는 국가에 위기 징후가 나타날 경우 유동성 지원이 이뤄질 수 있도록 만든다면 역내 경제 위기 예방 기능은 한층 제고될 것이다.

그리고 현재 AMRO는 싱가포르의 상법에 근거해서 설립되었으나, 향후 감시 기구의 법적 성격도 국제기구가 될 수 있도록 ASEAN+3 체제는 실질적인 논의를 계속해 나가야 할 것이다. 하지만 AMRO를 국제기구로 만들기 위해서는 회원국의 AMRO 운영 예산 부담과 조약을 체결하여 국회 동의 절차를 거치는 등의 간단치 않은 설립 과정이 요구된다. AMRO 조직의 구성이나 업무 영역 설정 및 연구 인력 모집 등 현재의 설립 단계에서부터 제 기능을 수행할 수 있을 때까지는 적지 않은 시간과 시행착오가 발생할 것으로 예상된다. 따라서 동아시아 역내 거시 경제 건전성 강화 및 금융시장 안정을 위해 초대 AMRO 소장의 역할은 매우 중요하다고 할 수 있다.

또한 ASEAN+3 차원에서는 IMF의 기술 지원을 통해 감시 기능의 노하우를 배우는 동시에, 글로벌-지역 감시 기구 간의 협력을 통해 보다 실질적인 감시 능력을 배양할 필요가 있다. IMF의 경제 감시 기능은 전 세계를 대상으로 하고 있으므로 IMF가 동아시아에 대해 완벽한 감시 기능을 수행할 것으로 기대하기는 힘들다. 오히려 역내 경제 상황에 대해서는 지역 감시 기구인 AMRO의 분석과 상황 판단이 정확하게 이뤄질 수도 있는 것이다. 따라서 노동 분업(division of labor) 혹은 비교 우위(comparative advantage)의 원칙에 따라 동아시아의 AMRO는 ADB 및 IMF와 협력 및 교류를 통하여 실질적인 감시 능력을 배양할 수 있도록 노력해야 할 것이다.

2) ASEAN+3 ERPD

그동안 ASEAN+3 ERPD가 존재해 왔으나, 동아시아 역내 경제 상황에 대한 실질적인 감시 기능을 수행할 수 있는 감시체계가 제대로 구축되지 못한 상황이다. 앞서 기술한 것처럼 일반적으로 지역적 경제 감시체계의 세 가지 구성 요소로는 역내 경제 동향의 토론을 통한 정보 공유(information sharing), 회원국 간의 상호 평가(peer review and peer pressure), 그리고 실사(due diligence)의 기능이 있다. 기존의 ERPD는 정보 공유 및 낮은 수준의 상호 평가와 정책 대화를 수행하는 데 그치고 있으며, 권고 사항에 대한 이행 의무나 실사 기능은 전혀 이뤄지지 못하고 있다.

동아시아에서 경제 감시 기능을 담당해 온 ERPD는 ASEAN+3 회원국과 아시아 지역의 거시 경제 동향 파악에 주안점을 두고 있으나, 다음과 같은 주요 감독 기능이 제대로 이뤄지지 못하고 있다: (1)국경을 초월하는 금융 업무에 대한 감독 기능의 부재, (2)역내 미시건전성 및 거시건전성 감독의 부재, (3)보다 실효성 있는 역내 조기 경보 시스템의 부재, (iv)역내 감독 기구의 공동 결정 이행을 위한 수단 결여, (4)역내 회원국 간 일관성 있는 감독 기준과 감시 기구 및 제재 수단의 부재 등이다. 향후 ASEAN+3 차원에서 역내 독립적 감시 기구 설립이 구체화될 것으로 예상되는바, EU의 금융 감독 체계 개편을 참고하여 동아시아 지역 차원의 감시 기구 설립 논의에 반영할 수 있을 것이다.

앞서 살펴본 EU의 사례처럼, 신설될 감시 기구는 미시건전성과 거시건전성을 모두 담당하는 감독 체계를 확립하는 등 기존 ERPD의 감시 기능보다 강화된 감독 기능을 수행할 필요가 있다. ASEAN+3 내에는 미시건전성 감독 기능을 담당할 역내 기관이 전무한 데다, 거시건전성 감독 기능도 부실한 상황이다. 이는 역내 금융시장이 상대적으로 덜 발전하여 미시건전성 감독의 필요성이 낮았기 때문으로 보인다. 또한 동아시아 지역에서는 두 번의 금융 위기를 거치면서 경상수지, 자본수지, 환율 등과 같은 거시건전성 감독의 중요성이 부각되긴 했으나, 감독 체계는 여전히 부실한 상황이다. 따라서 금융시장 전반의 위험 요인을 종합적으로 모니터링하고 분석하는 기능을 강화한다면 CMI 다자화 기금의 효율적 운영에도 크게 기여할 수 있을 것이다. 다만 회원국별 이질성이 강한 경제 및 금융시장 발전 정도를 고려한다면, 역내 금융 통합의 정도에 따른 단계별 감독 기능을 강화할 필요가 있다.

역내 독립적 감시 기구도 미시건전성 및 거시건전성 감독 기능을 유기적으로 강화할 필요가 있다. 전문성을 위해 미시·거시 감독 영역은 구분하되, 의사 결정과 정책 제언을 할 때에는 두 부문을 종합적으로 고려할 수 있는 통합 장치를 마련할 필요가 있다. 가령 EU 금융 감독 체계의 ESRB는 의사 결정 단계에서 미시·거시 부문 대표들이 함께 결론을 도출하도록 하고 있다. 동아시아의 ERPD는 회원국의 재무차관과 중앙은행 부총재 간 회의로, 각국 금융 감독 기구의 대표는 참석하지 않으므로 상대적으로 미시건전성 감독이 소홀한 실정이다. 일반적으로 통합된 감시 기구(integrated surveillance unit)를 운영할 경우에 규제 차익(regulation arbitrage)[8]의 방지가 용이해지고 감독 규제의 중복 및 감독 비용을 줄이는 효과를 기대할 수 있기 때문이다.

EU와 같이 신설될 감독 기구 내에 조기 경보 체제를 구축하는 대안도 검토해 볼 수 있다. 이를 위해 기존 ETWG에서 운영해 왔던 조기 경보 체

8_동일한 금융 상품일지라도 금융기관별 규제 차이로 인해 특정 금융기관에서만 해당 상품을 취급할 수 있는 데서 오는 규제 차익이 발생할 수 있다. 따라서 은행, 증권, 보험 등의 취급기관과 해당 업무가 다르더라도 동일 상품에 대해 동일한 규제를 적용함으로써 위험관리를 통합적으로 할 필요가 있다.

제를 활용하여 감시 기구 내에 편입시키는 안을 고려해 볼 수 있을 것이다. 한편 ETWG의 조기 경보 체제의 기능을 향상시키기 위해서는 (1)기존 모형 업그레이드 문제, (2)국별 통계자료 집계의 어려움, (3)보고지표 통일 문제, (4)자료의 객관성 확보 문제 등이 해결해야 할 과제로 남는다. 그리고 조기 경보 체제를 활용하여 회원국 간 상호 평가와 권고 사항 이행 압력을 행사할 수 있게 된다면, 현행 ERPD의 기능보다 진일보한 감시 기구의 모습을 기대할 수 있을 것이다. 즉 회원국 간 실효성 있는 상호 평가와 정책 조언에 대한 최소한의 구속력을 갖도록 함으로써 현재의 감시 기능을 한 단계 더 발전시킬 수 있을 것이다.

3) 글로벌-지역 감시 기능의 협력

장기적인 관점에서 볼 때, 역내 독립적 감시 기구가 설립되면 글로벌-지역 간 유기적인 금융 감독 기능의 연계를 통해 실효성을 제고할 수 있을 것이다. 앞에서 살펴본 EU의 사례는 개별 국가의 금융 감독 기구와 EU 차원의 금융 감독 기구 간의 밀접한 연계와 상호 협력을 강조하고 있다. 그리고 역내 감시 기구인 AMRO를 통한 동아시아의 경제 감시 활동은 글로벌 금융 감독 기구인 IMF나 FSB 또는 BCBS(Basel Committee on Banking Supervision, 바젤은행감독위원회)와의 협력을 통해 감독 기능을 제고하는 방안을 모색할 수 있을 것이다.

IMF의 경제 감시 기능은 187개 회원국의 경제 상황 점검 및 경제 위기 예방에 필요한 경제정책 권고도 포함하고 있다. 이에 따라 IMF는 협정문 IV(Article IV)에 의해 부여된 양자(bilateral) 및 다자(multilateral) 감시 기능을 수행하고 있다. 일반적으로 IMF는 일 년에 한 번 회원국의 경제 상황을 점검하기 위해 해당국을 방문하여, 중앙은행을 포함한 관련 정부 당국과 잠재적 국내 위험 요인과 대외 위험 요인에 대해 관련 정보를 공유한다. IMF 이코노미스트는 해당국의 경제정책이나 경제 운용 방향 등에 대한 다양한 의견을 수렴하기 위해, 의회 관련자나 기업 및 노동조합 관련자 그리고 시민·사회단체를 면담하기도 한다. 그리고 IMF 본부로 돌아가서 이사회에 보고서를 제출하고, 이사회는 해당국에 보고서 논의에 대한 결과를 통보할 수도 있다. 이런 양자 감시 기능은 FSAP(Financial Section Assessment Program, 금융 부문 평가 프로그램)을 통해 이뤄지는데, 이는 금융 및 자본시장에 대한 분석에 거시 경제적 평가를 통합하여 이뤄진다. 한편 다자 감시 기능에서는 세계경제전망(World Economic Outlook)과 GFSR(Global Financial Stability Report, 글로벌 금융 안정 보고서)의 발간을 통해 세계경제 동향을 살펴보고 있다. 또한 다섯 개의 주요 지역에 대한 지역경제전망(Regional Economic Outlook)을 발간하여 지역 경제 동향 및 위험 요인에 대해 다루고 있다. 따라서 AMRO의 감시 역량 강화를 위해서는 글로벌 감시 기능을 담당하고 있는 IMF와의 협력이 중요할 것으로 보인다. AMRO는 필요 시 IMF의 기술 지원(technical assistance)을 요청하여 노하우를 배울 수 있을 것이며, IMF도 동아시아 지역에 대한 양자 감시 활동을 위해 AMRO의 이코노미스트와 함께 해당국을 방문할 수 있을 것이다.

AMRO도 감시 기능에 있어 IMF처럼 양자 및 다자 감시 기능을 수행할 필요가 있다. 예를 들어, AMRO의 역내 경제 동향 평가 보고서를 반영하여 ADB에서 양자 감시 보고서를 출간할 수 있다. 그리고 보다 통합된 보고서는 역내 경제의 전반적인 평가와 위험 요인 진단, 그리고 가능하다면 위험 요인에 대한 정책적 대응 방안 등을 포함할 수도 있을 것이다. 또한 잠재적인 역외 위험 요인을 진단하고 이에 대한 각국의 위험 노출 정도를 분석하는 것도 조심스럽게 고려해 볼 수 있을 것이다. 실제로 ADB는 아시아 외환 위기 당시 지역 경제의 감독 활동에 광범위하게 연관되기도 했다.

역내 경제 감시 기구로서 ERPD가 지닌 한계와 역량 부족 때문에 현재의 CMIM은 총 기금의 80%에 달하는 IMF 연계자금 비중을 설정하고 있다. 이는 ASEAN+3 체제 내에 효율적인 감시 기구가 없기 때문이다. 따라서 높은 IMF 연계자금 비중을 축소하고 자금 수혜국의 도덕적 해이를 방지할 수 있는 역내 감시 기구의 설립과 운용이 시급히 요구되고 있다. 그러나 단기간에 AMRO가 IMF와 같이 국제금융 기구 수준의 감독 수행 능력을 갖추기는 어려우므로 일정 부문에서는 IMF의 기술 지원을 통해 AMRO의 역량을 보완 및 강화할 수 있도록 노력해야 할 것이다.

4) 시사점 및 대응 방안

EU의 사례에서 살펴보았듯이, 동아시아의 금융 건전성 감독 기능의 실효성을 제고하기 위해서는 미시 및 거시건전성 감독의 상호 유기적 관계를 강화해야 한다. 이를 위해서는 시스템 리스크에 대한 모니터링 강화와 미시건전성 감독 결과에 대한 포괄적이고 효율적인 정보 공유 및 실질적인 정책 대안을 마련하고 실행할 수 있는 체계를 확립해야 할 것이다. 또 각국의 국내 감독 기구는 개별 금융회사에 대한 감독 결과를 국내의 중앙 감독 기구에서 공유하고 총괄할 수 있는 운영 체계를 마련해야 할 것이다. 그리고 종합적이고 포괄적인 거시건전성 지표(macro-prudential indicators)를 체계화하여 다양한 통계자료의 기준을 정비하고 정보 체계의 사각지대를 해소할 수 있도록 제도적으로 정비할 필요도 있을 것이다.

역내 거시 경제 및 금융 건전성 감독의 실효성을 제고하고 관련 규제 체계를 확립하기 위해서는 미시 및 거시건전성 감독 기능 간의 협의와 조정 과정이 원활하게 이뤄져야 한다. 그리고 AMRO와 같은 역내 감독 기구 내에서도 의사 결정이나 정책 권고 및 집행에 있어서 동아시아 지역의 불간섭주의나 특정 국가에 대한 배려 등에 영향을 받지 않고 감독 기능의 집행이 투명하고 명확하게 이뤄져야 한다.

장기적인 관점에서 ADB 또는 ASEAN+3 차원에서 더 많은 역내 경제학자들이 IMF에서 근무할 수 있도록 IMF에 요청할 필요도 있다. 예를 들어, ADB 산하의 OREI, 혹은 AMRO에서 근무하는 경제학자를 IMF의 아시아 경제 담당 부서에 일정 기간 파견 근무를 수행하게 한다거나, 혹은 IMF에서 근무하는 아시아계 경제학자들을 OREI나 AMRO에 파견하여 공동 임무(joint mission)를 수행함으로써 IMF와 상호 협력을 강화할 수 있을 것이다. 특히 향후 역내 위기 예방 프로그램의 도입을 논의하는 과정에서, 동 프로그램의 운영에 중요한 역할을 담당해야 하는 AMRO의 감시 기능 강화와 관련하여 이런 방안을 적극적으로 추진할 필요가 있다. 특히 위기 예방 프로그램을 지원하기 위해 AMRO가 자금 수혜국의 사전 적격 요건을 평가하여 자금 지원을 위한 의사결정 과정에서 IMF의 기술 지원(technical assistance)과 노하우를 습득할 수 있는 계기가 될 것이다.

ERPD는 회원국의 재무차관과 중앙은행 부총재가 참여하는 회의이나, 각국 금융 감독 기구의 대표는 참석하지 않음으로써 상대적으로 미시건전성 감독이 소홀하게 이뤄지고 있다. 따라서 역내 독립적 감시 기구도 장기적으로는 미시건전성 및 거시건전성 감독 기능을 유기적으로 강화할 필요가 있다. 전문성을 위해 미시·거시건전성의 감독 영역은 구분하되, 의사 결정과 정책 제언을 할 때에는 두 부문을 종합적으로 고려할 수 있는 통합 장치를 마련할 수 있을 것이다. 또한 까다로운 자금 지원 조건은 CMIM의 실효성을 저해하고, 나아가 역내 금융 협력을 방해하는 요인으로 지목된다.

CMIM 기금 중 IMF 연계자금 인출 시 자금 지원 조건으로 인해 수혜국에 대한 낙인 효과를 유발하는 부작용이 있다. 향후 역내 감시 기구가 설립되어 효율적으로 운영된다면 현재 20%로 설정되어 있는 IMF 비연계자금 비중을 추가로 확대할 수 있도록 노력해야 할 것이다.

조기 경보 체제와 관련해서는 AMRO 내에 이를 구축하여 운영하는 것도 검토해 볼 수 있다. 이를 위해서는 기존에 ETWG에서 운용해 왔던 조기 경보 체제를 활용하여 감시 기구 내에 편입시키는 것을 고려할 수 있다. 한편 ETWG의 조기 경보 체제의 실효성을 제고하기 위해서는 기존 모형의 업그레이드 문제, 국가별 통계자료 집계의 어려움, 보고지표의 이질성, 자료의 객관성 확보 등의 문제점들이 해결되어야 할 것이다. 조기 경보 체제를 활용하여 회원국 간 상호 평가와 정책 권고가 이뤄진다면 우리는 현재의 ERPD 기능보다 진일보한 감시 기구의 모습을 기대할 수 있을 것이다. 그리고 회원국 간에 엄정한 상호 평가를 가능하게 하고, 정책 조언 이행에 대한 최소한의 구속력을 갖도록 함으로써 현재의 감시 기능을 한 단계 더 발전시킬 수 있을 것이다. 정책 권고 이행의 구체적 실행을 위해서는 ASEAN+3 ERPD 산하에, 또는 ERPD와 병렬적인 조직으로 가칭 '조정국'(Board of Coordination)을 신설할 수도 있다. ASEAN+3 ERPD나 AMRO에서 각국의 경제 상황에 대한 정책 조언을 했을 때, 해당 국가의 입장에서는 이런 정책적 조언에 대해 이의를 제기할 창구가 필요하기 때문이다. 또한 각국 정부가 역내 금융 협력과 관련된 사안이나 CMIM 운영과 관련하여 법률적 자문을 받을 수 있는 공식적인 창구로서의 역할도 수행할 수 있을 것이다.

한편 SIFI(Systemically Important Financial Institution, 시스템적으로 중요한 금융기관)에 대한 감독 기능의 차별화를 위해서는 각국의 개별 금융기관의 시스템적 중요성(systemic importance)을 평가하여 일정한 범주로 분류하는 작업부터 이뤄져야 할 것으로 보인다. 또한 시스템적 중요성을 국가적(national), 지역적(regional), 세계적(global) 차원 가운데 어느 수준에 초점을 맞추어 적용할 것인가에 대한 구체적인 논의와 합의도 이뤄져야 할 것이다. 그리고 이런 평가를 담당할 국내의 평가 주체와 지역 감시 기구의 업무 영역을 명확히 설정하여 상호 간에 조화를 이룰 수 있도록 운영돼야 할 것이다. 시스템적 중요성과 금융 건전성 평가에 있어, 모국(home country)의 국내 건전성 감독 기구의 개입 범위나 권한이 지역 차원의 감독 기구와 상호 유기적인 협력 관계를 이루면서 양립할 수 있도록, 각국의 거시건전성 보고서의 통일을 기하고 관련 데이터의 정확성 등을 제고하기 위해 노력해야 할 것이다. 다만, 이런 감독 규제를 강화하는 과정에서 적절한 규제 수준을 설정하여 SIFI의 수익성 악화나 도덕적 해이로 말미암은 대마불사의 문제를 낳지 않도록 실질적인 국경 간(cross-border) 부실 정리 시스템을 수립하는 것도 필요할 것이다.

2011년 5월에 개최된 ASEAN+3 재무장관 회의에서는 기존의 ABMI(아시아채권시장 이니셔티브) 이외에 ACMI(Asian Capital Market Initiative, 아시아자본시장 발전방안)에 대한 논의도 시작하기로 했다. 여러 가지 제도적, 경제적 기반 시설 확충을 통한 역내 채권시장 육성 방안들은 기존 연구들에 많이 있으나, 역내 채권시장의 규제나 감독 기능을 통한 대안은 많이 제시되지 않았다. ABMI에서 그동안 논의되었던 아시아 채권 표준의 마련, 역내 예탁결제기구의 설립, 기타 법적인 문제나 자본시장 관련 조세제도 등에 대한 연구 외에도, 공시나 채권 정보의 등록 등을 투명하고 효율적으로 운영할 수 있도록 최소한의 규정을 발전시킬 필요가 있다. 이와 함께 아시아 채권시장의 규제와 감독 기능을 담당할 독립적인 기구를 설립하는 방안도 고려해 볼 수 있을 것이다. 가령, 역내 아시아 채권시장의 건전성 규제를 위해 공식적인 기구로서 가칭 'ABMRC'(Asian Bond Market Regulatory Committee, 아시아채권시장 규제위원회)의 설립을 고려해 볼 수 있을 것이다. 이는 아시아 채권시장에 참여하는 회원국에 의해 운영되어야 하며, 역내 지역 통화 표시 채권의 발행 및 유통에 관련된 규범과 기준을 마련하고 적용할 수 있을 것이다. 이와 더불어 AMRO와의 협력 하에 채권시장 건전성 규제를 실시하고 채권시장 감독 기능을 수행할 수 있도록 하고, 특히 국경을 초월한 거래에 대한 규제와 감시를 강화할 권한을 부여하는 것이다. 다만 동아시아 차원에서의 자본시장 건전성 기준에 대한 논의는 먼저 동아시아 금융 협력의 발전 정도나 경제통합의 정도에 따라 현실적으로 발전 가능한 모형을 설정한 후에 이에 상응하는 건전성 기준과 감독에 대한 구체적인 논의를 진행할 수 있을 것이다.

또한 역내 금융 시스템 전반에 미치는 영향의 정도에 따라 개별 금융기관을 분류하고, 그에 따라 감독 수준을 차등 적용하는 방안도 생각해 볼 수 있다. 가령 마커스 브루너마이어(Markus Brunnermeier) 등이 지적한 것처럼 시스템적 중요도에 따라 다음의 네 그룹으로 분류하여 차별화된 감독 기능을 수행하는 것이다(Brunnermeier et al. 2009). 개별적으로 금융 시스템에 영향을 줄 수 있는(individually systemic) 금융회사 그룹에 대해서는 미시 및 거시건전성 감독을 모두 실시하고, 지역 감독 당국이 대상 금융회사 명단을 작성하여 다른 지역의 감독 기구나 글로벌 감독 기구와 공조를 이룰 수 있다. 그리고 헤지펀드처럼 개별 규모는 작으나 집단적인 움직임으로 금융 시스템에 영향을 줄 수 있는(systemic as part of a herd) 그룹에 대해서는 거시건전성 감독을 실시하면서 필요할 때 제한적으로 미시건전성 감독을 수행할 수 있다. 보험회사나 연기금처럼 금융 시스템에 그다지 영향을 주지 않는(non-systemic large) 금융회사 그룹에 대해서는 미시건전성 감독만 실시하고, 대부업처럼 금융 시스템에 큰 영향을 주지 않는 소형 금융회사 그룹에 대해서는 영업 행위 규제에 초점을 두고 감독을 수행할 수 있을 것이다.

5. 요약 및 결론

글로벌 금융 위기 이후 EU는 국가별 감독 기구를 EU 차원의 단일 체계로 통합하는, 역내 금융 감독 체계의 개혁을 추진했다. 그동안의 금융 협력은 국가 간 금융시장 또는 자본시장의 통합을 위주로 진행되어 온 반면에, 이와 같은 지역적 차원의 금융 감독 기구 설립은 이번 글로벌 금융 위기 이후 나타나고 있는 지역 금융 협력의 새로운 모습으로 평가된다.

이번 EU의 금융 감독 체계 개편은 지역 차원에서의 금융 규제 및 감독 집행을 보다 효율적인 방향으로 구체화시켰다는 점에서 다른 지역의 금융 협력에 중요한 시사점을 제공하고 있다. ASEAN+3 회의체도 2010년 3월 24일 CMIM 협정이 공식 발효됨에 따라, 역내 독립적 감독 기구의 설립에 대한 구체적인 사항들에 대해 협의를 진행하고 있다. EU의 사례에 비추어, 장기적으로는 ASEAN+3 체제 내에 신설될 감시 기구도 미시건전성 감독과 거시건전성 감독으로 나누어 감독 기능을 세분화, 전문화하는 방안을 검토할 필요가 있다. 다만 감독 기능에서는 미시·거시를 구분하되, 의사 결정과 정책 제언을 도출할 때는 두 부문이 유기적으로 연계될 수 있도록 운영 구조를 설계하는 것이 중요할 것이다.

동아시아에서 경제 감시 기능을 담당해 온 ERPD는 ASEAN+3 회원국과 아시아 지역의 거시 경제 동향을 파악하는 데 중점을 두고 있어 다음의 주요 감독 기능이 제대로 이뤄지지 못하고 있다. 구체적으로는 국경을 초월하는 금융 업무에 대한 감독 기능의 부재, 부실한 역내 미시건전성 및 거시건전성 감독, 보다 실효성 있는 역내 조기 경보 시스템의 부재, 역내 감독 기구의 공동 의사 결정 결과의 이행을 위한 구체적인 수단 결여, 역내 회원국 간 일관성 있는 감독 기준과 감시 기구 부재, 그리고 제재 수단의 부재 등이 주로 지적되고 있다.

ASEAN+3 체제 내에 신설될 AMRO에 현재 ETWG에서 운용하고 있는 조기 경보 체제를 활용하여 감시 활동을 수행하는 방안을 고려해 볼 수 있다. 조기 경보 체제는 회원국 간 상호 평가와 권고 사항 이행을 위한 간접적인 압력 행사도 가능하므로, 현행 ERPD보다 더욱 발전된 감시 기구의 모습을 갖추게 될 것이다. 또한 역내 금융 시스템 전반에 미치는 영향의 정도에 따라 개별 금융기관을 분류하고, 그에 따라 감독 수준의 정도를 차등적으로 적용하는 방안도 검토할 필요가 있다. 그리고 AMRO를 설립하여 실질적인 감시 활동을 제대로 수행한다면, 현행 80%의 IMF 연계자금 비중을 축소함과 동시에 자금 수혜국의 도덕적 해이를 최소화할 수 있을 것이다. 더욱이 AMRO가 역내에서 통합적 감시 기구의 기능을 수행할 수 있다면 규제 차익의 방지도 용이할 뿐 아니라, 감독 규제의 중복 및 관련 비용을 줄이는 효과도 기대할 수 있을 것이다.

따라서 새로운 감시 기구인 AMRO에 거시건전성 감독을 강화하는 체계를 확립하는 등 기존 ERPD에서 수행했던 감독 기능보다 한층 강화된 기능을 수행하도록 이에 필요한 권한과 기능을 부여해야 할 것이다. 동아시아 지역에서는 두 번의 금융 위기를 거치면서 경상수지, 자본수지, 환율 등과 같은 거시건전성 감독의 중요성이 부각되긴 했으나 감독 체계는 여전히 부실한 상황이다. 금융시장 전반의 위험 요인을 종합적으로 모니터링하고 분석하는 기능을 강화한다면 CMIM 기금의 효율적 운영에도 크게 기여할 수 있을 것으로 판단된다. 다만 회원국별로 이질성이 강한 경제적 특징 및 금융시장의 상이한 발전 정도를 고려한다면, 역내 금융 통합의 정도에 따라 단계적으로 차별적인 감독 기능을 강화할 필요가 있다.

2011년 5월 ASEAN+3 재무장관들은 현행 동아시아의 위기 해결 메커니즘(crisis resolution mechanism)으로서의 CMIM 이외에, 역내 위기 예방 기능(crisis prevention function)을 추가로 도입하자는 데 합의하면서 이에 대한 연구와 논의가 진행 중에 있다. 역내 위기 예방 메커니즘을 설계하기 위해서는 도덕적 해이의 최소화, 정책 이행 조건과 자금 인출을 위한 자격 요건 설정 등 중요하게 고려해야 할 요소가 많지만, 그중에서 위기 예방 프로그램의 운영을 실질적으로 지원해 줄 수 있는 역내 감시 기구의 역할을 정립하는 것이 매우 중요한 과제이다. 따라서 현재 논의되고 있는 AMRO의 감시 기능과 영역을 설정함에 있어서 향후 역내 위기 예방 프로그램의 도입을 염두에 두고 그 논의를 구체적으로 진전시켜야 할 것이다.

3장

글로벌 금융 위기와 동아시아 금융 협력

ABMI의 형성과 발전을 중심으로

이용욱

1. 들어가는 말

피터 카젠슈타인은 그의 2005년 저서 『지역들의 세계: 미국 지배권에서의 아시아와 유럽』(A World of Regions: Asia and Europe in the American Imperium)에서 국제정치는 지역 정치에 영향을 미치고 지역 정치는 다시 국제정치의 지속과 변화에 영향을 미친다는 주장을 통해 전통적 국익의 정치를 넘어선 지역성과 지역 이익의 중요성을 논했다(Katzenstein 2005). 이런 맥락에서 동아시아 금융 위기 후 동아시아 지역주의 대두와 발전은 많은 학자와 연구자, 정책 담당자들의 관심을 받고 있다. 특히 경제 분야에서

• 본 논문은 세계정치 15권(2011년 봄여름호)에 실렸음을 밝힌다. 본 논문의 연구를 도와준 김현우 조교에게 감사를 표한다.

는 동아시아 금융 지역주의가 상당한 수준의 제도적 발전으로도 연결되어 금융 지역주의의 원인과 현재 트렌드, 미래의 제도적 함의 등에 대한 논의가 활발하게 진행되고 있다.

현실주의에 입각한 동아시아 금융 지역주의의 대표적인 학자 중의 하나인 윌리엄 그라임즈(William Grimes)에 따르면 동아시아 금융 지역주의는 "금융 위기 재발 방지 및 재발 시 효과적 대처 방안 마련, 역내 금융시장 활성화, 역내 통화 불안정 해소를 위한 동아시아 국가들의 정책적 협력"이라고 정의할 수 있다(Grimes 2009, 3). 여기서 동아시아 국가란 ASEAN+3(한국, 중국, 일본)로 대표되는 13개국을 의미하고, 동아시아 금융 지역주의는 이런 지역적 수준에서 일어나고 있는, 위에 언급된 바와 같은 통화 및 금융에 대한 세 가지 정책적 협력을 의미한다.

구체적으로, 금융 위기 재발 방지 및 재발 시 효과적 대처 방안은 2000년에 양자 간 스와프 협정에서 출발하여 최근 CMIM(치앙마이 이니셔티브 다자화)을 통해 나타나고 있으며 아시아판 IMF(국제통화기금)인 AMF(아시아통화기금) 창설 논의로 확대되어 가고 있다. 역내 금융시장 활성화는 2002년 출범한 ABMI(아시아채권시장 이니셔티브)로 대표되고 있다. 근본적으로 역내 통화 불안정 해소를 위해 2006년부터 지역 내 단일 통화의 가능성을 타진하는 ACU(Asian Currency Unit, 아시아통화단위)에 대한 초기 연구 단계가 진행되고 있다(Pempel 2004; Katzenstein and Shiraish et al. 2006; Katada 2009; Lee 2009; Chey 2010, 450-467).

2008년 글로벌 금융 위기는 동아시아 금융 협력에 힘을 실어 주고 있으며, ASEAN+3 재무장관 회의를 통해 더욱 구체적인 모습의 정책 공조 및 제안들이 나오고 있다(Katada 2011). 예를 들면, 2009년 인도네시아 발리에서 CMIM을 위한 제도적 합의를 이루어 냈고 2010년 3월 24일

CMIM이 성공적으로 발효되었다.[1] ASEAN+3는 2011년 5월 싱가포르에 CMIM의 자매기관으로서 역내 금융 감시 기구인 AMRO(ASEAN+3 거시경제조사국)를 성공적으로 출범시켰다. 이와 함께 아시아 채권시장 활성화를 위한 중요한 기제인 역내 CGIF(신용보증투자기구) 역시 2011년 5월에 발족하게 되었다. 글로벌 금융 위기는 국제금융 질서 주도국인 미국의 위상 약화를 가져왔으며, 특히 동아시아 금융 위기 후 신자유주의 성향인 서구 주도의 국제금융 질서에 대한 의존성을 줄이려는 동아시아 각국의 역내 금융 협력을 촉진시키는 계기가 되었다.

이런 맥락에서 본 논문은 "무엇이 동아시아 금융 위기 후 동아시아 금융 지역주의를 태동하게 했으며 동아시아 금융 지역주의가 앞으로 어떻게 제도적으로 발전되어 갈 것인가"라는 거시적 연구 질문을 배경으로 좀 더 구체적인 경험적 퍼즐을 풀어내고자 한다. 그것은 다름 아닌 동아시아 금융 지역주의의 제도적 발전에서 역내 금융시장 활성화에 방점을 둔 ABMI의 태동과 발전에 관한 것이다. 동아시아 금융 지역주의를 구성하고 있는 세 가지 정책 중 ABMI 사례를 선택한 이유는 다음과 같다.

첫째, 동아시아 금융 지역주의 정책 중 가장 발전되었다고 평가받는 CMIM에 관한 연구에 비해 ABMI 사례는 상대적으로 큰 주목을 받지 못했다. 더욱이 몇몇 연구에서 ABMI는 동아시아 금융 지역주의 저발전 혹은

1_CMIM은 다음과 같다. 2009년 5월 12일에 ASEAN+3 재무장관들은 인도네시아 발리에서 기존의 양자 스와프 형태의 치앙마이 이니셔티브를 다자화하기로 합의했다. 제도화에 필요한 분담금의 배분과 이와 관련된 투표권, 제안권, 거부권 유무 등도 함께 결정되었다. 총 분담금의 규모는 1,200억 달러로 결정되었고 세계에서 외환 보유국 1, 2위를 차지하고 있는 중국과 일본이 각각 384억 달러(32%), ASEAN이 238억 달러(20%), 한국이 194억 달러(16%)를 분담하게 되었다.

실패를 나타내는 주요 사례로서 원용되고 있다(Grimes 2009). 그러나 최근 역내 채권 발행을 통한 금융시장 활성화에 획기적으로 기여할 것으로 평가되는 CGIF를 출범시키는 등, ABMI가 지난 10여 년 동안 점진적으로 발전해 온 점을 고려할 때 이에 대한 연구는 동아시아 금융 지역주의를 이해하는 데 필요하다 하겠다. 동아시아 국가의 ABMI에 대한 정책 협력과 제도화가 CMIM에 비해 크게 성공적이지 않았다는 일반적인 평가에 비추어 볼 때, ABMI의 태동과 발전에 대한 사례연구는 동아시아 금융 지역주의 연구에 있어서 일종의 다루기 힘든 사례(hard case)라 할 수 있다.

둘째, 역내 금융시장 활성화에 목적을 둔 ABMI는 어떤 측면에서 금융위기 시 효과적인 대처를 위해 설립된 CMIM보다 장기적으로 보았을 때 지역적, 글로벌 차원의 경제 관계에서 훨씬 큰 파급효과를 가져올 수 있다. ABMI를 통한 역내 채권시장 활성화는 동아시아 지역의 금융 자율성(autonomy)의 증대를 통해 역내뿐만 아니라 글로벌 차원에서 금융 질서에 변화를 가져올 수 있다. 이와 같은 움직임은 지난 세기 동안 진행되어 온 서구 중심의 국제경제 질서의 규범과 규칙에 근본적인 변화를 불러오는 계기가 될 수 있다. 따라서 ABMI 사례연구는 지역 경제 질서를 넘어 글로벌 경제체제에 함의를 갖는다고 할 수 있다.

마지막으로, ABMI는 동아시아 금융 지역주의 구성 요소의 하나인 통화 협력과도 연결 고리가 있다. ABMI는 지역 내 채권시장 활성화의 방안으로 달러가 아닌 역내 통화로 발행되는 채권시장의 발전에 주안점을 두고 있다. 이를 위해 역내 통화로 발행되는 채권에 대한 신용보증을 강화하기 위해 CGIF를 이미 설립했고, 역내 채권 거래에 대한 결제 서비스를 제공할 RSI(역내예탁결제기구)도 논의를 거쳐 곧 구체화할 계획이다. 채권시장이 장기적으로 지속적인 발전을 이루기 위해서는 역내 통화의 환율이 안정적

이야 한다. 따라서 ABMI는 역내 통화 불안정 해소를 위해 2006년부터 지역 내 단일 통화의 가능성을 타진하는 ACU에 대한 지역 내 논의를 비롯하여 다양한 통화 협력 가능성에 상당한 함의를 가진다고 할 수 있다. ABMI의 태동과 발전에 대한 사례연구는 앞으로 동아시아 통화 협력이 어떤 방향으로 나아갈 수 있을지에 대한 이해도 일정 부분 도울 수 있다.

본 논문은 ABMI의 태동과 발전에 관한 연구의 초기 단계로서 미래 연구에서 수행될 이론화를 위한 정보 제공 차원의 서술적 내러티브 형식을 취한다. 따라서 지역주의 연구의 이론적 검증이 주요 목적이 아님을 밝힌다. 본 논문은 동아시아 금융 지역주의의 한 축인 ABMI의 태동과 발전에 대한 원인과 미래 발전에 관한 전망적 성격을 띤다. 이론적으로는 국제정치에서 분파적으로 나누어져 있는 지역주의 연구에 비교 정치·경제적, 통합적 이론과 경험적 데이터를 제공하는 목적을 가지고 있다.

통합적 접근의 필요성은 동아시아 금융 지역주의의 형성과 발전에 관한 선행 연구의 한계에서도 명확히 나타난다. 현실주의 접근법은 동아시아 금융 지역주의 형성과 발전에 관해 유럽과 북미의 지역 통합에 대항한 세력균형의 차원에서 논의를 해왔다(Webber 2001, 339-372; Ravenhill 2002, 67-195; Lincoln 2004; Grimes 2009). 이 연구의 단점은 왜 동아시아 금융 지역주의가 1997년에 발발한 동아시아 금융 위기 후에야 구체적으로 발전하게 되었는지를 설명하지 못한다. 세력균형이 주원인이었다면 동아시아 국가들은 유럽이나 북미의 금융 통합이 1980년대 말에 일어났었음에 비추어 1990년대 초에 이미 금융 지역주의를 시작했어야 하기 때문이다. 반면, 자유주의 접근법은 심화된 동아시아 역내 국가들의 상호 경제 의존을 관리하기 위해서 동아시아 금융 지역주의가 시작되었다고 주장한다(Hatch 2002, 179-197; Amxy 2004, 198-218; Pempel 2004; Katada 2009). 이 주장의 단점은 동아시아 국가들이 금융 지역주의를 시작한 1999년 무렵부터 2000년대 초까지 경험적으로 상호 경제 의존성이 오히려 줄었다는 것을 설명하지 못한다. 동아시아 정체성을 강조한 구성주의자들의 주장은 동아시아를 묶는 정체성이 존재하는지, 존재하면 과연 그것이 무엇에 기반하고 있는지에 대해 명확한 답을 내놓지 못하고 있다(Higgott 1998, 333-356; Paul Bowles 2002, 244-270; Stubbs 2002, 440-455; Terada 2003, 251-275; Deiter and Higgott 2003, 430-454). 따라서 각 접근법은 동아시아 금융 지역주의라는 현상에 대해 각기 일부분에 초점을 두고 설명하여 이론적 취약성을 보인다. 이에 미래 연구는 동아시아 금융 지역주의의 형성과 발전에 관해 힘, 경제적 이득, 정체성 등의 변수를 정교하게 아우르는 통합적 이론 틀의 제시와 가장 종합적이고 자세한 경험적 데이터를 구축하여 동아시아 금융 지역주의의 과거, 현재, 미래를 고찰하여야 한다.

ABMI의 태동과 발전에 관한 서술적 내러티브를 기반으로 본 논문은 기존의 비관적인 전망에 반하여 ABMI는 지난 10여 년간 서구 주도의 글로벌 금융시장에 대해 동아시아 지역의 자율성을 높이기 위한 역내 금융시장 활성화의 방향으로 일관되게, 느리지만 점진적으로 발전하여 왔음을 보인다. ABMI의 궁극적 목표는 단기적 국가이익의 차원을 넘어 동일한 금융 규범과 규제를 공유하는(regional financial standards) 역내 채권시장의 통합이며, 이를 향해 일관되게 움직이고 있음을 경험적으로 논한다. 역내 금융시장 인프라의 부재와 함께, 점진적인(혹은 느린) ABMI의 발전의 한 원인은 바로 역내 금융시장의 통합을 위한 조율 과정이 한 축을 차지하고 있다고 주장한다. 아래에 자세히 논하듯이, 2008년 글로벌 금융 위기는 ABMI의 구체적인 제도화에 적지 않은 기여를 하게 된다.

본 논문은 다음과 같이 진행된다. 2절은 ABMI의 태동과 발전에 관해 경험적으로 고찰한다. 주요 이니셔티브를 중심으로 논하고 현재 진행 중인 발전 방안들도 소개한다. 3절은 2절의 현황 분석을 토대로 ABMI의 제도적 방향성이 동일한 금융 규범과 규제를 공유하는 동아시아 금융시장 통합으로 발전하여 왔음을 기존의 논거들과의 비교 분석을 통해 보인다. 4절은 결론으로 본 논문의 논지를 요약하고 미래 연구 방향을 살핀다.

2. ABMI 태동과 발전

전술한 대로 ABMI는 1997년 동아시아 금융 위기 후 추진되었다. 이는 동아시아 각국이 역내 금융시장의 불안을 가중시켜 동아시아 금융 위기를 가져온 주요 원인 중의 하나가 동아시아 금융 질서의 '이중 불일치'(Double Mismatch)에 있다고 인식함으로써 비롯되었다. '이중 불일치'란 외화자산과 외화부채간의 만기구조 불일치를 의미하는 '만기 불일치'와 외화 표시 자산과 외화 표시 부채간의 차이를 가리키는 '통화 불일치'를 말하는데, 동아시아 국가들의 은행 중심 금융 구조(banking financing)가 이에 대한 노출을 가중시켰다는 것이다.

금융 위기 전, 동아시아 국가들은 채권보다는 은행을 자금 조달의 주요 요소로 활용했는데, 재원을 주로 단기 예금에 의존하는 은행들은 기업들에 장기 대출을 해줄 경우 갑작스런 단기 인출에 따른 유동성 위험을 가지게 된다. 기업들은 은행이 단기 유동성 악화를 고려하여 장기 대출에 소극적일 때 투자를 위해 불가피하게 단기 차입에 의존하게 된다. 단기 차입을 통한 투자 회수는 장기간에 걸쳐 일어나는 대신 기업들은 단기적 성격의 상환 만기에 따른 상환 불능 위험에 노출되게 된다. 이렇게 투자 만기와 상환 만기의 차이에 따른 위험을 만기 불일치의 위험이라고 하며, 동아시아 금융 위기 당시, 동아시아 기업들의 과도한 해외 단기 차입에 따른 만기 불일치가 외환 위기를 악화시키는 원인으로 지목되었다.

통화 불일치는 기업들이 환위험에 노출되어 기업 경영에 어려움을 겪거나 도산되는 것을 말한다. 환위험은, 국내 매출과 투자는 모두 자국 통화로 이뤄지는 데 비해 기업들이 투자 자금을 해외로부터 조달할 경우 환율의 변화에 따라 생기게 된다. 환율이 급등하게 되면 투자를 통해 회수되는 자금과 상환해야 하는 자금의 통화가 다른 데에 따른 통화 불일치의 환위험을 기업들이 떠안게 된다. 만기 불일치와 함께 통화 불일치로 인한 환위험이 동아시아가 1997년과 98년에 경험한 구조적인 '이중 불일치'의 폐해였다(Eichengreen et al. 2003; Amyx 2005, 1-8). 따라서 금융 위기의 재발을 방지하기 위해서 구조적인 '이중 불일치'를 해소하는 것이 동아시아 국가들에게 크게 인식되었다.

이와 관련하여 금융 위기 후 동아시아 국가들은 '이중 불일치'가 일어나는 보다 근본적인 이유를 활성화된 역내 금융시장의 부재에서 찾았다. 특히 채권시장의 미발전은 '이중 불일치'를 견인하는 소위 '경제 비합리성'(Economic Irrationality)의 단초를 제공한다는 데 인식을 같이했다. '경제 비합리성'이란 다음과 같다. 역내에 채권시장의 미발달로 인해 동아시아의 풍부한 은행 예금이 미국이나 유럽 등의 서방 금융시장에 집중 투자되고 이에 따른 역내 투자 자금 부족을 해결하기 위해 동아시아 기업들은 다시 서방 금융시장으로부터 투자 자금을 단기 차입하여만 하는 '이중 불일치'의 악순환이 반복된다는 것이다. 바꾸어 말하면(동아시아를 하나의 단위로 보면), 동아시아는 자신의 자금을(마지막 단계에서는) 자신이 이자까지 얹어서 빌리면서도 '이중 불일치'의 위험에까지 노출되는 모순에 직면하게 되는 것이다. 따라서 아시아 채권시장의 육성은 '경제 비합리성'의 해소를 의미하고 역내 자본의 선순환 구조를 정착시켜 역내 금융시장의 활성화에 기여할 뿐 아니라 금융 위기의 재발 방지에도 효과적인 정책 수단으로 인식되었다.

실제로 일본과 한국이 ABMI를 제안한 2002년 말을 기준으로 보면 일본을 제외한 동아시아 신흥 9개국의[2] 채권 발행 잔액은 매우 적은 규모라 할 수 있다(이웅천 2004). 2002년 말 기준 약 1조 4,727억 달러로 미국의 7.7%, EU 15개국의 11.7%, 일본의 21%에 불과했다. 이를 GDP 규모와 비교해 보면 더 선명해진다. 2002년 말 기준 동아시아 위 9개국의 총 GDP 합계는 3조 4,475억 달러로 미국의 39.8%, EU의 33%, 일본의 86.3%에 달했다. 채권 발행 잔액 대비 은행 총자산 비율도 미국이 약 1.2배, 일본이 약 2.2배, EU가 약 2.8배인 것에 비해 위 9개국은 약 4.8배였다. 또한, 채권시장의 유동성을 나타내는 채권의 회전율도 매우 낮게 나타났다. 채권의 평균 발행 잔액 대비 거래 회전율이 영국과 일본은 약 7% 수준이며 미국과 캐나다는 20% 이상이지만 홍콩을 제외한 대부분의 동아시아 국가들은 그 비율이 1~5% 수준에 그치고 있었다.

이와 같은 배경으로 ASEAN+3 국가들은 연례 회의인 ASEAN+3 재무장관 회의와 일 년에 두 차례 있는 ASEAN+3 차관급 실무자 회의를 통해 2002년부터 본격적으로 ABMI를 추진하기 시작했다.[3] 2002년 11월 동경에서 개최된 ASEAN+3 재무차관 비공식 회의에서 한국의 제의로 아시아

2_인도네시아, 말레이시아, 필리핀, 싱가포르, 타이, 중국, 홍콩, 한국, 타이완 등 9개국.

3_아래 논의는 다음과 같은 문헌을 참고하여 정리했다. 이웅천(2004); 이창용 외(2005, 1-40); 이동규(2006); 김용민 외(2008, 43-69); 박영준 외(2010).

표 1 | ASEAN+3 실무작업그룹의 활동

	주제	의장	주요 내용
WG1	New Scheme of Securitized Debt Instruments	타이	* 각국의 국채 또는 중소기업 채권을 기초로 한 ABS 발행 방안 검토
WG2	Regional Credit Guarantee and Investment Facility	중국 한국	* Credit Gap 해소를 위해 역내 신용보증제도의 활성화 방안 연구 * Credit Guarantee 외에 민간 중소기업에 대한 Lending Facility 설립 연구
WG3	Exchange Control and Security Settlement	말레이시아	* 채권인도-대금지급제도 및 법적 기반 마련을 위한 결제 시스템 구축 방안
WG4	Issuing Local Currency Bonds by Foreign Entities	중국	* 역내 정부기관 및 기업, 국제금융 기구의 아시아 통화표시 채권 발행 가능성 연구
WG5	Credit Rating Agency and Information Dissemination Agency	싱가포르 일본	* 아시아 각국의 신용평가기관 간 협력 강화 방안(교육/훈련, 신용평가기법 및 정보교류 등)
WG6	Technical Assistance	ADB, ASEAN 사무국 등	* 각국 채권시장 발전 장애 요인 파악 및 제도 개선 지원

자료: 이창용 외(2005, 7).

채권시장 발전 방안을 주요 사업으로 추진하기로 합의했고 동년 12월에 일본이 ABMI를 공식으로 제안했다. 2003년 2월 아시아 채권시장 발전을 위한 차관급 실무 회의가 동경에서 있었고 이 회의에서 한국은 코리아 이니셔티브(Korean Initiative)를 제안했는데, 주요 내용은 증권화와 신용 보강을 활용하여 아시아 채권시장을 발전시키자는 것이었다. 같은 회의에서 타이는 국공채 활용 증권화 방안을 제안했다. 후속 작업으로 아시아 채권시장 육성을 위해 6개의 실무작업그룹(Working Group)을 운영하기로 했다(〈표 1〉 참조).

싱가포르는 2003년 3월 동경에서 열린 비공식 ASEAN+3 차관급 실무자 회의에서 ASEAN+3 산하 실무작업그룹을 통해 'ACRB'(Asian Credit Rating Board, 아시아 신용평가위원회) 설립에 관한 연구를 제안했으며, 한국은 2003년 6월 동경에서 개최된 실무작업그룹(Regional Credit Guarantee and Investment Facility) 회의에서 역내 신용보증 기관 설립을 제안했다. 한국은 신설될 신용보증 기관이 채권 발행에 대한 신용보증을 통해 시장에서 채권이 원활히 거래되도록 하며 통화 스와프의 조정, 시장 조성 및 자산 유동화 설계 등을 담당하게 될 것이라고 밝혔다. 동년 10월에는 말레이시아에서 열린 실무작업그룹(Technical Assistance) 회의에서 ADB(아시아개발은행)는 역내 회원국 간 채권 거래를 결제하기 위한 통합 결제 센터인 아시아클리어(Asiaclear) 설립 방안에 대한 연구를 제안했다. 동년 12월에 서울에서 열린 실무작업그룹(New Scheme of Securitized Debt Instruments) 회의에서 타이는 아시아채권(Asian Bond) 발행을 제안했다. 아시아 채권의 골자는 각국이 역내국 통화로 국내외에서 채권을 발행하고 이 채권의 이자소득에 대해 원천징수를 면제하자는 것이었다. 이를 통해 역내 통화 표시 장기채권의 발행이 활성화되고 이에 따라 역내 국가들의 투자 자금 조달이 원활해져 운영상의 '이중 불일치'를 해소할 수 있다고 주장했다.

2005년 4월 ASEAN+3 재무장관 회의에서 ABMI 로드맵을 설정했다. ABMI 로드맵은 세 가지 주요 내용으로 이뤄졌는데 그 내용은 다음과 같다. 첫째, 한국의 제안으로 아시아 채권시장 규범 통합에 대한 논의를 촉진하기 위해 아시아 채권 표준에 대한 연구를 시작하기로 했다. 둘째, 일본의 제안으로 회원국 간 정기적인 자기평가를 실시하여 시정 참여자 위주의 채권시장 육성을 지원하기로 했다. 마지막으로, 역시 일본의 제안으로 아시아 통화 바스켓 채권(Asian Currency Basket Bond)에 관한 연구도 시작하기로 했다. 이 연구는 2005년 9월 1단계 연구를 종료한 후, 최종적으로 2007년 3월 2단계 연구로 마무리되었다.

2008년 5월 하노이에서 열린 ASEAN+3 재무장관 회의에서 ABMI 논

표 2 | 태스크 포스의 핵심 과제 및 추진 내용

구분	핵심 과제	추진 내용
태스크 포스 1	역내 통화채권 발행 확대 (의장: 중국, 타이)	* 라오스의 타이 바트화 채권 발행 * 신용보장투자기구 * 인프라채권
태스크 포스 2	역내 통화 채권에 대한 수요 촉진 (의장: 일본, 싱가포르)	* 기관투자가를 위한 투자환경 조성 방안 * 기관투자가에 대한 홍보 * 역내 채권시장 활성화를 위한 컨퍼런스
태스크 포스 3	규제체제 개선 (의장: 일본, 말레이시아)	* 역내 규제/감독 당국 간 협력 강화 방안 * 규제/감독 당국의 역량 강화 방안 * 아시아 채권 표준 연구 진행 * 역내 규제체제 선진화를 위한 세미나 * 역내 채권시장 규제 표준화를 위한 논의 체계 정비
태스크 포스 4	채권시장 인프라 개선 (의장: 한국, 필리핀)	* 채권 유동성 증가 방안에 대한 연구 * 증권결제 인프라 구축 * 역내 예탁결제기구에 대한 전문가그룹의 연구

자료: 박영준 외(2010, 78).

의를 보다 체계적이고 효율적으로 추진하기 위해 새로운 로드맵(New ABMI Roadmap)을 채택했다. 새로운 로드맵에서는 역내 채권시장 발전 방안을 수요, 공급, 규제, 인프라의 네 개 영역으로 나누었다. 각각의 영역에 하나의 태스크 포스를 두어 총 네 개의 태스크 포스 활동을 하기로 했으며 태스크 포스 활동을 전체적으로 모니터링하고 조정하기 위한 운영그룹(Steering Group)을 설립했다(〈표 2〉 참조).

ABMI의 발전 과정에서 가장 획기적인 성과라고 할 수 있는 분야는 역내 CGIF의 성공적인 설립이다. 2006년 4월에 한국, 중국, 일본 차관 회의에서 역내 CGIF 설립에 대한 논의가 있었는데 전술한 2003년 6월 한국의 제안을 바탕으로 한층 진일보된 형태로 진행되었다. 구체적으로 세 가지 대안이 논의되었는데, 독립된 기구의 설립, ADB의 자회사 형태로 설립, 또는 ADB의 기능 확대였다. 역내 채권의 신용 강화를 위한 CGIF 설립에 대한 논의는 동년 10월에 열린 아시아 채권시장 발전 방안의 실무작업그룹 회의에서도 계속되었다. 아시아 채권시장이 발전하지 못한 가장 큰 이유 중 하나가 투자 적격 채권이 충분하지 못한 점으로 인식됨으로써 신용 보강을 통한 아시아 채권시장 활성화가 장기 투자의 유도 측면에서 가장 시급한 문제로 대두됨에 따라 CGIF의 설립에 대한 논의가 보다 적극적으로 이뤄졌다.

2007년 11월에 열린 차관급 실무 회의에서 전술한 세 가지 대안 중 역내 CGIF의 최적 형태로서 ADB 산하의 기금 형태로 만들어 ADB의 기능을 확장하는 것으로 잠정 합의했는데, 이는 ADB로부터의 독립성 확보 및 역량 강화를 전제로 한 조건부 합의였다. 2009년 3월에 타이 푸켓에서 열린 ASEAN+3 실무 회의에서 CGIF를 자본금 5억 달러로 설립하되, 지배구조 등 세부 사항은 실무 추진팀을 구성하여 검토하기로 했다. 이후 몇 번에 걸쳐 실무 회의를 가진 후 2009년 11월 부산에서 열린 ASEAN+3 재무차관 회의에서 CGIM(Credit Guarantee Investment Mechanism)을 CGIF(Credit Guarantee Investment Facility)로 변경하기로 하고, 기구의 형태는 ADB 산하 펀드로 설립하기로 했다. 정관의 핵심인 자본금, 이사회, 보증 배수 등에 합의했고, 자본금 규모도 5억 달러에서 7억 달러로 확대하기로 했다. 이를 위해 중국과 일본은 각각 2억 달러, 한국은 1억 달러, ASEAN은 자본금 10% 규모, 그리고 ADB도 1억~1억 3,000만 달러를 납입하기로 했다. 이사회는 8명의 이사로 구성하기로 했는데, 이는 납입국이 지명하는 7명(중국과 일본이 각각 2명, 한국과 ASEAN, ADB가 각 1명씩 지명)과 최고경영자(CEO)로 구성하기로 했다. 2011년 5월에 이런 합의 사항을 바탕으로 CGIF가 설립되어 역내 발행 채권에 대해 신용보증을 제공하여 채권의 조달 금리를 낮추고 채권 발행을 활성화하는 역할을 하게 되었다.

역내 채권시장 활성화를 위해 CGIF와 함께 중요하게 논의되어 온 사항이 역내 예탁결제기구 설립에 관한 것이다. 전술한 대로 ADB가 2003년 10월 아시아클리어에 대한 연구 필요성을 제기하여 논의를 촉발시켰는데, 2006년 10월에 열린 실무작업그룹(Regional Guarantee and Investment Mechanism) 회의에서 ADB는 RSI(역내예탁결제기구) 설립에 관한 연구를 본격적으로 시작하기로 했다. 그 배경에는 역내 투자자가 해외 증권 거래 시 유럽의 국제 예탁결제기관을 이용하고, 이런 경우 경제 업무 처리 시 시간차로 인해 증권과 대금의 동시 결제가 사실상 불가능하다는 점에서 비롯되었다. 이를 위해 2011년 5월 하노이에서 열린 ASEAN+3 재무장관 회의에서 채권 거래 시 결제 서비스 기능을 제공할 RSI 설립 연구를 진행하기로 공식 합의했다.

아울러 역내 신용 평가 기준의 비교 가능성 및 조화를 포함하는 아시아 채권시장 규범 통합을 위한 아시아 채권 표준에 대한 연구도 계속되고 있고 기타 채권시장 활성화를 위한 법적인 문제나 자본시장 관련 조세제도 등에 관한 논의와 연구도 진행 중이다. 이와 관련하여 ASEAN+3는 2010년 9월 28일 도쿄에서 표준화된 채권시장 인프라 구축을 위한 ABMF(아시아채권시장포럼)를 출범시켰다. 아시아 13개국이 나라마다 다른 거래 제도와 규제를 가지고 있어 채권시장 활성화에 걸림돌이 되는바 ABMF를 통해 거래 제도와 규제의 표준화를 기하는 것을 목표로 하고 있다. 이 기구는 또한 RSI 설립에 대한 논의도 구체화할 예정이다.

3. 분석 및 평가

동아시아 금융 위기 후 지난 10여 년간에 걸친 ABMI의 태동과 발전에 관해 논의했다. ASEAN+3는 역내 금융시장 활성화를 통해 서구 주도의 글로벌 금융시장에 대한 동아시아의 자율성을 높이려는 취지에서 ABMI를 추진해 왔다. 그러나 전술했듯이, ABMI는 동아시아 금융 지역주의의 또 다른 축인 CMI에 비해 큰 주목을 받지 못했을 뿐만 아니라 실패한 지역 협력의 사례로 언급되기도 했다(Grimes 2009).

이와 같은 부정적 평가와는 달리 본 논문은 ABMI의 성공을 위한 ASEAN+3의 역내 금융 협력이 지역적 차원에서 점진적이기는 하지만 일관되게 진행되었다고 평가한다. 제도적인 결실로서 CGIF의 설립과 역내 예탁결제기구인 RSI, 채권시장 표준화를 위한 ABMF를 출범시키는 등 지속적인 역내 금융 협력 방안의 창출과 가시적인 제도화의 노력이 긍정적 평가의 근간이 된다. 바꾸어 말하면, 2005년 ABMI 로드맵과 2008년 뉴 ABMI 로드맵이 단순한 담론으로 끝나지 않고 ABMI 제도화를 견인하는 역할을 했다. 여기서 주목할 점은 ASEAN+3가 국가별 채권시장 활성화를 넘어 하나의 그룹으로서 보조를 맞추어 일관되게 지역적 금융 질서 창출에 경주했다는 것이다. 이는 남미와의 비교를 통해 보면 더 명확해진다.

동아시아와 마찬가지로 남미에서도 2000년대 초 이래로 '이중 불일치'를 비롯한 서구 의존적 금융 질서를 완화하고자 역내 채권시장 활성화를 추구했다. 배리 아이켄그린(Barry Eichengreen) 등은 아직 뉴 ABMI가 나오기 전인 2005년까지의 발전 상황을 다섯 영역으로 나누어 체계적인 비교, 분석을 시도했다(Eichengreen et al. 2006). 다섯 영역은 채권시장 활성화를 위한 금융 및 법률 시스템 정비(거래 안정성 제고, 규제의 투명화 등), 채권시장 효율성 증대를 위한 인프라 구축, 기관투자가 유치를 위한 인센티브 강화, 외국인 투자 유치 제고를 위한 방안, 마지막으로 지역 차원의 금융 협력 노력 등이다. 이중 마지막인 지역 차원의 금융 협력 노력을 제외하면 나머지 네 개의 영역은 국가별 정책을 분석했다.

아이켄그린 등은 비교, 분석을 통해 대비되는 지역별 패턴을 포착해 내고 지역별 특징을 개념화했다. 동아시아의 경우 '중앙집권적'(centralized) 성격을 띠며 남미는 '분산적'(decentralized)인 성격이 강하다. 여기서 '중앙집권적'과 '분산적'이란 개념은 지역 차원에서 채권시장 활성화에 대한 역내 금융정책 공조의 정도를 가리킨다. '중앙집권적'인 동아시아는 국가별 채권시장 활성화 정책을 넘어 규모의 경제에서 오는 이득을 가져다줄 통합된 지역 채권시장의 형성과 발전을 추구했다고 평가되었다. 전술한 ABMI의 지속적인 제도화와 아울러 동아시아 각국은 채권시장 활성화를 위한 금융 및 법률 시스템 정비와 채권시장 인프라 구축에 상당한 진전을 이루어 내었는데, 이와 같은 개별 국가의 노력도 지역 차원의 ABMI라는 큰 틀에서 조화를 이루며 발전해 왔다(Eichengreen et al. 2006, 33-37).

반면에, '분산적'인 남미는 지역 차원의 이니셔티브는 담론에 머무르면서 실제로는 개별 국가의 채권시장 육성에 주안점을 두는 모습을 보였다. 남미의 각 국가는 남미 채권시장 비활성화가 소규모인 남미 채권시장의 크기에 있다는 것에 인식을 함께 하면서도, 지역 차원의 역내 채권시장을 발전시키기보다는 국가별 채권 거래의 안정성 제고와, 규제의 투명화를 통해 국내 채권시장의 효율성을 높이는 방향으로 발전해 왔다(Eichengreen et al. 2006, 33). 바꾸어 말하면, 국내 채권시장 활성화를 통해 외국인 투자 유치를 촉진해 왔으며 국내 기업이 국제 채권시장에 접근할 때의 용이성을 높이는 데 주력했다. 동아시아의 ABMI와 같은 지역 차원의 채권시장 제도화

모습은 크게 찾아볼 수 없는 수준이라고 할 수 있다.

남미와의 비교, 분석을 통해 나타난 ABMI의 제도적 발전에 대한 평가 및 함의는 다음과 같다. 우선, 지역 차원에서 제도화된 채권시장 활성화는 결코 그냥 주어지지 않는다는 점이다. 서구 의존적 금융 질서의 완화를 목표로 동아시아와 남미 두 지역 모두 역내 채권시장 활성화를 위해 정책 공조를 취했지만 그 결과는 다른 형태로 나타났다. 지역 채권시장 육성과 발전은 역내 국가들의 상당한 정책적 의지가 수반되어야 가능하다는 것을 방증한다고 할 수 있다.

관련해서, 경쟁력 있는 지역 채권시장의 육성은 장기적인 역내 국가의 정책적 공조 없이는 불가능하며 장기적인 정책 공조는 때때로 단기적인 경제 이득의 희생을 요구한다. 규모의 확대에 따른 이익이 점증하는 (increasing return to scale) 채권시장의 특성상 경쟁력이 있고 효율적인 지역 채권시장을 육성하기 위해서는 장기간에 걸친 채권시장 인프라 구축이 필수적이다. 동아시아의 경우 전술한 CGIF, RIS, 역내 채권시장 표준화 방안 등이 이에 해당하며 다년간에 걸친 수많은 회의를 통해 구축된다는 점에서 초기 비용이 적지 않다는 것을 알 수 있다. 또한, 동아시아의 경우 역내 채권시장의 활성화를 위해 기존의 은행 중심 국내 금융시장의 구조 조정 등이 필요하고, 국내 금융시장의 구조 조정 시 ABMI의 틀 속에서 공조 체제를 갖춘다는 점에서 지역 차원의 금융 협력에서 발생하는 거래 비용도 무시할 수 없다.

남미의 경우를 보면 지역 채권시장의 구축에 따른 거래 비용이 역내 채권시장 형성에 걸림돌로 작용할 수 있음을 보여 준다. 전술한 대로, 남미 각국은 지역 차원의 채권시장 형성에 큰 소득을 얻지 못하고 국가별 채권시장 활성화 전략을 택해 외국인 투자 유치에 일정 부분 성공을 거두었다.

아이켄그린 등에 따르면, 이는 남미 각국이 외국인 투자 유치를 통해 얻을 수 있는 단기적 경제 이득을 추구하는 것에서 비롯되었고, 결과적으로 외국인 투자 유치를 위해 서로 경쟁하게 되어 가시적인 지역 협력의 부재로 이어졌다(Eichengreen et al. 2006, 33-34). 단기적 경제 이득에 대한 편향이 중장기적으로 지역 차원의 채권시장 구축을 통해 얻어질 규모의 경제에서 오는 혜택의 실현을 어렵게 하고 있다.

따라서 여전히 많은 숙제를 안고 있지만 지난 10여 년에 걸쳐 발전해 온 ABMI는 비교적 가시적인 제도적 성과를 이루어 내었다고 볼 수 있다. 남미와의 비교, 분석이 주는 가장 큰 시사점은 지역 차원의 채권시장 육성을 위한 인프라 구축의 어려움이다. 그 필요성에도 불구하고 시스템 구축에 따른 높은 거래 비용, 지속적 지역 공조에 따른 단기적 경제 이득의 손실 가능성, 기존의 서구 중심의 국제금융 질서와의 경쟁으로 역내 채권시장 발전의 성공에 대한 불확실성[4] 등으로 인해, 지역 채권시장의 육성이 담론을 넘어 제도화되는 것은 참여국 간의 신뢰와 장기적인 정책 비전의 공유 없이는 사실상 불가능하다. 이런 어려움 속에서 ASEAN+3는 점진적이지만 중단 없이 ABMI을 추진했고 ABMI에 대한 평가는 국제금융 질서에서 동아시아가 처한 정치 및 경제적 맥락에서 이뤄져야 할 것으로 보인다. 또한 2008년 글로벌 금융 위기 이후 CGIF 등 ABMI에 관한 구체적인 제도화가 완결되거나 혹은 촉진되었다는 점에서, 글로벌 금융 위기가 ABMI

4_금융시장의 가장 큰 특징 중의 하나는 시장 선점 우위(First Mover Advantage)가 크다는 점이다. 이미 활성화된 금융시장은 각종 금융 서비스와 편의를 규모의 경제를 통해 낮은 비용으로 제공하게 되는데, 이에 따라 시장 참여자들은 새로 형성된 금융시장보다는 기존 시장에 더욱 의존하게 된다.

발전에 미친 영향도 더욱 심도 있게 다뤄져야 한다. 단편적인 분석보다는 비교적 시각에서 ABMI는 동아시아 금융 지역주의의 또 다른 축인 CMIM과 함께 깊게 연구되어야 할 것이다.

4. 나오는 말

본 논문은 동아시아 금융 위기 후 태동하여 발전하여 온 아시아 채권시장 육성 방안인 ABMI에 대해 살펴보았다. ABMI가 처음으로 논의된 지난 2002년 이후, 서구 주도의 글로벌 금융시장에 대한 동아시아 지역의 자율성을 높이기 위해 ABMI는 역내 채권시장 활성화의 방향으로 점진적이고 일관되게 발전하여 왔음을 보였다. ABMI의 궁극적 목표는 단기적 국가이익의 차원을 넘어 지역 차원의 동일한 금융 규범과 규제를 공유하는 역내 채권시장의 통합을 지향하고 있음을 경험적으로 논했다. 느리게까지 보이는 ABMI의 점진적 발전의 한 원인은 역내 금융시장 인프라의 부재와 함께, 동아시아 각국이 지역 차원의 ABMI의 큰 틀 속에서 서로 조율하며 국내 채권시장 활성화를 위한 금융 및 법률 시스템 정비와 채권시장 인프라 구축을 도모했기 때문임을 보였다. 역내 CGIF는 이미 출범했고, 현재 논의가 진행 중인 RIS와 역내 채권시장 표준화 방안이 확정되면 ABMI는 지역 차원의 채권시장 활성화를 위한 인프라 구축을 마무리짓게 된다.

ABMI 연구는 이제 초기 단계이다. 소수의 정치경제학자를 제외하면 ABMI에 관한 대부분의 연구는 일군의 경제학자들에 의해 주도되어 왔다. 경제학자들의 연구 방향은 아시아 채권시장 발전 평가 및 경제적인 효율성 측면에서 ABMI가 어떤 방향으로 가야 하는지에 초점을 맞추고 있다. 따라서 ABMI의 제도적 발전과 이에 관한 ASEAN+3간 정책 공조의 정치·경제는 상대적으로 연구가 미흡한 실정이다. 글로벌 차원에서 금융 질서에 변화를 가져올 수 있는 ABMI의 잠재성을 보았을 때 ABMI의 제도적 태동과 발전을 종합적이며 체계적으로 설명할 수 있는 정치·경제적 시각이 요구된다고 할 수 있다. 아래에 몇 가지 미래 연구 방향을 논하여 본다.

첫째, ABMI의 미래에 대한 비관적인 시각의 중심에는 은행 중심의 동아시아 국내 금융 구조가 있다(Hiwatari 2003, 331-359). 이와 관련해서 현재 가장 통합 수준이 높은 것으로 평가되는 유럽 채권시장의 형성, 발전과 비교 연구를 할 필요성이 있다. 유럽의 경우도(영국을 제외하고) 동아시아와 마찬가지로 1980년대 말까지만 해도 은행 중심의 금융 구조를 가지고 있었으며 1990년대 자본시장의 통합과 함께 유럽의 금융 구조가 은행 중심에서 시장 중심으로 이동하게 되었다(이동규 2006, 9-10). 유럽의 채권시장도 1999년 유로 출범 전까지 그 규모가 작았으며 따라서 대부분의 기업들이 은행을 통해 자금을 조달했고, 유럽 각국의 채권시장은 나라마다 규범과 규제가 달라 격리된 채 운영되었다. 유럽의 경험으로부터 두 가지 시사점을 얻을 수 있다. 하나는, 자본시장의 통합이 은행 중심의 금융 구조에 변화를 가져올 수 있다는 것이다. 다른 하나는, 공동 통화와 채권시장의 상관관계이다. 유로화의 출범이 유럽 채권시장의 통합과 발전에 크게 영향을 끼쳤던 점을 보았을 때, 동아시아 역내 단일 통화의 출현이 ABMI의 발전에 어떤 영향을 줄 것인가는 중요한 연구 주제라 할 수 있다(McNamara 1998; Dent 2008, 331-359). 동아시아 단일 통화의 출현이 가까운 시일 안에 이뤄질 수 없다고 보면 ABMI는 제도적 인프라 구축의 성공에도 불구하고 크게 발전하지 않을 것인가?

둘째, ABMI와 ABF(Asia Bond Fund, 아시아 채권 펀드)와의 관계이다. ABMI가 공급적 측면에서 동아시아 역내 채권시장 육성을 위한 수단 이라면 ABF는 EMEAP(Executives' Meeting of East Asia and Pacific Central Banks, 동아시아·태평양 중앙은행 및 통화당국자 회의) 회원 중앙은행들이 역내 통화 표시 채권의 직접적인 수요 진작을 위해 만들어진 기제이다. 2003년 ABF 1에 이어 2005년에 ABF 2가 진행 중인데 EMEAP 회원 중앙은행들이 외환 보유고의 일부를 투자 수단으로서 역내 통화 표시 채권의 매입을 선도하여 아시아 채권시장의 활성화를 기하고, 이를 통해 아시아 채권시장의 안착을 위한 민간투자를 유치한다는 것이 기본 골자이다(Grimes 2009). 역내 채권시장의 성패는 결국 민간투자의 활성화에 있다고 볼 때 ABMI와 ABF의 상호작용과 이를 뒷받침할 정부와 중앙은행들 간의 정책 공조도 주목해야 할 것이다. 이와 함께 채권시장의 활성화에는 효과적이며 적실한 역내 신용 평가 기준의 확립이 중요하므로 현재 진행 중인 역내 공통의 신용 평가 시스템 구축에 대한 논의도 참고하여야 한다(이창용 외 2005).

셋째, 변화하는 국제금융 질서에서의 ABMI에 대한 연구이다. 2008년 글로벌 금융 위기 이후 미국 주도의 국제금융 질서는 상당한 변화를 겪고 있다. 국제 기축통화로서 달러 위상의 하락과 함께 중국의 위안화 국제화 전략이 맞물려 있고 유럽은 유로화 출범 이후 최대의 금융 위기를 경험하고 있다(이용욱 2011, 108-136). 동아시아를 비롯한 남미, 아프리카, 중동에서도 글로벌리제이션의 부정적 영향을 최소화할 목적으로 지역 차원의 금융 및 통화 질서 구상이 활발하게 진행되고 있다. 성공적인 아시아 채권시장의 육성이 국제금융 질서의 변화와 다른 지역에서 일어나고 있는 일련의 역내 자본시장 통합과 발전에 직간접적으로 영향을 받을 수밖에 없다는 점에서 향후 ABMI의 제도적 발전은 국가 간의 권력관계를 비롯한 변화하는 국제금융 질서의 정치·경제의 틀 안에서 조망되어야 할 것이다(Gilson 2007, 145-163; Jones and Smith 2007, 165-186; Cohen 2011, 30-33).

결론적으로, ABMI를 비롯한 동아시아 금융 지역주의 연구는 이론적 공헌을 넘어서 경험적으로 국제정치 연구에 큰 함의를 갖는다. 유럽에서 시작한 지역주의는 이제 전 세계적 현상이 되었으며, 지역화 및 지역주의를 떠난 국제정치와 각 국가의 외교정책은 생각하기 힘들게 되었다. 이런 맥락에서 동아시아 금융 지역주의는 1990년대 후반에 시작하여 제도화와 협력의 수준을 높여 가고 있고, 향후 10여 년간 유럽 수준의 제도화를 이루어 낼지가 동아시아의 부상이라는 세계사적 맥락에서 중요한 연구 주제라 할 수 있다. 특히 2008년 글로벌 금융 위기 후 유럽에서 나타난 통합된 금융시장의 문제점들이 동아시아 금융 지역주의의 방향성에 어떠한 영향을 미칠 것인지도 주요 연구 대상이라고 할 수 있다. 따라서 ABMI를 포함하는 동아시아 금융 지역주의 연구는 높은 수준의 이론화와 경험적 데이터의 축적을 도모함으로써 과거와 현재를 설명할 수 있고 이를 통해 적실한 미래 국제금융 질서의 지형에 대한 예측도 시도해 볼 수 있는 기제라 할 수 있다.

제2부

동아시아 통화 협력

4장

동아시아 통화동맹 수립 가능성에 대한 비판적 고찰

최형규

Ⅰ. 서론

1997년 동아시아 금융 위기 발발과 99년 유로화 출범을 계기로 동아시아 통화동맹 설립의 필요성에 관한 논의가 본격적으로 재점화되었다.[1] 그 결과 비록 이에 대한 대중적 관심은 아직까지 크지 않지만, 학계를 넘어 동아시아 정부들도 이와 관련한 기초적인 검토에 착수했다. 특히 동아시아

• 본 원고는 저자가 해외 학술지 *The World Economy* 제32권 12호에 게재한 논문인 "A Political Economic Critique on the Theory of Optimum Currency Areas, and the Implications for East Asia"를 토대로 작성되었다.

1_동아시아 금융 위기 및 유로화의 출범이 동아시아 통화동맹 논의에 미친 영향에 대해서는 Eichengreen(2007) 참조. 일반적으로 통화동맹이라 함은 일군의 국가가 단일 화폐를 사용하고 공동의 중앙은행을 운영하는 제도를 지칭한다(Tavlas 2003, 1221).

역내 금융 협력 회의체의 핵심인 ASEAN 10개국과 한·중·일로 구성된 'ASEAN+3'의 회원국들은 2006년과 07년 산하의 '연구그룹'(Research Group)을 통해 예전 'EMS'(European Monetary System, 유럽통화제도)의 'ECU'(European Currency Unit, 유럽통화단위)와 유사한 역내 통화들로 구성된 바스켓 통화(basket currency)인 'RMU'(Regional Monetary Unit, 지역통화단위)의 설계와 운영에 관한 연구를 수행했다.[2] 향후 RMU 사용이 현실화되고 회원국들의 상호 환율이 이를 중심으로 고정될 경우 유럽의 경우와 유사하게 이는 동아시아 통화동맹 수립의 토대로 작용할 가능성이 있다.[3]

통화동맹 설립 가능성 여부에 관한 연구는 현재까지 경제학적 분석이 주를 이루고 있으며 이들 분석 대다수는 주로 통화동맹에 관한 대표적 경제학 이론인 'OCA(최적통화지역) 이론'에 기반하고 있다. OCA 이론은 특정 국가들의 집단이 통화동맹을 형성할 경우 예상되는 비용과 편익에 대한 경제학적 분석을 제공한다는 점에서 통화동맹 설립의 타당성 및 가능성 검토의 유용한 출발점이 될 수 있다. 그러나 다른 한편으로 이 이론은 통화동맹의 실제 수립을 적절히 설명하지 못한다는 약점을 내포하고 있다. 이 문제에 관해서는 OCA 이론보다 정치경제학 연구가 보다 설득력 있는 설명을 제시하고 있다.

본 연구는 동아시아 통화동맹 수립 가능성 여부를 분석한다. 이를 위해 우선 OCA 이론 및 통화동맹에 관한 정치경제학적 연구들을 체계적으로

2_ECU는 EC(유럽공동체) 회원국의 통화로 구성된 바스켓 통화로 EC의 회계 단위로 사용되었다. 한편 소위 'Asian Currency Unit'와 'Asian Monetary Unit' 등도 RMU와 동일한 개념으로 아시아 통화로 구성된 바스켓 통화를 지칭한다.

3_EMS와 유사한 제도가 동아시아에 도입·지속될 가능성 여부에 관한 연구는 Chey(2010) 참조.

검토한다. 그 후 이들 연구 결과를 동아시아에 적용하여 이 지역의 통화동맹 수립 가능성 여부를 조사한다. 분석 결과 동아시아 통화동맹 설립은 OCA 이론에 근거한 경제학적 분석에 의하면 가능성이 일정 수준 존재하나, 역내 국제정치 상황 및 주요국들의 국내 정치 상황이 실제 설립을 저해할 것으로 여겨진다.

II. OCA 이론

OCA 이론은 통화동맹 설립의 타당성 여부 분석에 가장 널리 사용되고 있는 경제학 이론이다. 이 이론은 최근 들어 통화동맹 수립에 보다 우호적인 결과를 제시하는 방향으로 발전하는 경향을 보이고 있다. 하지만 통화동맹의 실제 형성을 적절히 설명하지 못한다는 치명적인 문제가 있다.

1. 주요 내용

OCA 이론은 1960년대 고정환율제와 변동환율제의 상대적 장단점에 관한 논쟁 속에서 출현했다. 노벨 경제학상 수상자인 로버트 먼델(Robert Mundell)에 의해 처음 제시되었고, 그 후 로널드 매키넌(Ronald McKinnon)과 피터 케넨(Peter Kenen) 등에 의해 보다 발전되었다(Mundell 1961; McKinnon 1963;, Kenen 1969). 이 이론은 단일 통화가 사용되거나 복수의 통화가 사용되나 이들의 환율이 고정된 지역을 하나의 '통화 지역'(currency area)이라

규정하고, "단일 통화 지역의 적정한 범위는 얼마인가"라는 질문을 제시, 분석한다(Mundell 1961, 657). 이 질문은 모든 종류의 환율 제도가 비용과 편익 양자를 모두 수반함을 시사한다.

통화동맹 형성에 따른 편익은 주로 미시 경제적 영역에서 발생되는 반면 비용은 주로 거시 경제의 운영과 연관된다(De Grauwe 2003). 보다 구체적으로, 주요 편익으로는 자국 통화와 외국 통화 교환 시 발생하는 거래 비용 및 환율 변동 위험의 감소, 그리고 이로 인한 교역 증가, 해외투자 위험 하락, 해외직접투자 유입 증대 등을 들 수 있다. 반면 주요 비용으로 통화 정책 및 환율 정책의 자율성 상실, 그리고 이로 인한 통화동맹 회원국 내 비대칭적 충격의 발생 시 거시 경제의 불안 가능성 등이 있다(Mongelli 2002, 33-4).[4]

이런 통화동맹의 비용과 편익 분석에 이어 OCA 이론은 이들 비용과 편익의 증감에 영향을 미치는 요인들을 'OCA 조건'(OCA criteria)으로 제시한다. 그리고 바로 이런 OCA 조건들이 특정 국가 집단의 통화동맹 수립 타당성 및 가능성을 평가하는 척도가 된다. 전통적인 OCA 조건들은 가격 및 임금 유연성, 노동 및 여타 생산요소들의 이동성, 금융시장 통합도, 경제 개방성, 생산 및 소비의 다양성, 인플레이션 정도의 유사성, 재정 통합도, 충격의 유사성, 정치 통합도 등을 포함한다.[5] 이들 OCA 조건의 정도가 강할수록 통화동맹 형성의 타당성 및 가능성이 높은 것으로 분석된다.

4_통화동맹 형성에 의해 발생하는 주요 비용과 편익에 대한 보다 자세한 논의는 Mongelli (2002, 33-34) 참조.

5_OCA 조건에 관한 보다 구체적인 논의는 Ishiyama(1975); Mongelli(2002); Tavlas(1993); Willett et al.(2007) 등을 참조.

OCA 이론은 추가 연구들에 의해 계속적으로 발전되고 있는데, 특히 최근 들어 위에서 논의한 통화동맹 수립에 따른 비용과 편익의 전통적 분석이 수정될 필요가 있다는 주장이 제기되고 있다. 이들 주장의 주요 논리는 다음과 같다. 첫째, 자본 이동이 자유로운 상황에서는 환율 변동이 대외 불균형을 조정하는 효율적인 기제로 작동하기 어려우며, 시장 교란적인 투기성 자본의 표적이 될 수 있다는 점에서 자유로운 환율 변동은 오히려 대규모 비대칭적 충격의 원인이 될 수 있다(Mundell 1973). 둘째, 통화주의(monetarism)에 의하면, 적극적인 통화정책은 장기적으로는 물가상승을 초래할 뿐 실물경제에는 아무런 영향을 미치지 못한다는 점에서 정부가 통화정책을 통해 경제 안정을 도모할 수 있는 역량을 보유하지 않고 있다고 해석할 수 있다(De Grauwe 2006, 715). 마지막으로, 높은 인플레이션을 겪고 있는 국가의 경우는 통화동맹 가입을 통해 통화정책의 신뢰성 향상을 도모할 수 있다(Tavlas 1993, 673-677).[6] 이런 일련의 주장 모두는 전통적 분석에 비해 통화동맹 설립의 비용이 낮거나 편익이 높음을 시사한다.

OCA 이론과 관련하여 주목할 만한 또 하나의 최근 연구 경향은 제프리 프랑켈(Jeffrey A. Frankel)과 앤드류 로즈(Andrew K. Rose)에 의해 도입된 'OCA 내생성(endogeneity)' 이론이다(Frankel and rose 1998; 1997). 이 이론은 특정 국가 집단이 비록 통화동맹 형성 이전에 OCA 조건을 충족하지 않았더라도 통화동맹이 수립되고 나면 단일 통화 사용에 의해 이들 조

6_이에 관한 보다 구체적 논의는 De Grauwe(2006, 715); McKinnon(2004, 695) 등을 참조. Sandoholtz(1993)는 1980년대로 들어서면서 인플레이션 통제를 중시하는 방향으로 유럽 정책 결정자들의 경제사상이 변화했으며, 이는 유로화 도입을 가능하게 한 주요 요인들 중 하나였다고 주장한다.

건을 충족하게 된다고 주장한다. 이 이론은 특히 EMU(Economic and Monetary Union, 유럽통화동맹)가 출범되자 많은 관심을 받고 있다. 그러나 EMU를 대상으로 한 OCA 내생성 실증 분석은 유로화 도입의 영향과 EU(유럽연합) 형성에 따른 영향을 명백히 구분하기 어렵다는 문제를 안고 있다. 폴 드 그라위(Paul De Grauwe)의 지적처럼, EMU 사례를 통해 통화동맹의 내생성 효과를 적절히 평가하기 위해서는 보다 많은 시간이 필요할 것으로 보인다(De Grauwe 2006, 719).

2. 한계

이런 진보에도 불구하고 OCA 이론은 통화동맹의 실제 수립에 대한 설명력이 취약하다는 문제점이 있다. 일례로 EMU 설립을 결정한 마스트리히트 조약(Maastricht Treaty)이 1992년에 합의될 당시 대다수 경제학 연구는 유로화 지역이 OCA가 아니라고 평가했다.[7] 2000년대 중반에도 하버드 대학의 케네스 로고프(Kenneth Rogoff)는 "현재 유럽은 정치적으로는 OCA일지 모르겠으나 경제적으로는 확실히 OCA가 아닌 것으로 보인다"고 평했다(Rogoff 2005, 43). 런던정치경제대학의 찰스 굿하트(Charles Goodhart) 역시 "라이베리아와 파나마같이 달러화를 사용하는 소규모 국가들 중 얼마나 많은 수가 미국과 동일한 OCA에 포함될 수 있을까"라고 지적했다(Goodhart 1995). 이런 사례들은 OCA 조건 충족 여부가 통화동맹의 실제

7_Eichengreen(1990); Bayoumi and Eichengreen(1992); De Grauwe and Vanhaverbeke (1991); Neumann and von Hagen(1992) 등 참조.

형성에는 중요한 영향을 미치지 않음을 시사한다. 마찬가지로 OCA 이론은 기존 통화동맹의 지속 여부 역시 적절히 설명하지 못한다는 단점을 안고 있다(Cohen 1994; De Grauwe 2006, 720-721).

실제 통화동맹 수립 여부에 관한 OCA 이론의 취약한 설명력은, 한편으로 이 이론이 다양한 OCA 조건을 종합하는 분석 틀을 제시하지 못하고 있다는 점에서 그 원인을 찾을 수 있다. 다시 말해, OCA 조건 각각의 가중치에 대한 합의가 존재하지 않고, 그 결과 연구에 따라 상이한 OCA 조건을 적용하고 이에 기반을 두어 상이한 OCA 범위를 제시하는 경향이 있다. 더욱이 다수의 OCA 연구는 몇몇 소수의 OCA 조건만을 분석하고 이를 토대로 강한 결론을 도출한다는 문제점이 있다(Willett et al. 2007, 2).[8] 하지만 실제 통화동맹 설립에 대한 OCA 이론의 취약한 설명력은 이 이론이 통화동맹 형성에 영향을 미치는 정치적 요인들을 고려하지 않는다는 점에서 더 중요한 원인을 찾을 수 있다.

III. 통화동맹의 정치경제학

통화동맹 실제 설립 여부는 회원국들을 둘러싼 국제정치적 요인 및 회원국들의 국내 정치적 요인 양자 모두에 의해 영향을 받을 수 있다. 국제적 요인은 통화동맹 내에서 회원국들의 정책 영향력이 유지되는 정도, 역내

8_최근의 OCA 연구는 계량 분석의 용이성을 이유로 주로 충격의 패턴과 경기순환의 동조화 정도를 중심으로 OCA 조건 충족성 여부를 분석하는 경향을 보이고 있다.

리더십, 연계 정치(linkage politics), 역내 공동체 의식 등을 말하고, 국내적 요인은 통화동맹의 국내 분배 효과(distributional effect), 정치제도 등을 포함한다. 현실에서는 국제적 요인과 국내적 요인이 서로 상호작용하지만 분석의 편의를 위해 이들을 개별적으로 논의하도록 한다.

1. 국제정치적 요인

통화동맹이 설립되기 위해서는 회원국들 간의 협력이 필수적이고, 이는 이들 간의 정치 관계에 지대한 영향을 받는다. 따라서 국제정치 환경이 회원국들 간의 협력 증진에 우호적일수록 통화동맹이 설립, 지속될 가능성이 상승한다.

(1) 회원국의 정책 영향력 유지

우선, 통화동맹 회원국 다수가 통화정책에 대한 영향력을 유지할 경우 통화동맹의 설립 및 지속 가능성이 높을 것으로 예상된다. 왜냐하면 통화동맹의 통화정책 운영 과정에서 회원국이 자국의 이해를 반영할 수 있는 여지가 있을 경우, 통화동맹 설립은 통화 주권의 상실보다는 통화 주권의 공동 운영을 의미하며, 따라서 통화동맹 참가에 따른 비용이 하락하기 때문이다. 물론 통화동맹 설립 이전 시기에 역내 통화 시스템에서 지배적 영향력을 발휘하던 국가가 있을 경우, 통화동맹이 수립되기 위해서는 이 국가가 자국의 영향력 하락을 용인할 필요가 있다.[9]

EMU 설립은 이런 주장을 뒷받침하는 일례이다. 유로화 도입 이전에 운영되었던 EMS는 이 제도 수립 당시의 예상과는 달리 독일 마르크화가 역내 기축통화 역할을 수행하는 제도로 변화되어 운영되었다. 그 결과 독일의 통화정책에 맞추어 여타 회원국들이 자국의 통화정책을 조정해야 하는 상황이 되었고, 이는 이들 국가의 통화 주권을 심각히 훼손했다.[10] 이런 EMS하의 통화 주권의 비대칭성은 독일과 여타 회원국들과의, 특히 프랑스와의 갈등을 야기했고, 이들 국가의 통화 주권 회복 의지는 EMU의 설립을 설명하는 주요한 요인들 중 하나였다(De Grauwe 1993, 655-56; Sandholtz 1993, 27-30).[11]

회원국들의 정책 영향력이 유지될 경우 통화동맹 수립이 보다 용이하다는 주장을 뒷받침하는 또 다른 사례는 북미 통화동맹의 부재에서 찾아볼 수 있다. 북미 통화동맹 수립의 타당성 여부는 캐나다에서 자주 논의되어 왔다. 하지만 미국은 캐나다와 통화정책을 공유할 의향을 전혀 갖고 있지 않다. 따라서 현재로서 미국과 캐나다 간 통화동맹이 수립되기 위해서는 캐나다가 미 달러화를 일방적으로 사용하는 수밖에 없다. 그러나 이는 캐나다 통화 주권의 완전한 상실을 의미하기 때문에 캐나다의 입장에서 수용 가능한 방안이 되지 못하고 있다(Helleiner 2004, 31-33).

9_이런 국가의 통화동맹 참가는 연계 정치를 통해 가능할 수 있다. 이 문제는 잠시 후 더 구체적으로 논의될 것이다.

10_EMS 설계 당시의 목표는 중심 통화가 존재하지 않고 회원국들이 동일한 정책 조정 부담을 지는 제도를 수립하는 것이었다. Wyplosz(2001, 141)의 지적처럼, 만일 EMS가 애초 마르크화를 중심으로 운영되는 비대칭적 통화제도로 설계되었다면 아마도 여타 회원국들의 반대로 이 제도의 수립 자체가 불가능했을 것이다.

11_모든 EMU 회원국들은 ECB(유럽중앙은행)에서 공식적으로 동등한 영향력을 행사한다.

(2) 역내 리더십

역사적으로 존재했던 여섯 개의 통화동맹에 관한 연구를 통해 벤자민 코헨(Benjamin J.Cohen)은 역내에 통화동맹을 지지하는 리더 국가가 존재할 경우 통화동맹이 지속될 가능성이 높다고 주장한다(Cohen 1994).[12] 통화동맹은 회원국들의 정책 자율성을 제약한다는 점에서 회원국들의 통화동맹 참가를 지속시키기 위해서는 자율적 국내 정책을 운영하고자 하는 유인을 상쇄할 수 있는 보다 큰 유인이 이들에게 제공될 필요가 있으며, 통화동맹을 지지하는 역내 리더 국가가 이런 유인을 제공할 수 있다는 논리이다. 마찬가지로 통화동맹 수립 과정에 있어서도 강한 리더십을 발휘하는 국가의 존재는 회원국들의 상이한 이해관계를 중재하고 이들의 결속을 강화하며 이들에게 필요한 지원을 제공함으로써 통화동맹 수립에 긍정적으로 작용할 수 있다. 대다수의 성공적인 고정환율제도 사례의 경우에서도 리더십을 발휘하는 국가의 존재가 성공의 중요한 요인으로 작용했던 것으로 조사된다(Broz and Frieden 2001, 339).

찰스 위폴로즈(Charles Wyplosz)의 지적처럼, 이런 리더십이 성공적이기 위해서는 리더십이 여타 회원국들로부터 위협적이라고 인식되어서는 안 된다(Wyplosz 2001). 실제로 2차 세계대전 이후 독일은 EC(European Community, 유럽공동체)의 일원이라는 맥락하에서만 자국의 영향력 강화를 도모했고, 이는 EMU 수립 과정에서 독일의 영향력 확대에 대한 여타 회원국들의 우려를 불식시켰다. 또한 다수의 EU 정책이 독일과 프랑스 양국의 공동 리더십에 의해 추진되고 있으나, 때때로 발생하는 이들 양국 간의 갈

12_Cohen(1994)은 강한 역내 공동체 의식 역시 통화동맹 지속에 긍정적인 영향을 미친다고 주장한다. 이는 잠시 후 다시 논의될 것이다.

등 및 EU 기구들의 존재는 이들 양국이 여타 회원국들을 강제할 수 있는 능력을 제약한다(Wyplosz 2001, 141-142).

(3) 연계 정치

통화동맹 수립을 위한 회원국들 간의 협력은 연계 정치를 통해 강화될 수 있다. 연계 정치란 특정 정책 영역에서 타국의 양보를 받는 대가로 다른 정책 영역에서는 타국에게 양보를 제공하는 것을 지칭한다. 이런 연계 정치가 작동될 경우 비록 일국이 통화동맹 수립 자체를 개별적으로 고려할 때는 이를 선호하지 않을지라도 다른 정책 목표 달성을 위해 통화동맹에 참가할 가능성이 열릴 수 있다. 물론 이 경우 다른 정책 목표 달성에서 발생하는 편익이 통화동맹 참가에 따른 비용을 상회해야 할 것이다(Eichengreen and Frieden 1994, 11). 따라서 역내 국가들 간에 협력이 필요한 영역이 다수 존재할 경우 통화동맹 형성이 보다 용이할 수 있다. 또한 역내 기구가 발달된 지역일수록 역내 국가 간 협력이 용이하다는 점에서 연계 정치가 작동할 여지가 클 것으로 판단된다.

일례로 독일의 EMU 참가는 연계 정치로 설명될 수 있다. 독일의 마르크화가 실질적인 기축통화로 기능한 EMS하에서 독일은 유럽의 통화정책에 지대한 영향력을 행사했다. 그러나 사실 EMU 수립 시에는 EMU의 통화정책이 회원국 모두의 이해를 대변할 것으로 예상되었기 때문에 EMU가 설립될 경우 유럽의 통화정책에 대한 독일의 영향력이 크게 하락할 것이란 인식이 만연했다(De Grauwe 1993, 655). 따라서 순수한 통화 문제로만 접근할 경우 독일이 EMU 설립을 지지한 동기를 이해하기 어렵다. 하지만 독일은 유럽의 여타국과 자국의 결속을 강화하고자 하는 중요한 대외 정책 목표를 지니고 있었고 이를 위한 주요 수단으로 EMU를 이용했다. 결국,

EMU 수립에 대한 독일의 지지는 독일의 유럽 통합에 대한 지지의 맥락에서 설명될 수 있다(Sandholtz 1993, 31-34).

(4) 역내 공동체 의식

또한 역내 공동체 의식이 발달된 지역일수록 자국으로부터 역내 기구로의 정책 권한 이양에 대한 반감이 낮을 것이고, 따라서 통화동맹 형성이 보다 용이할 수 있다. 공식적, 비공식적 역내 기구 및 제도의 발달은 역내국 간 신뢰 증진, 이를 통한 역내 공동체 의식 강화를 유발함으로써 통화동맹 수립에 긍정적으로 작용할 것으로 예상된다. 이와 반대로 자국의 독자성 중시는 통화동맹 형성을 저해할 것으로 판단된다.

2003년에 실시된 EMU 참가 지지 여부를 묻는 스웨덴의 국민투표 결과는 이런 주장을 뒷받침한다. 이 선거에서 EU가 스웨덴의 민주주의를 저해할 것으로 인식한 유권자와 스웨덴의 주권이 매우 중요하다고 인식한 유권자는 유로화 도입에 반대한 반면 유럽의 정치 통합 강화에 우호적인 유권자는 유로화 도입에 찬성했다(Jonung and Vlachos 2007; Jupille and Leblang 2007).[13] 코헨 역시 장기간 성공적으로 운영된 통화동맹의 경우 역내 공동체 의식이 성공적 통화동맹 운영에 중요한 역할을 했음을 지적한다.

13_이상의 스웨덴 국민투표 당시 유로화에 대한 일반 국민의 인식은 주로 전통적인 OCA 이론에 기반을 둔 것으로 분석된다(Jonung and Vlachos 2007, 60).

2. 국내 정치적 요인

국제정치 환경이 통화동맹 수립에 우호적이라 할지라도 회원국들 내에서 통화동맹에 대한 강한 국내적 지지가 없을 경우 통화동맹 형성은 실현되기 어려울 것이다. 따라서 회원국들의 국내 정치 상황은 통화동맹의 수립과 유지에 결정적 영향을 미칠 수 있다.

(1) 통화동맹의 국내 분배 효과

OCA 이론은 여타 대다수의 경제학 이론들처럼 정책 결정자들이 자국의 총합적인 후생 증진을 목표로 한다는 가정을 암묵적으로 채택하고 있으며 따라서 통화동맹의 국내 분배 효과(distributional effect)를 명시적으로 다루지 않고 있다.[14] 하지만 국가의 총합적 후생을 증가시키는 정책이라고 하더라도 다양한 국내 집단 개개의 입장에서는 최적의 정책이 아닐 수 있다. 실제로 상이한 환율 제도의 선택은 국내에 상이한 분배 효과를 발생시킨다. 그러므로 상이한 국내 집단들은 통화동맹이 자신들에게 미치는 비용과 편익을 고려하여 통화동맹에 대한 지지 또는 반대를 결정할 것으로 판단된다(Broz and Frieden 2001, 322-325).

통화동맹 형성에 따른 주요 편익과 비용인 환율 안정과 자율적 통화정책 상실의 상충 관계를 고려하면, 통화동맹에 대한 국내 집단들의 선호를 다음과 같이 유추할 수 있다.[15] 우선, 경제활동이 국내에만 한정되어 있는

14_Jonung and Vlachos(2007); Willett(2003) 등과 같은 최근의 몇몇 연구는 OCA 이론과 통화동맹의 국내 분배 효과를 연결하려는 시도를 하고 있다.

15_앞서 논의한 바와 같이, 통화동맹 참가를 통해 통화정책의 신뢰성을 높일 수 있다는 점에

집단의 경우는 환율 안정보다는 정부의 국내 경기 조절 능력을, 즉 자율적인 통화정책을 보다 선호할 것이다. 이런 집단은 수입품과 경쟁적인 제품을 생산하는 부문 및 서비스, 건설, 운송 등과 같은 비교역재 부문을 포함한다. 반면, 수출품 생산업체, 해외투자자, 국제무역 종사자 등과 같이 국제 교역 및 투자에 종사하는 집단의 이해는 환율 변동에 많은 영향을 받는다는 점에서 이들 집단은 자율적 통화정책보다 환율 안정을 더 선호할 것으로 여겨진다. 특히 생산과 판매를 해외시장으로 쉽게 이전할 수 있는 집단일 경우 국내 경제 상황보다는 환율 안정을 중시할 것이다. 요약하면, 다른 모든 조건이 동일할 경우, 국내시장 중심의 생산자 집단은 자율적 통화정책을, 국제시장 중심의 생산자 집단은 환율 안정을 선호할 것으로 예측된다(Frieden 1991; 1994; 2007).

사실 국내 집단의 정치적 영향력이 국내 정치제도에 영향을 받는다는 점에서 환율 제도의 국내 분배 효과에 관한 연구가 환율 제도의 실제 선택을 직접적으로 설명하기에는 한계가 있다. 하지만 이런 문제에도 불구하고 국내 분배 효과에 대한 분석은 상이한 환율 제도에 대한 다양한 국내 집단의 선호에 대해 명확한 예측을 제시한다는 장점이 있다. 더욱이 유로화 도입을 분석한 여러 연구들은 유로화 도입의 국내 분배 효과가 이런 정책 결정에 중요한 영향을 미쳤다는 연구 결과를 제시하고 있다.[16]

서 환율 안정과 자율적인 통화정책의 상충 관계는 자국 통화정책의 신뢰성 정도에 따라 국가별로 상이하다.

16_Banducci et al.(2003); Gabel(2000); Gabel and Hix(2005); Jonung and Vlachos (2007); Jupille and Leblang(2007); Kaltenthaler and Anderson(2001) 등 참조.

(2) 국내 정치제도

위에서 언급한 바와 같이 국내 정치제도는 정치인의 선호 체계에 영향을 미침으로써 환율 제도 결정에 중요한 역할을 할 수 있다. 사실 아직까지 통화동맹 수립 과정에 정치제도가 미친 영향을 분석한 연구는 드문 편이다. 하지만 정치제도와 환율 제도 선택의 관계를 분석한 연구 결과를 통화동맹 수립 분석에 적용할 수 있다.

윌리엄 번하드(William Bernhard)와 데이비드 르블랑(David Leblang)이 이런 연구의 대표적 학자로서, 정치인들의 가장 중요한 목적은 당선이라는 가정하에 환율 제도 결정이 선거제도와 입법 제도에 영향을 받는다고 주장한다(Bernhard and Leblang 1999). 구체적으로 살펴보면, 다수대표제(majoritarian system)는 정책 결정 과정에서 야당의 영향력이 제한된다는 점에서 선거 패배의 비용이 높다. 따라서 여당 정치인들은 선거 전 지지 확보를 위해 통화정책을 사용할 수 있는 권한을 유지하려는 유인을 강하게 갖고 있으며 그 결과 변동환율제를 선호한다. 이와는 대조적으로, 비례대표제(proportional representation system)하에서는 야당이라 하더라도 정책 결정 과정에 상대적으로 강한 영향력을 행사할 수 있다. 즉, 선거 결과가 정당들의 정치적 영향력에 절대적인 결과를 초래하지 않는다. 그러므로 고정환율제 도입에 따른 정책 자율성 손실에 대한 반대가 다수대표제에 비해 덜할 수 있다. 더욱이 비례대표제하에서는 연립정부가 형성되는 경향이 강한데, 이 경우 고정환율제 채택은 경제정책에 대해 다양한 견해를 가지고 있는 연립정부 참여 정당들에게 포컬 포인트(focal point)를 제공함으로써 이들 정당의 협력을 용이하게 할 수도 있다는 장점이 있다.[17]

IV. 동아시아 통화동맹 수립 가능성 검토

이제부터는 OCA 이론 및 통화동맹에 관한 정치경제학적 연구 결과를 동아시아에 적용하여 이 지역의 통화동맹 수립 가능성 여부를 분석한다.

1. OCA 분석

많은 연구가 OCA 이론을 적용하여 동아시아 통화동맹 수립 가능성을 조사했다. 와타나베 신고(Watanabe Shingo)와 오구라 마사노부(Ogura Masanobu)는 이런 연구들 중 최근 14편의 연구 결과를 체계적으로 검토했다(Watanabe and Ogura 2006).[18] 이에 의하면 조사된 연구들 중 두 편을 제외한 모든 연구들이 동아시아 통화동맹 수립에 긍정적인 견해를 제시한 것으로 나타났다. 보다 구체적으로, 우리나라를 포함한 13편의 연구 중 10편이, 일본을 포함한 12편의 연구 중 8편이, 그리고 중국을 포함한 11편의 연구 중 5편이 동아시아에서 OCA가 성립한다고 평가했다.

그러나 이상의 연구 결과를 자세히 살펴보면 동아시아의 OCA 충족성

17_정치제도가 환율 제도에 미치는 영향을 분석한 여타 연구들은 선거의 시점(Bernhard and Leblang 1999), 정치제도 내에서의 거부권 행사자(veto player)의 수(Hallerberg 2002), 정치제도의 투명성(Broz 2002) 등이 환율 제도 선정에 영향을 미친다는 연구 결과를 발표했다.

18_이상의 14편의 연구는 Baek and Song(2002); Bayoumi et al.(2000); Chow and Kim(2003); Girardin(2004); Huang and Guo(2006); Kawai and Motonishi(2004); Kwack(2004); Lee et al.(2003); Loayza et al.(2001); Ogawa and Kawasaki(2006); Sánchez(2005); Tang(2006); Yuen(2001); Zhang et al.(2004) 등이다.

여부가 불명확해진다. 우선, 비록 이들 연구가 동아시아 국가들 중 특정 국가들로 이뤄진 조합이 OCA를 충족한다는 연구 결과를 제시하나, 동아시아 국가들 전체가 OCA를 충족한다는 연구 결과는 제시되지 못했다. 또한 토마스 윌레트(Thomas D. Willett)가 지적했듯이, OCA를 충족하는 국가군의 구성이 연구에 따라 매우 상이하게 나타났다(Willett et al. 2007, 4). 이런 두 가지 사실은 동아시아 통화동맹의 설립 가능성이 크지 않음을 시사한다고 해석될 수 있지만, 또한 꼭 그렇지만은 않을 수도 있다. 앞서 지적했듯이 많은 연구들이 유로화 지역도 OCA가 아니라는 결과를 제시하고 있다. 따라서 동아시아의 OCA 충족 여부를 분석한 이상의 연구 결과는 동아시아 통화동맹 수립 가능성에 대한 낙관적 견해와 비관적 견해 양자 모두를 지지하는 것으로 해석될 수 있다.

결국 이런 상황에서는 통화동맹 수립에 관한 역내 국가들의 의지 및 역량 보유 여부가 통화동맹 실제 형성의 결정적인 변수로 작용하게 될 것이다. 그리고 바로 이 지점에서 정치적 요인의 중요성이 부각된다.

2. 정치경제학적 분석

동아시아 통화동맹 수립 가능성 여부에 관한 정교한 정치경제학적 연구는 이 지역에 관한 매우 심도 있는 조사를 필요로 한다. 그러나 그런 분석은 본 연구의 범위를 상회하며, 본 연구는 앞서 검토한 통화동맹에 관한 정치경제학 연구의 주요 결과를 동아시아에 적용하여 기초적인 분석을 제시하고자 한다.

(1) 역내 국제정치 상황

현재 동아시아의 국제정치 상황은 통화동맹 형성에 우호적이지 않은 것으로 판단된다. 첫째, 역내 두 강대국인 일본과 중국이 주변국들로부터 수용될 수 있는 방식으로 강하게 리더십을 발휘할 가능성이 크지 않다. 여전히 일본은 동아시아 국가들로부터 과거 식민 지배 문제 해결에 소극적이라는 비난을 받고 있다. 중국의 경우, 중국의 성장을 위협으로 인식하는 경향이 주변국들에게 아직도 강하게 남아 있다. 만일 이들 양국이 협력을 통해 공동 리더십을 행사한다면 일국의 패권적 지위에 대한 우려가 완화됨으로써 통화동맹 수립에 긍정적으로 작용할 가능성이 있다. 실제로 CMI 및 CMIM과 관련하여 일본과 중국은 상호 협력하고 있으며 이는 최근 들어 그런 가능성이 다소 상승했음을 보여 준다(Chey 2009). 하지만 RMU에 대한 이들 양국의 태도는 그런 양국의 협력이 보다 고차원적인 통화 협력으로 확장될 가능성이 그리 크지 않음을 시사한다. RMU에 대한 이들 양국의 정책에 대해서는 잠시 후 보다 구체적으로 다시 논의하도록 하겠다.

둘째, 동아시아의 역내 공동체 의식 역시 동아시아 금융 위기 경험에도 불구하고 일반 대중들 사이에서는 그리 높지 않은 것으로 나타난다. 일례로 2011년 일본 정부의 여론조사에 의하면 일본인 응답자의 70% 이상이 중국에 대해 친밀감을 느끼지 않는다고 응답했다. 중국에 대한 일본인의 이런 비호감은 특히 2000년대 중반부터 급격한 상승 추이를 보이고 있다. 또한 같은 여론조사에 따르면 일본인 응답자의 단지 절반 정도만이 동남아시아 국가들에 대해 친밀감을 표명했다.[19] 한편, 2008년 퓨 리서치 센터

19_이 여론조사 결과는 일본 정부의 내각부 웹사이트(http://www.cao.go.jp/index.html)에서 입수 가능하다.

(Pew Research Center)의 여론조사에 따르면 중국인 응답자 역시 70% 정도가 일본에 대해 비우호적인 견해를 보유하고 있는 것으로 조사되었다 (Pew Research Center 2008). 이런 여론조사 결과는 1990년대 초반 응답자의 약 70% 이상이 유럽 통합에 대한 지지를 표명했던 EU의 여론조사 결과와 극명한 대비를 이룬다(EC 1992).[20]

셋째, 일본과 중국이 여타 역내국들의 영향력을 상당 부분 보장하는 형태의 통화동맹에 참가할 가능성도 그리 높아 보이지 않는다. 이는 RMU와 관련한 이들 양국의 정책을 토대로 유추해 볼 수 있다. 우선 일본의 경우는 2006년 ASEAN+3 연구그룹 연구를 통해 엔화의 비중이 증가하는 방식으로 RMU 통화 바스켓을 구성하는 방안을 제시했다(IIMA 2007). RMU가 엔화의 비중이 높게 구성, 사용될 경우 엔화가 역내 기축통화로 발전할 가능성이 있다는 점에서 이런 방안은 일본이 엔화 중심의 역내 통화동맹을 수립하고자 하는 의도를 보유하고 있는 것으로 해석될 수 있다. 한편, 중국의 경우는 시간이 경과하면 위안화가 자연스럽게 역내 기축통화로 발전할 것이라고 기대하며 RMU 논의에 유보적인 태도를 보이고 있다. 더욱이 최근 글로벌 금융 위기 이후 중국 정부는 다양한 정책을 통해 동아시아를 중심으로 위안화 국제화를 적극적으로 추진하고 있다(Chey 2012a; 2012b). 이를 비추어 볼 때 중국은 동아시아에 위안화 통화권 수립을 추진할 것으로 판단되며, 따라서 중국이 주변국들과 통화 주권을 공유하는 형태의 통화동맹을 지지할 가능성은 매우 낮아 보인다.[21]

20_다수의 학자들은 동아시아 통화동맹이 결성되기 위해서는 역내 정치 통합에 대한 역내국들의 지지가 필요하다고 지적한다. 그러나 현재 동아시아 지역에서는 역내 정치 통합에 대한 지지가 거의 전무하다(Eichengreen 2007).

넷째, 연계 정치가 작동할 경우 일본과 중국에 의한 공동 리더십 발휘나 다수의 역내 국가들을 포함하는 전반적인 협력이 보다 용이할 수 있으나, 현재 동아시아에는 통화동맹 수립과 연계하여 국제 협상의 대상이 될 수 있을 정도로 중요한 역내 의제가 드물다.[22] 더욱이 이 지역에서는 역내 기구 및 제도의 발전이 여전히 미숙한 상황이며 이는 연계 정치가 발현될 수 있는 여지를 제약한다.

마지막으로, 동아시아 통화동맹에 대한 미국의 입장이 이의 설립에 매우 중요한 영향을 미칠 수 있음을 간과해서는 안 된다. 미국은 전통적으로 엔화 통화권 형성 등 동아시아 지역주의 강화에 반대하는 정책을 취하고 있다. 일례로 아시아 금융 위기 당시 일본의 AMF(아시아통화기금) 수립 제안에 대해, 미국은 이를 달러화 패권에 대한 도전으로 인식하고 이 제안을 좌초시키는 데 결정적인 역할을 했다(Chey 2009). 최근 들어 동아시아 통화 협력에 대해 미국은 다소 유보적인 입장을 취하고 있는 것으로 보인다(Chey 2009). 하지만 동아시아 통화동맹 수립은 동아시아 국가들의 달러화 자산 구입의 감소를 초래할 가능성이 있고, 이 경우 국제통화 체제에서 달러화의 패권적 지위가 심각하게 위협받을 수 있다. 따라서 동아시아 통화동맹 수립 논의가 본격화된다면, 미국이 이를 저지하려고 시도할 가능성이

21_일본과 중국이 CMI 및 CMIM 발전을 지지하는 배경에는 양국 모두 이를 통해 각각 엔화 및 위안화의 역내 영향력 강화를 도모하려는 의도를 내포하고 있는 것으로 보인다(Chey 2009; IWEP 2007). 한편 Glick(2005) 등은 역내 기축통화의 존재가 동아시아 통화동맹 형성에 유리할 수 있다고 주장한다. 하지만 이런 주장은 경제적 관점에서는 타당할 수 있으나 정치적 관점에서는 이상에서의 분석에 비추어 볼 때 그 타당성이 높지 않다.

22_아시아 금융 위기 이후 동아시아 지역주의에 관한 연구는 Bowles(2002); Dieter and Higgott(2003); Hamilton-Hart(2003); Hund(2003); McDougall(2002); Pascha(2007) 등 참조.

클 것으로 여겨진다.[23]

(2) 국내 정치 상황

역내 두 강대국인 일본과 중국의 국내 정치 상황 역시 동아시아 통화동맹 형성에 그다지 우호적이지 않을 것으로 보인다. 일본의 경우 GDP(국내총생산)에서 수출입을 합산한 역내(ASEAN+3 국가와 홍콩 포함) 교역이 차지하는 비중이 12% 정도(2010년 기준)에 불과하다. 이런 상황에서는 역내 주변국들에 대한 환율 안정보다는 자율적인 통화정책에 대한 국내 지지가 더 높을 것으로 판단된다. 국내 정치제도적 측면에서, 일본은 다수대표제와 비례대표제를 혼합한 형태의 선거제도를 채택하고 있어 선거제도가 환율정책에 미치는 영향은 불명확하다. 그러나 일본이 심각한 국내적 반발 없이 장기간 변동환율제를 유지하고 있다는 점에서 통화동맹에 대한 국내 지지가 높을 가능성은 크지 않을 것으로 여겨진다.

중국의 경우는 GDP 대비 역내 교역비가 17% 정도로(2010년 기준) 일본에 비해 다소 높기는 하나 이 역시 절대적 기준에서 그다지 높지 않다는 점에서 통화동맹에 대한 국내 지지가 강할 것으로 예상되지는 않는다. 한편 중국의 정치제도가 민주주의가 아니라는 점에서 선거제도나 입법 제도에 기반을 둔 정치제도적 분석을 적용하기는 어렵다. 하지만 사회주의 정치제도의 정당성을 유지하기 위해서는 고도의 경제성장을 이어 나갈 필요가 있다는 점에서, 중국 정부는 국내 경제 운영을 위한 주요 수단인 자율적 통화정책을 유지하고자 하는 강한 유인이 있을 것으로 판단된다.

23_미국이 동아시아 통화동맹을 수립하고자 하는 역내 국가들의 협력을 효과적으로 저지할 수 있는 역량을 보유하고 있는지 여부에 대해서는 보다 많은 연구가 필요하다.

결국, 일본과 중국 양국의 국내 정치 상황 모두 동아시아 통화동맹 수립을 위한 견고한 기반을 제공하지 못할 것으로 예상된다.

V. 결론

본 연구는 OCA 이론과 통화동맹에 관한 정치경제학 연구를 체계적으로 검토하고 이를 기반으로 동아시아 통화동맹 설립 가능 여부를 조사했다. OCA 이론은 통화동맹의 실제 설립에 대한 설명력이 취약하다는 한계를 가지고 있다. 그러나 바로 이 지점이, 정치경제학적 분석이 통화동맹 연구에 중요한 기여를 할 수 있는 지점이기도 하다. 이들 상이한 두 분야의 연구 결과를 동아시아에 적용해 본 결과, 비록 경제학적 관점, 즉 OCA 분석에 의하면 통화동맹 수립 가능성이 일정 부분 존재하나 역내 정치 상황이 통화동맹의 실제 수립을 저해할 것으로 예견된다.

5장

통화 통합의 정치적 동인

유럽의 경험과 동아시아에의 함의

배병인

1. 서론

1999년 EMU(European Monetary Union, 유럽통화동맹)의 공식적 출범은 유럽 통합의 역사에서 그 전례를 찾아볼 수 없을 만큼 가장 급진적인 형태의 정치적 결단이었다. 1991년의 마스트리히트 조약에 따라 EMU에 참여한 서유럽 국가들은 기존의 자국 통화를 유로(euro)화라는 새로운 통화로 대체하는 한편, 통화정책의 수립과 집행에 관한 모든 권한을 ECB(유럽중앙은행)에 위임했다. 이로써 유로존이라는 거대한 단일 통화권이 탄생하게 되었고, 적어도 유로존 국가들은 통화정책의 영역에서 완전한 통합을 달성하게 되었다.

• 이 글은 같은 제목으로 『한국과 국제정치』(2011년 27권 4호), pp. 93-120에 게재된 바 있다.

유로존의 등장은 동아시아를 비롯해 미주와 아프리카, 남미 등의 지역에서 통화 통합에 대한 관심과 논의를 촉발시키는 계기가 되었다. 이는 우선 유로존의 등장에 대한 대응으로서의 성격을 가지는 것이지만, 동시에 유럽의 모델이 기존에 전개되고 있던 지역 경제통합을 완성 내지는 심화시킬 방안으로 주목받게 되었다는 데 기인한다(Kenen and Meade 2008, 4). 유럽에서 통화 통합이 유럽 단일 시장(European single market)으로 상징되는 유럽의 완전한 경제적 통합을 완성하기 위한 방안으로 모색되기 시작했다는 점에서, 다양한 형태의 경제통합을 모색하고 있던 여타 지역에서 유럽과 같은 형태의 통화 통합을 통해 지역 경제통합이라는 목표를 달성하고자 하는 시도가 등장하게 된 것이다.

동아시아의 경우 주지하는 바와 같이 1990년대 이후 지역 경제협력의 지속적인 확대와 1997년 외환·금융 위기라는 특수한 경험을 배경으로 역내 포괄적인 금융·통화 협력 체제에 대한 논의가 본격화되기 시작했다. 특히 외환·금융 위기의 경험은, 달러화 중심의 국제통화 질서가 야기하는 부정적인 영향으로부터 동아시아 지역의 금융·통화 안정을 보장하기 위해서는 지역 차원의 협력 방안이 필요하다는 인식을 제고시키는 계기가 되었다. 이에 따라 2000년 5월 ASEAN+3 재무장관 회의에서는 역내 단기 유동성 지원을 목표로 기존의 ASEAN 국가들 사이의 쌍무적 스와프 협정을 확대 개편한 CMI(치앙마이 이니셔티브)를 채택했고, 2009년 5월 회의에서는 기존의 쌍무적 스와프 체제를 다자적 체제로 전환하기로 합의하기에 이르렀다.[1]

1_CMI를 중심으로 한 동아시아 금융·통화 협력의 발전 과정과 전망에 대해서는 김진영(2007)을 참조하라.

이런 상황 전개와 더불어, 유럽의 경험을 동아시아에 적용하여 동아시아 통화 통합의 가능성과 전망을 모색하는 다양한 논의가 제출되었다. 주로 경제학자들을 중심으로 전개되고 있는 이 논의들은 유럽의 경험과 OCA(최적통화지역) 이론에 입각하여 동아시아 지역이 통화 통합의 전제 조건을 충족하고 있는가에 대한 논의로부터 통화 통합의 발전 가능한 경로를 제시하는 단계로까지 발전을 거듭해 왔다.[2]

그런데 유럽의 경험을 준거로 동아시아 통화 통합의 가능성을 모색하고 있는 기존의 논의들은 그 성과와는 별개로 통화 통합 일반, 그리고 유럽 통화 통합이 갖는 정치적인 성격을 간과하고 있다는 문제점을 안고 있다. 통화 통합은 그 경제적 동인이나 효과와는 별개로 통화 주권의 제한 또는 이양을 포함하는 근본적으로 정치적인 선택의 문제이다. 따라서 통화 통합의 전망과 가능성을 논의하기 위해서는 그 경제적 동인이나 효과와는 구별되는 정치적 조건, 특히 통화 주권의 제약 또는 이양이라는 정치적 선택을 가능하게 하는 조건에 대한 분석이 필수적으로 요구되는 것이다. 이 글은 이런 인식을 바탕으로 유럽 통화 통합을 가능하게 했던 정치적 조건들을 규명하고 그로부터 동아시아 통화 통합에 대한 함의를 도출하는 것을 목적으로 한다.

유럽 통화 통합은 경제적 동인이나 조건의 성숙에 의해 추동된 과정이라기보다는 오히려 그에 역행하는 일련의 정치적 선택의 산물로서 이해할

2_동아시아 통화 통합에 대한 연구는 1980년대 엔 블록 형성 가능성에 대한 연구로 거슬러 올라간다. OCA 이론의 관점에서 동아시아와 유럽을 비교하고 있는 연구로는 Goto and Hamada(1994); Eichengreen and Bayoumi(1996) 등 참조. 동아시아 통화 통합의 가능성과 전망에 대한 국내 연구로는 김태준, 유재원(1999); 신광호, 왕윤종, 이종화(2002); 박성훈, 김홍종(2004) 참조.

수 있다. 1970년대 초반의 스네이크 체제(the Snake System)를 필두로 EMS(유럽 통화 체제), EMU로 이어지는 일련의 과정은 통화 협력 체제의 자연스러운 발전 과정이 아니라 국제 체제, 유럽, 회원국이라는 세 가지 수준에서 제기되는 정치·경제적 요인들의 상호작용의 결과로 나타나게 된 것이다. 유럽 통화 협력의 시작이 달러화 중심의 국제통화 질서에 대한 수정주의적(revisionist) 대응의 필요성과 CAP(Common Agricultural Policy, 공동농업정책)를 비롯한 유럽적 수준에서의 문제에 기인한 것이라면, EMS로부터 EMU로의 이행은 EMS의 비대칭성이라는 유럽적 수준에서의 문제와, 인플레이션 통제에 주안점을 두는 통화정책 기조를 지역 협력을 통해 공고화하려는 국내 정치적 동인이 결합된 결과였다.

이하에서는 이런 요인들이 유럽 통화 통합의 역사적 발전 과정에서 어떻게 작동했는지를 살펴보고 동아시아에 대한 함의를 도출하고자 한다. 우선 다음 절에서는 유럽 통화 통합의 정치적 결정 요인을 분석하기 위한 전제로서, 통화 협력에 대한 경제학적 설명에 대해 비판적 분석을 시도한다. 특히 통화 협력이 그 경제적 기대 효과와는 별개로 통화 주권을 둘러싼 제도 선택의 문제를 동반한다는 점에 주목하여, 이런 선택이 이뤄지는 조건을 적시하지 못하는 데 통화 통합의 경제 이론이 갖는 한계가 있다는 점을 밝힌다. 이를 바탕으로 3절과 4절은 유럽 통화 통합의 경험을 바탕으로 통화 협력의 제도적 형태를 결정하는 정치적 요인을 고찰한다. 3절은 1960년대 말 이후 EMS의 탄생에 이르기까지 유럽의 통화 협력을 추동했던 국제정치적 요인을 달러화 중심의 패권적 국제통화 질서가 야기한 효과에 주목하여 살펴본다. 4절은 EMS가 EMU로 발전하는 과정에서 작동했던 유럽적 차원과 개별 국가 차원의 정치적 요인들을 일별한다. 5절은 유럽의 경험을 기초로 동아시아에 대한 함의를 약술하면서 논의를 정리한다.

2. 통화 협력의 경제 이론

유럽 통화 통합의 역사는 상호 연관된 두 개의 질문을 제기한다. 두 질문 모두 통화 협력의 제도적 형태와 관련된 것으로서, 첫 번째 질문은 유럽 국가들이 초기 단계부터 고정환율제를 근간으로 통화 협력을 모색한 이유가 무엇인가에 대한 것이고, 두 번째 질문은 통화 협력 단계에서 통화 통합 단계로 이행하게 된 원인이 무엇인가에 대한 것이다. 유럽 통화 통합의 경험에서 이런 질문이 제기되는 것은, 통화 협력이 그것을 통해 기대되는 거시 경제적 목표를 달성하는 유일한 수단도 아니고 통화 협력의 다양한 형태들 사이에 구별 가능한 제도적 비교 우위가 존재하는 것도 아니라는 사실에 연유한다.

일반적으로 통화 협력은 환율 및 물가 안정과 경상수지 균형 등을 목표로 한 국가 간 협력 체제를 통칭하며, 그 구체적인 형태는 국가 간 정보교환과 상호 유동성 지원 등의 초보적 형태로부터, 고정환율제의 채택과 통화 주권의 완전한 포기를 전제하는 통화 연합(currency union)의 구성까지를 망라한다. 그런데 환율과 물가 안정, 그리고 그에 따른 경상수지 균형 등의 거시 경제적 목표는 국제적인 통화 협력을 통해서만 달성될 수 있는 것도 아니고, 고정환율제나 통화 연합과 같이 구속력 있는 제도적 형태를 반드시 요구하는 것도 아니다. 물가와 환율 안정 등의 목표는 소위 '중앙은행의 독립성'에 대한 문헌이 설파하는 바와 같이, 일국적 수준에서 가격 안정성(price stability)에 대한 보수적인 입장을 견지하는 중앙은행이 독립적으로 통화정책을 결정하도록 제도를 개편함으로써도 달성 가능하다(Barro and Gordon 1983; Rogoff 1985; Thompson 1981). 다른 한편, 고정환율제나 통화 연합은 환거래의 불확실성과 거래 비용을 감소시키고 일국적 수준에서 달성 불가능한 가격 안정성이라는 목표를 외국으로부터 수입할 수 있다는 장점이 있으나(Flood and Isard 1980; Giavazzi and Giovannini 1989), 대외 경쟁력 강화나 여타 거시 경제적 목적을 위해 통화정책을 활용할 수 있는 가능성, 즉 통화정책의 자율성을 포기해야 한다. 따라서 통화 협력의 구체적인 형태를 이해하기 위해서는 동일한 거시 경제적 목표 달성을 위해 일국적 수준을 넘어서는 국제적 수준에서의 협력을 추구하게 되는 이유와 통화정책의 자율성을 중심으로 한 제도 선택의 문제를 해결해야 되는 것이다.

통화 협력과 그 제도적 형태에 대한 논의는 통상 '시간의 불일치성 문제'(Time Inconsistency Problem)를 중심으로 한 신고전파 경제학의 논의와 OCA 이론(McKinnon 1962; Mundell 1961; Tavlas 1994)을 통해 발전해 왔다. 전자의 논의가 통화정책의 '자율성'과 '신뢰성' 사이의 '맞교환'(trade-off)이라는 문제 설정에 기초하여 고정환율제라는 특수한 통화 협력 체제를 구축하는 이유를 탐구하는 것이라면(Bernhard et al. 2002), 후자의 논의는 통화 연합의 출범과 작동을 가능하게 하는 경제적 조건에 초점을 맞추고 있다.

신고전파 경제학이 제시하는 시간의 불일치성 문제는 *t* 시점에서 고시된 정책 결정자의 장기적 정책 선호와 *t+s* 시점에서 정책 결정자가 추구하는 정책이 일치하지 않음으로써 발생하는 '정책 신뢰성'의 문제라 정의할 수 있다(Majone 2001, 106). 통화정책의 영역에서 이는 정책 결정자가 *t* 시점에서 물가 안정이라는 목표를 위해 통화 공급을 억제하는 보수적인 통화정책을 고시한다 하더라도 *t+s* 시점에 단기적인 경기 부양과 고용 증대를 위해 통화 공급을 확대하는 정책을 취할 가능성으로 나타난다. 이런 문제가 제기되는 것은 통화정책의 결정권을 가진 정부가 물가 안정과 고용 증대라는 두 가지 목표를 동시에 추구하기 때문이다(Barro and Gordon 1983).

물가 안정이라는 목표를 위해서는 긴축 재정과 통화 공급의 억제가 필수적이지만, 고용 증대를 위해서는 경기 부양을 위한 통화 공급의 팽창이 필수적으로 요구되는 것이다. 그런데 신고전파 경제학의 입장에서 이런 단기적인 통화팽창은, 사적 경제주체들의 이른바 '합리적 기대'(rational expectation)에 의해 그 효과가 상쇄됨으로써 고용 증대 없는 인플레이션이라는 부정적인 결과만을 낳게 된다.[3]

신고전파 경제학의 입장에서 이런 부정적인 효과가 발생하는 근본적인 이유는 통화정책에 대한 정부의 재량권이 시간의 불일치성 문제로 인해 물가 안정이라는 통화정책의 목표에 대한 신뢰성을 훼손하게 된다는 데에 있다. 따라서 통화정책의 신뢰성을 확보하기 위해서는 통화정책의 자율성을 제한하는 것이 필수적인데, 이로부터 통화정책의 자율성과 신뢰성 사이의 맞교환이라는 문제 설정이 도출된다. 즉 통화정책의 신뢰성을 회복하고 통화팽창 정책이 낳는 부정적인 효과를 방지하기 위해서는 통화정책의 자율성을 제한하는 것이 필수적으로 요구된다는 것이다. 이런 문제에 대한 신고전파 경제학의 해법은 일국적인 수준에서는 '중앙은행의 독립'으로, 국제적인 수준에서는 고정환율제의 채택으로 나타난다.

'중앙은행의 독립'에 관한 논의가 통화정책의 결정권을 독립적이고 보

3_'합리적 기대 이론'은 실업률과 인플레이션의 장기적 상쇄 효과를 가정한 소위 '필립스 곡선'(Phillips curve)에 대한 신고전파 경제학의 비판의 핵심을 차지한다. 필립스 곡선은 팽창적 통화정책이 인플레이션 증대라는 부정적인 효과와 실업률 저하라는 긍정적 효과를 동시에 창출하게 된다고 가정하고 있는 반면, 신고전파 경제학은 기업과 노동자 등 사적 경제주체들이 정부의 통화팽창에 대한 합리적 기대를 바탕으로 가격과 임금을 인상하게 되므로 결국 필립스 곡선이 가정하는 고용 증대 효과는 상쇄되는 반면 통화량 증가에 따른 인플레이션 효과만 남게 된다고 비판한다. 이에 대해서는 Friedman(1968)을 보라.

수적인 중앙은행에 위임함으로써 물가 안정이라는 통화정책의 장기적 목표에 대한 신뢰성을 증진시킬 수 있다는 논리라면(Thompson 1981; Rogoff 1985), 고정환율제에 대한 논의는 일국적 수준에서 달성 불가능한 통화정책의 신뢰성을 고정환율제를 통해 외국으로부터 수입할 수 있다는 논리이다. 이른바 '자승자박의 이점'(advantage of tying one's own hand)이란 고정환율제를 통해 통화정책의 자율성을 포기하는 대신 물가 안정을 기조로 하는 통화정책의 신뢰성을 확보할 수 있다는 논리에 바탕을 둔 것이다(Giavazzi and Pagano 1988; Milesi-Ferretti 1995).

통화정책의 신뢰성 문제와 관련하여 고정환율제와 같은 국제적 수준의 통화 협력이 보다 효율적인 수단으로 인식되기도 하는데, 그것은 환율의 통제가 물가 통제보다 정책적으로 용이하고 정부의 통화정책에 대한 유권자들의 평가를 가능하게 하는 가시적인 지표로 기능하기 때문이다. 고정환율제 아래에서 고시된 환율로부터의 이탈은 정부의 통화정책에 대한 유권자들의 부정적인 평가를 낳게 된다는 점에서 환율의 변동이 직접적으로 정치적인 문제로 인식될 수 있는 가능성을 열어 두게 된다. 이런 정치적 가시성은 일종의 '훈육 효과'(disciplinary effect)를 창출하여 물가 안정이라는 통화정책의 목표로부터 이탈하는 것을 더욱 어렵게 한다는 것이다(Herrendorf 1999; Mélitz 1988).

결국 신고전파 경제학의 입장에서 고정환율제라는 특수한 통화 협력 체제의 출현은 통화정책의 신뢰성 확보라는 목표를 위해 통화정책의 자율성을 포기하는 제도적 선택의 문제로 인식된다. 따라서 일국적 수준에서 통화정책의 신뢰성을 확보하기 어려운 국가들일수록 고정환율제라는 통화 협력의 특수한 형태를 모색할 가능성이 높아진다는 결론이 도출된다. 그런데, 신고전파 경제학의 모델은 고정환율제가 통화정책의 신뢰성 문제를 해결하기 위한 수단이라는 점을 지적하는 데 그칠 뿐, 개별 정부가 어떠한 조건하에서 통화정책의 자율성을 포기하고 고정환율제를 채택하게 되는가에 대한 논의를 제시하지 못한다는 근본적인 한계를 안고 있다. 즉, 고정환율제를 통해 기대되는 통화정책상의 효과는 상술하고 있으나, 통화정책의 신뢰성과 자율성 사이의 맞교환이라는 정치적 선택이 이뤄지는 조건을 적시하지 못하고 있는 것이다.[4]

통화 연합을 통한 단일 통화권 출범의 경제적 기초를 규명하는 OCA 이론에서도 이와 유사한 문제점이 발견된다. OCA 이론은 통화 연합을 통해 기대되는 경제적 이익과 비용이 통화 연합을 구성하는 국가들의 경제적 상호 의존성의 정도에 따라 달라진다는 전제로부터 출발한다(Mundell 1961; McKinnon 1962; Tavlas 1994). 통화 연합은 단일 통화에 기초한 단일한 통화정책의 수립을 가능하게 함으로써 환거래 및 자본거래 비용을 완전히 해소하고 규모의 경제에 따른 경제적 이익을 가져온다는 장점이 있다.

그러나 통화 연합은 그 구성단위 모두에게 단일한 통화정책이 일률적으로 적용된다는 점에서, 이른바 '비대칭적 경제 충격'(asymmetric economic shock)이 존재할 경우 통화 연합 전체의 거시 경제지표가 악화될 수 있다는 문제점을 안고 있다. 예컨대 통화 연합의 일부 구성단위는 경기 과열로 인해 긴축적인 통화정책이 요구되는 반면 여타 단위는 경기 부양을 위한 통화 공급의 확대가 요구된다고 할 때, 통화 연합 전체에 적용되는 통화정

4_이런 문제점을 해결하는 하나의 방식은 정책 결정자가 통화정책의 자율성 또는 신뢰성에 부여하는 상대적 중요성을 개별 국가의 정치 구조적 특성으로부터 도출하는 것이다. 예컨대 만성적인 통화정책의 신뢰성 문제에 직면하거나 또는 통화정책의 자율성이 갖는 정치적 중요성이 낮은 경우 고정환율제를 채택할 가능성이 높아진다는 것이다. 이런 조류에 대한 소개와 평가는 Bernhard et al.(2002)과 배병인(2010)을 참조하라.

책은 두 지역의 평균치를 기준으로 할 것이므로 결국 어느 지역도 만족시키지 못하고 거시 경제지표만 악화시키는 결과를 낳을 수 있는 것이다(Kenen and Meade 2008, Ch. 2). 이런 문제점을 해결하기 위해서는 무역의 존도가 높고 경기순환 주기가 유사하며, 노동력을 포함한 생산요소의 이동성이 높은 국가들 사이에 통화 연합이 구성되는 것이 바람직하다는 것이 이 이론의 골자이다.

그런데, OCA 이론은 통화 연합의 경제적 효과에 대해서만 주목할 뿐, 역사적으로 실재하는 통화 연합이 어떠한 조건하에서 탄생했는지를 설명하지 못한다는 근본적인 한계를 안고 있다. 이는 이른바 OCA의 '내생성'(endogeneity) 문제와 관련된 것으로서, OCA 이론이 제시하는 기준이 통화 연합 출범의 기초가 되는 것이 아니라 오히려 통화 연합의 구성 이후에 사후적으로 충족되는 경향이 나타난다는 데에 기인한다. EMU의 경우가 대표적인 사례인데, EMU는 OCA의 기준을 충족하지 못한 채 출범했으나 사후적으로 그 조건을 충족시키는 양상을 보여 왔다(Bayoumi and Eivhengreen 1992; Frankel 1998; Frankel and Rose 1997). 결국 OCA 이론은 앞서 살펴본 신고전파 경제학의 모델과 마찬가지로 통화 연합이 구성되는 조건을 적시하지 못한다는 근본적인 한계를 안고 있는 것이다.

3. 유럽 통화 협력의 국제정치적 기초

통화 협력은 근본적으로 통화 주권에 대한 정치적 선택의 문제이다. 단기 유동성 지원과 같은 느슨한 형태의 통화 협력과, 고정환율제 또는 통화 연합과 같은 보다 구속력 있고 제도화된 통화 협력의 차이는 전자가 개별 국가의 통화정책상의 재량권에 바탕을 두고 있는 반면, 후자의 경우 통화 정책의 자율성과 재량권이 제한받게 된다는 데 있다. 무엇보다 통화 협력을 통해 달성하고자 하는 목표가 반드시 국제적인 수준에서의 통화 협력을 필요로 하는 것도 아니다. 따라서 통화 협력과 그 제도적 형태를 이해하기 위해서는 통화 주권에 대한 정치적 선택이 어떠한 조건하에서 이뤄지는가를 규명하는 것이 필수적이다. 통화 협력의 경제 이론이 갖는 근본적인 한계는 여기에 있다.

유럽 통화 통합의 역사는 국제 체제, 지역, 개별 국가의 세 수준에서 작동하는 정치·경제적 요인들이 통화 주권에 대한 정치적 선택을 결정했음을 보여 준다. 국제 체제 수준의 요인은 국제통화 질서의 패권 체제가 야기하는 이른바 '체제적 맥락성'(systemic contextuality)에 의해 규정되는 것으로서, 통화 협력의 개시와 진화 과정에 대한 정치적 동인을 제공하는 역할을 수행한다(Henning 1998). 국제 체제 수준의 맥락이 통화 협력의 동인을 제공하고 그 과정을 주도하는 핵심 변수로서 기능하는 바탕 위에서, 지역과 개별 국가 수준에서의 요인들이 매개 변수로 결합하면서 유럽 통화 통합이 오늘날과 같은 형태로 진화하게 된 것이다.

유럽 통화 통합의 역사를 규정하는 국제 체제 수준의 맥락성은 기축통화를 주축으로 하는 패권적 국제통화 질서가 야기하는 거시 경제적 효과와 관련된다. 국제통화 질서에서 기축통화는 한편에서 국제적 결제 수단으로 기능하지만 동시에 특정 국가의 공식 통화라는 이중적인 성격을 갖는다. 국제결제 수단으로서의 기축통화는 '패권 안정 이론'(hegemonic stability theory)이 주장하는 바와 같이 국제 통상과 경제 질서에 안정성을 부여하는 순기능적인 역할을 수행하기도 한다(Kindleberger 1972; 1973). 그러나 기축통화가 국제정치·경제 질서에서 패권적 지위를 차지하는 특정 국가의 통화라는 점에서 이런 순기능은 기축통화국의 거시 경제정책이 체제 전체의 안정성을 보장하는 방향으로 작동할 때에만 가능하다는 문제점이 있다. 이와는 달리 패권국이 자국에 유리한 방향으로 국제경제 질서를 변화시키고자 하거나 또는 적어도 체제의 안정성이라는 목표를 부차적인 것으로 취급함으로써 안정성 유지 비용을 사실상 여타 국가들에게 전가할 경우 국제경제체제의 불안정성은 불가피해진다.[5]

패권국이 그 지위로 인해 여타 국가에 비해 높은 수준의 거시 경제정책상의 자율성을 향유한다는 점에서, 여타 국가들은 패권국의 거시 경제정책이 야기하는 부정적인 효과에 어떤 형태로든 반응해야 한다. 그 하나가 패권국이 요구하는 정책 조정을 수동적으로 수용하는 것이라면, 다른 하나는 패권국에서 유래하는 부정적인 효과를 완화하기 위한 소규모 협력 체제를 구축하는 것이다. 특히 패권국의 일방적인 거시 경제정책으로 인해 특정 국가군의 상호 경제 관계가 불안정해질 때, 협력 체제를 통해 패권국의 독주를 공동 견제하거나 또는 제어하려는 동기가 더욱 커지게 된다. 패권적 국제통화 질서의 내부에서 지역 단위의 통화 협력 체제가 모색되는 것은 이런 동기에 바탕을 둔 것이다(Henning 1998, 545).

유럽 통화 협력 체제의 출범은 국제통화 질서의 패권 체계가 야기하는 부정적인 효과에 대한 공동 대응으로서의 성격을 갖는다. 유럽에서 통화

5_패권 안정 이론에서 패권국은 체제의 안정성을 보장하는 '자애적'(benevolent) 지도자와 패권적 지위를 이용해 여타 국가를 착취하는 '약탈적'(predatory) 독재자라는 상호 모순적인 방식으로 전제되고 있다. 이런 개념상의 문제와 그것이 야기하는 이론적 문제를 둘러싼 논쟁에 대해서는 Gowa(1989)와 Snidal(1985)을 참조하라.

협력에 대한 최초의 본격적인 논의는 1970년대 발표된 '베르너 보고서'(Werner Report)로 거슬러 올라간다. 1969년 당시 EC(유럽공동체)의 헤이그 정상회담의 결정에 따라 작성된 이 보고서는 1980년을 목표로 완전한 통화 통합의 달성에 필요한 구체적인 정책 과제를 제시하고 있다. 비록 이 보고서의 내용대로 유럽의 통화 통합이 진행되지는 않았지만, 그 주요 원칙과 정책 과제들은 1991년 마스트리히트 조약에서 EMU가 결정될 당시 거의 대부분 그대로 반영되었다(Baer and Padoa-Schioppa 1989).

베르너 보고서의 작성과 유럽 통화 통합의 모색은 1960년대 중반 이후 국제통화 체제의 운영을 둘러싸고 불거진 미국과 유럽 사이의 갈등에 기인한다. 1966년 이후 미국의 팽창적 거시 경제정책은 물가 상승과 경상수지 악화를 초래해 달러화에 대한 신뢰를 추락시킴으로써 당시 브레튼 우즈 체제의 근간이었던 고정환율제를 일대 혼란에 빠뜨리는 결과를 낳았다. 더구나 당시 미국 정부는 브레튼 우즈 체제의 유지를 위해 여타 국가들이 적극적인 외환시장 개입과 거시 경제정책 조정에 나서도록 압력을 행사함으로써 국제통화 질서 내에서의 균열이 본격화되기에 이르렀다. 이런 상황에서 특히 미국의 직접적인 압력에 시달리고 있던 독일은 여타 유럽 국가들과의 공조를 통해 그 부담을 경감시키는 한편, 달러화로부터 독립된 통화 협력 체제를 구축함으로써 자국 통화와 거시 경제정책의 안정성을 도모하고자 시도하게 되었다(Hoffmeyer 1992, 194; Solomon 1982, 100-172). 베르너 보고서는 이런 사정을 배경으로 한 것이었다. 비록 여타 유럽 국가들과의 이견으로 인해 독일이 의도한 유럽 통화 협력 체제는 현실화되지 못했지만, 이로써 당시 EC 국가들이 "1957년 로마조약 체결 당시에는 생각조차 하지 못했던 유럽의 독자적인 통화 협력 체제"(Tsoukalis 1977, 52)에 대한 모색이 본격화되었던 것이다.

유럽 통화 협력 체제는 1971년 브레튼 우즈 체제의 붕괴 이후 이른바 스네이크 체제가 등장하면서부터 현실화되었다. 1971년 미국 정부의 금 태환 정지 선언과 동시에 발생한 국제통화 질서의 일대 혼란은 달러화의 평가절하와 유럽 통화의 상대적 평가절상으로 인해 유럽의 대미 수출 경쟁력을 악화시키는 한편, 자본 유입으로 인한 물가 상승 압력을 가중시켰다. 이런 상황에서 유럽 국가들은 이미 독일이 제안한 바 있는 통화 협력 체제를 본격화하게 된 것이다. 스네이크 체제는 유럽 통화 사이에 느슨하나마 고정환율제를 도입하고 유럽 통화 협력 기금(the European Monetary Cooperation Fund)을 설치하여 역내 통화 안정을 도모하는 한편, 달러화와의 변동환율제를 공동으로 운영함으로써 달러화 중심의 국제통화 질서에 공동으로 대응하는 것을 목표로 했다.

브레튼 우즈 체제의 붕괴 이후 변동환율제로의 이행이 불가피한 상황에서 유럽 국가들이 통화안정을 위한 기금 설치 외에 유럽 단위에서 고정환율제를 도입하기로 한 것은 유럽의 역내 사정과 관련이 있다. 1960년대 이후 EC는 농산물에 대한 공동 가격정책이자 공동 보조금 정책인 CAP를 유지해 왔다. 이 정책은 EC 예산의 대부분을 차지할 만큼 핵심적인 것으로서 그 효율적인 실행을 위해서는 환율의 안정성이 절대적으로 요구되었다. 이런 사정으로 인해 역내 통화 안정을 목표로 하는 통화 협력 체제가 고정환율제라는 특수한 형태로 나타나게 된 것이다(Tsoukalis 1977, 119-126).

그러나 스네이크 체제는 프랑스와 이탈리아를 비롯한 국가들의 빈번한 이탈이 반복되고 고정환율제가 사실상 유명무실해졌다는 점에서 성공적인 통화 협력 체제로서 기능하지는 못했다. 반면 스네이크 체제에 뒤이어 1979년 3월 출범한 EMS는 회원국의 지위와 유럽 통화 사이의 환율 변동이 비교적 안정적으로 유지되었고, 무엇보다 거시 경제정책상의 협력과 수렴을 낳았다는 점에서 성공적인 통화 협력 체제였다고 평가할 수 있다.

EMS의 출범은 1978년 당시 독일의 헬무트 슈미트(Helmut Schmidt) 수상과 프랑스의 지스카르 데스탱(Giscard d'Estaing) 대통령 사이의 정상회담에 기인한다. 1970년대를 통해 달러화의 평가절하와 그에 따른 자본 유입으로 경제 불안에 시달리던 독일은 과거와 마찬가지로 유럽 국가들과의 통화 협력을 통해 이에 대응할 수 있는 방안을 적극적으로 모색했다. 스네이크 체제가 사실상 유명무실해진 상태에서 이는 스네이크 체제보다 구속력 있으면서 응집력 있는 통화 협력 체제를 구축하는 것을 의미했다. 이를 위해서는 유럽 통합의 또 다른 한 축을 구성하는 프랑스의 도움이 절대적으로 필요했는데, 프랑스 또한 이 시기 달러화 중심의 국제통화 질서에 대한 유럽 차원의 공동 대응이 필요하다는 인식에 도달하고 있었다. 양 정상의 회담에서 합의된 EMS는 같은 해 12월 브뤼셀에서 열린 EC 정상회담에서 채택됨으로써 스네이크 체제에 뒤이은 유럽 통화 협력 체제가 출범하게 되었다.

스네이크 체제의 출범과 마찬가지로 EMS 또한 패권적 국제통화 질서에 대한 일종의 수정주의적 대응으로서의 성격을 갖는다. EMS의 출범을 주도했던 독일의 슈미트 수상은 EMS의 출범이 미국의 거시 경제정책으로부터 야기된 불안정성을 해소하고 달러화에 대한 유럽의 종속성을 탈피하기 위한 것이었음을 밝히고 있다(Fratianni and von Hagen 1992, 45). 독일의 이런 인식이 현실화될 수 있었던 것은 프랑스 등 여타 국가들 또한 패권적 국제통화 질서가 야기하는 부정적인 효과에 노출되어 있었을 뿐만 아니라, 그로 인해 EC를 중심으로 한 유럽의 경제통합 노력이 부단히 위협받고 있었기 때문이다. 즉, 달러화 중심의 패권적 국제통화 질서가 유럽 국가들 사이의 경제적 관계를 교란시킴으로써 통화 협력에 대한 동기가 촉발되었던 것이다.

4. EMU 출범의 정치적 요인

앞서 지적한 바와 같이 EMS는 1980년대 내내 비교적 성공적으로 작동했다. 무엇보다 스네이크 체제와 비교하여 EMS에 대한 회원국들의 정치적 의지가 강하여 체제로부터의 이탈이 거의 발생하지 않았고 오히려 EC의 확장에 따라 그 회원국이 증가하는 추세를 보였다. 특히 1981년 집권한 프랑스의 프랑수아 미테랑(François Mitterrand) 대통령이 팽창적인 복지 정책에 따른 프랑화의 평가절하 압력 속에서 정책의 대전환을 통해 EMS 고수를 선택한 것이 EMS의 안정에 결정적인 역할을 했다. EMS에 대한 확고한 정치적 의지는 통화정책을 비롯한 거시 경제정책의 수렴으로 이어져, 〈그림 1〉에서 보는 바와 같이 1980년대를 통해 EMS 국가들의 평균 물가 상승률과 회원국 사이의 표준편차가 지속적인 감소세를 보이게 된다. 이런 거시 경제정책상의 수렴은 회원국 통화의 환율 변동 폭을 감소시킴으로써 결과적으로 EMS가 안정적인 통화 협력 체제로 자리 잡을 수 있는 기초가 되었다(Ungerer 1997, 169-183).

EMS의 성공은 1970년대에 침체기를 맞았던 유럽 통합이 새롭게 재점화되는 계기가 되었다. 환율 안정과 거시 경제정책의 수렴은 EC가 추진해 왔던 경제통합을 진일보시킬 수 있는 기초로 작동하여 유럽 단일 시장의 출범을 공식화한 1986년의 단일유럽협약(the Single European Act)과 단일 통화권으로의 통합을 위한 1991년의 마스트리히트 조약이 가능하게 되었다. 그런데 EMS의 성공에 바탕을 둔 유럽 통합의 획기적인 진전은 역설적으로 유럽 국가들이 EMS를 보다 구속력 있는 단일 통화 체제로 서둘러 대체하려는 이유가 무엇인지에 대한 관심을 촉발시키는 계기가 되었다. 이런 관심은 EMU로의 이행이 EMS의 안정성이 본격적인 궤도에 오르기 시작

그림 1 | 유럽통화체제의 물가 상승률 변화 추이

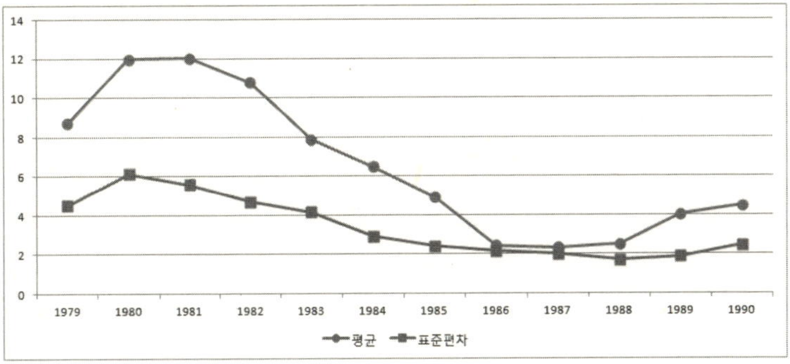

자료: OECD, *Economic Outlook*(various years).

한 1980년대 후반에 전격적으로 모색되었다는 점과, 당시 유럽의 상황에서 단일 통화로의 이행이 EMS에 비해 통화 협력의 목표를 달성하는 데 보다 효율적인 방안이라고 확신할 수 있는 근거가 부족했다는 점에 기초한 것이었다(Sandholtz 1993, 11-14).

EMS와 구별되는 EMU의 단일 통화 체제의 제도적 특성은 해당 통화 사이의 환율을 항구적으로 고정시키고 자본 이동성의 완전한 자유를 보장한다는 데에 있다. EMS 또한 고정환율제에 바탕을 둔 것이었으나 일정한 환율 변동 폭을 허용하고 있었고, 무엇보다 통화 위기에 대한 대응 수단으로 자본 통제 정책을 허용하는 체제였다. EMU는 이 두 가지 모두를 불가능하게 함으로써, 먼델-플레밍(Mundell-Fleming)의 '삼위일체 공리'(unholy trinity theorem)가 증명하는 바와 같이 통화정책의 자율성을 완전히 박탈하는 제도인 것이다(Mundell 1961; 1962; Fleming 1962). 이런 제도적 구성은

표 1 | 유럽 국가들의 경기순환 주기의 상관성 추이(1970~90)

	여타 국가 전체와의 상관성			독일과의 상관성		
	1970~79	1980~90	전체 시기	1970~79	1980~90	전체 시기
오스트리아	0.7544	0.6732	0.7597	0.6462	0.6687	0.6784
벨기에	0.8511	0.7940	0.8486	0.7367	0.4103	0.6363
덴마크	0.7155	0.1009	0.5137	0.8426	0.0768	0.5301
핀란드	0.6582	0.3752	0.5797	0.4162	-0.3065	0.1942
프랑스	0.9179	0.7895	0.8823	0.8336	0.4654	0.7069
독일	0.8870	0.7150	0.8273			
그리스	0.4786	0.6973	0.5919	0.5157	0.3297	0.4998
아일랜드	0.1873	0.4357	0.2983	-0.0258	0.6010	0.3177
이탈리아	0.7855	0.7978	0.7718	0.9324	0.4143	0.7527
룩셈부르크	0.8112	0.8541	0.6974	0.6262	0.5725	0.5167
네덜란드	0.7485	0.7758	0.7646	0.6837	0.8771	0.7953
포르투갈	0.9651	0.5775	0.8579	0.9087	0.2529	0.6788
스페인	0.6520	0.8533	0.7293	0.3108	0.6187	0.4555
스웨덴	0.3063	0.6592	0.4228	0.1203	0.4172	0.2443
영국	0.7983	0.5773	0.6643	0.7572	0.3448	0.5415

주: 표의 값은 경제성장률의 상관계수(correlation coefficients)이다.
자료: Bai(2009,13).

환거래에서 발생할 수 있는 불확실성을 항구적으로 제거하고 경제통합을 완결하는 긍정적인 효과를 갖지만, 동시에 개별 국가의 고유한 거시 경제적 목표를 달성하기 위해 통화정책을 활용할 수 있는 가능성을 완전히 배제한다는 문제점을 안고 있다. 이로 인해 마스트리히트 조약 체결 당시 OCA 이론의 관점에서, 유럽과 같이 무역의존도는 높지만 경기순환 주기의 상관성이 떨어지는 지역에서는 EMS와 같이 보다 유연한 체제가 바람직하다는 비판이 제기되었다(Eichengreen 1990; Wihlborg and Willett 1992). 실제로 〈표 1〉에서 보는 바와 같이 유럽 국가들의 경기순환 주기는 1970년대에 비해 1980년대에 오히려 그 상관성이 더 저하되는 경향을 보이고 있다. 이런 조건 속에서 EMS를 EMU로 대체하고자 하는 결정은 그 동인에 대한 의구심을 불러일으키기에 충분한 것이었다.[6]

EMU의 출범은 역설적으로 EMS의 공고화와 그로부터 야기된 정치적 갈등에서 그 해답을 찾을 수 있다. EMS의 공고화는 1980년대 내내 지속된 미국의 만성적인 쌍둥이 적자와 그에 따른 경제적 교란에서 그 일차적 원인이 있다. 달러화 주도의 통화 질서가 야기하는 경제적 교란이 지속되면서 EMS를 통해 달러화로부터 독립적인 통화안정 지대를 구축하고자 하는 유럽 국가들의 정치적 의지는 더욱 확고해졌다. 그런데 EMS의 공고화는 독일의 강한 마르크화와 여타 국가들의 약한 통화 사이의 '비대칭성'(asymmetry)으로 인해 통화정책을 둘러싼 유럽 국가들 사이의 갈등을 심화시키는 계기가 되었다. 마르크화의 고평가가 EMS를 통해 유럽으로 분산됨으로써 약한 통화를 보유한 국가들이 경제적 가용치를 넘어서는 통화의 고평가를 경험하게 된 것이다. 이에 따라 1986년경부터 EMS의 비대칭성에 대한 문제 제기가 본격화되었다(Henning 1998, 561-564).

마르크화의 강세가 지속되는 상황에서 프랑스와 이탈리아 등 약한 통화를 가지고 있는 국가들의 선택지는 두 가지였다. 하나는 고평가된 마르크화를 EMS에 반영하여 환율을 재조정하는 것이었고, 다른 하나는 독일과 마찬가지로 가격 안정성을 기초로 한 엄격한 통화정책을 도입함으로써 통

6_EMU의 출범이 자본 이동성의 완전한 자유를 보장하는 유럽 단일 시장과 EMS가 충돌한다는 점에서 불가피한 선택이었다는 설명도 있으나(Padoa-Schioppa 1988), 이는 EC의 자본 자유화 조치와 EMU에 대한 정치적 판단이 1988년에 동시에 이뤄졌다는 점에서 그 설득력이 떨어진다 하겠다.

화의 비대칭성을 대내적으로 해소하는 것이었다. 전자의 선택은 약한 통화 국가의 대내적 부담을 줄일 수 있는 방침이었으나 EMS의 신뢰성과 안정성이 문제시될 수 있는 방안이었다. 결국 약한 통화 국가들이 선택한 것은 이른바 '경쟁적 물가통제'(competitive disinflation) 정책을 통해 국내 물가 상승률을 억제함으로써 통화의 안정성을 확보하는 것이었다(Walsh 2000, 124-125). 〈그림 1〉에서 보는 바와 같이 EMS 회원국들의 물가 상승률이 하향 수렴될 수 있었던 것은 이런 정책 전환에 기초한 것이었다.[7]

그러나 경쟁적 물가통제 정책으로의 수렴은 결국 EMS에 종언을 고하게 되는 두 가지 정치적 문제를 안고 있었다. 첫째, 경쟁적 물가통제 정책이 사실상 독일의 통화정책으로의 수렴을 의미한다는 점에서 EMS 내에서 독일의 지배력이 공고화되고 체제의 비대칭성이 오히려 심화되는 결과를 낳았다는 점이다. 둘째, 독일과의 격차를 해소하기 위해서는 보다 엄격한 가격통제 정책을 채택하는 것이 불가피한데, 이는 성장과 고용의 둔화라는 부정적인 효과로 인해 통화정책에 대한 정치적 불만과 갈등을 촉발시키는 계기가 되었다. 이런 상황 속에서 유럽의 약한 통화 국가들, 특히 프랑스와 이탈리아는 EMS의 비대칭성 해소라는 목적과 대내적으로 정치적 논란의 대상이 되는 통화정책을 유럽 차원에서의 제도화를 통해 공고히 하고자 하는 목적으로 EMS의 개편에 착수하게 된다(McNamara 1998; Walsh 2000).

1988년 프랑스 재무장관 에두아르 발라뒤르(Édouard Balladur)가

7_경쟁적 물가통제 정책으로의 수렴은 EMS에 대한 정치적 의지를 반영하는 것이지만, 동시에 바람직한 경제정책 모델에 대한 이데올로기적 수렴의 결과이기도 하다. 1980년대에 유럽의 정치 지도자들은 신고전파 경제학의 통화주의 이론에 기초한 신자유주의 정책 모델에 대한 공감대를 형성하고 있었고, 이것이 경쟁적 물가통제 정책에 대한 수렴으로 이어진 것이다. 이에 대해서는 McNamara(1998)를 참조하라.

EMU로의 이행에 대한 논의를 최초로 공식화한 것은 이런 사정에 바탕을 둔 것이었다. 프랑스와 이탈리아 등의 입장에서 EMU는 소위 '발언권 가설'(the voice opportunity hypothesis)이 제시하는 바와 같이 단일 통화권의 통화정책에 대한 공동 결정을 통해 독일의 일방적인 지배력을 약화시키고 유럽 통화 협력 체제에 대한 영향력을 확보하는 수단으로서의 의미를 갖는 것이었다(Grieco 1995). 동시에 EMU를 통해 단일한 통화정책을 일종의 '외부로부터의 속박'(vincolo esterno, external tie)으로 활용함으로써 국내 정치적 논란과 장애에도 불구하고 가격 안정성 위주의 통화정책 기조를 공고화할 기초를 마련할 수 있었던 것이다(Dyson and Fetherstone 1996). EMU의 최종안은 1988년 발라뒤르의 제안 이후 지속된 독일과 프랑스 사이의 줄다리기와 독일 통일이라는 특수한 정치적 요소가 결합되면서 전격적으로 결정될 수 있었다. 그러나 협상 과정에서의 구체적인 쟁점과 독일 통일이라는 특수한 정치적 요소가 갖는 중요성과는 별개로, EMU가 제안되고 현실화될 수 있었던 동인은 EMS를 둘러싼 유럽과 개별 국가 단위에서의 정치적 갈등과 역학 관계에 있었다.

5. 결론: 동아시아에의 함의

유럽 통화 통합의 역사는 패권적 국제통화 질서를 수정하고자 하는 국제정치적 동인이 기초를 이루는 가운데 통화 협력 과정에서 제기된 지역 및 개별 국가 수준에서의 정치적 갈등을 해소하는 과정에서 통화 협력 체제가 진화해 왔음을 보여 준다. 통화 협력이 야기하는 경제적 효과나 동인과는 별개로 통화 협력이 개시되고 진화해 가는 과정은 정치적 요인, 특히 정치적 갈등 요인에 의해 규정됨을 보여 주는 것이다.

이런 사실은 초보적인 형태의 통화 협력 체제를 출범시키고 있는 동아시아 지역이 향후 통화 연합의 형태로 진화해 갈 수 있는 가능성과 관련하여 몇 가지 시사점을 던져 준다. 동아시아 통화 협력에 대한 기존의 많은 논의는 그 차이점에도 불구하고 경제적 요인이 아닌 정치적 요인이 동아시아 통화 협력의 장애물이라고 지적하고 있다는 점에서 공통점을 갖는다. 이미 국내외의 많은 연구들은 OCA 이론의 관점에서 동아시아에서 통화 연합을 위한 경제적 조건이 성숙해 있음을 지적하고 있다(박성훈, 김홍종, 2004; Bayoumi and Eichengreen, 1994). 경제적 조건의 성숙에도 불구하고 동아시아 통화 통합의 가능성이 희박한 것은 정치적 조건의 미성숙, 특히 식민 지배의 경험에 기초한 역사적 갈등과 역내 정치적 역학 구조, 그리고 '불개입주의'(non-intervention) 원칙에 따른 '제도적 결핍'(institutional deficit) 등의 문제가 통화 통합에 대한 정치적 지지의 창출을 가로막고 있기 때문이라는 것이다(Kenen and Meade 2008, 156-159).

이로 인해 동아시아의 통화 협력은 유럽의 그것과는 다른 형태와 경로로 발전할 것이라는 것이 기존 연구가 제출하고 있는 일반적인 결론이다. 이런 결론은 유럽의 경험과 동아시아 지역의 특수성을 감안할 때 보편타당한 지적이라 할 수 있다. 그럼에도 불구하고 이 논문이 제시하고 있는 유럽 사례에 대한 분석은 기존 문헌과는 다른 차원의 문제가 동아시아 통화 통합의 가능성과 한계를 규정한다는 점을 보여 준다.

유럽 통화 통합의 경험이 보여 주는 것은 국제적, 지역적 차원에서 전개되는 정치적 역학 관계가 통화 통합의 장애 요인이 아니라 오히려 이를 진전시키는 정치적 소재로 작용할 수 있다는 점이다. 유럽 통화 통합을 추동한 일차적 요인이 달러화 중심의 국제통화 질서가 야기하는 경제적 교란에 있었다면, 국제통화 질서의 수정이라는 공통의 이해관계 속에서 전개된 유럽 국가들 상호 간의 정치적 갈등과 경쟁이 통화 통합의 제도적 진화 과정을 결정하는 요인이었다. 패권적 국제통화 질서로부터의 독립이라는 공통의 이해관계가 통화 협력이라는 경로로부터의 이탈을 불가능하게 하는 상황 속에서, 개별 국가의 이해관계의 차이에 따른 정치적 갈등은 통화 협력의 제도적 형태를 개혁하는 것으로 나타날 수밖에 없었던 것이다. 국제통화 질서의 수정에 대한 공동의 목표가 뚜렷한 이상 역내 국가들 사이의 정치적 갈등 구조는 통화 협력의 장애물이 아니라 그 진화의 소재가 되는 것이다.

이런 관점에서 볼 때 동아시아 통화 통합의 전망을 결정하는 일차적인 요소는 동아시아 국가들 상호 간의 정치적 불신과 제도적 결핍의 문제가 아니라, 국제통화 질서의 패권 체계를 수정할 필요성에 대한 공감대의 존재 여부이다. 이 점에서 동아시아 지역은 양면성을 보이고 있다. 이미 기존의 많은 문헌이 제시하고 있는 바와 같이 동아시아의 금융·통화 협력은 1997년의 외환 위기를 경험하면서 형성된 달러화 중심의 국제통화 질서에 대한 반발에 기초한 것이었다. 비록 역내 국가들 사이에 금융·통화 협력의 실행 방안에 대한 이견은 출발부터 큰 것이었지만, 이런 공감대에 기초하여 2000년 CMI와 이후의 진전을 이룰 수 있었다.[8]

그러나 다른 한편 동아시아 지역주의의 범위를 둘러싼 논란, 그 범위를 ASEAN+3로 한정할 것인가 아니면 '개방적 지역주의'(open regionalism)에

8_외환 위기 이후 동아시아 지역주의의 전개 과정과 한국, 중국, 일본의 입장에 대해서는 김영철, 박창건(2005)을 참조하라.

기초하여 태평양 지역으로까지 확대할 것인가에 대한 논란은 국제 질서를 수정할 필요성에 대한 공감대가 아직 미숙했음을 반증하는 것이다. 특히 최근 '중국 위협론'을 기초로 한국-미국-일본의 3각 구도가 공고화되는 양상은 동아시아 통화 통합이 국제통화 질서의 패권 체계로부터 독립성을 추구할 가능성을 현저히 저하시키는 것으로 판단된다.

결국 현재 동아시아 통화 통합에서 문제가 되는 것은 유럽 통화 통합을 가능하게 있던 일차적 요인이 부재하다는 점이다. 동아시아에서는 국제통화 질서에 대한 수정주의적 대응의 기초가 되는 '동아시아 지역의 발견'이 아직 여전히 논란 중이며, 더욱이 수정주의적 전망에 대한 공감대의 부재가 동아시아 국가들 사이의 정치적 불신과 패권 경쟁과 중첩됨으로써 지금과 같은 느슨한 형태의 통화 협력 체제를 넘어서는 제도적 진전을 적어도 당분간은 기대하기 어렵게 만들고 있는 것이다.

그러나 이것이 동아시아 통화 통합의 전망이 불가능하다는 것을 의미하는 것은 아니다. 유럽의 경험과 1997년 외환 위기 이후 동아시아의 경험이 그러했듯이 국제 질서에 대한 수정주의적 전망이 새롭게 대두되는 계기가 마련된다면 통화 통합을 향한 새로운 전기가 시작될 수 있는 가능성을 배제할 수 없는 것이다. 이런 상황이 도래한다면 현재 동아시아 통화 통합의 장애로 제시되는 역내 국가들 사이의 정치적 불신과 제도적 결핍 등의 문제는 오히려 통화 통합의 제도적 진화를 결정할 정치적 소재로 전환될 가능성이 높다. 유럽 통화 통합의 경험이 동아시아 통화 통합에 던지는 함의는 여기에 있다. 그러나 누구도 역사의 전개를 미리 예측할 수 없다는 점에서 이는 여전히 다양한 가능성 중의 하나일 뿐이며 그 실현 여부 또한 미래에 맡겨져 있는 것이다.

6장

지역 통화 통합과 동아시아 공동 통화 도입 협력

후카호리 스즈카

1. 서론

동아시아[1]는 EU나 북미와 경쟁할 수 있는 경제적 역량을 갖고 있는 중요한 지역이다. 동아시아 지역 내 무역량은 두 지역에 뒤지지 않으며[2] 동아

• 본 논문은 52nd Annual Convention of the International Studies Association(2011년 3월 16~19일, Montreal, Canada)과 제12회 국제정치 포럼(2011년 5월 20일, 고려대학교)에서 발표한 초안을 바탕으로 구성되어 있다. 전반에 걸쳐 지도해 주신 이용욱 교수님과 논문을 읽고 유익한 조언을 제공해 준 동료들에게 감사의 말씀을 전한다.

1_본 논문에서 동아시아는 APT(ASEAN Plus Three, ASEAN 10개국과 한국, 중국, 일본)를 가리킨다. 이하 본 논문에서는 회의 및 조약의 명칭 등 영문에 ASEAN Plus Three가 들어가는 경우에는 'APT'로 표시하고, 13개 국가를 포함한 지역 전체를 의미하는 경우에는 '동아시아'라고 부른다.

2_2009년 아시아 지역 내 무역량은 1조 8,460억 달러이고 북미 지역의 7,690억 달러보다 크

시아가 경제적 지역 통합에 성공한다면 EU 및 NAFTA(North American Free Trade Agreement, 북미자유무역협정)와 함께 세계경제를 이끄는 기축의 하나가 될 수 있을 것이다. 2000년 이후 동아시아는 금융 협력을 중심으로 지역 경제통합이 강화되어 왔다. 그러나 동아시아의 통화 통합 가능성, 공동 통화 도입에 대해서는 아직까지 회의적인 의견이 많다. 1997년에 발생한 아시아 금융 위기 이후 동아시아의 금융 및 통화 협력이 상당히 발전해 왔음에도 불구하고, 동아시아 13개국 전체에서의 공동 통화 도입은 "아직 멀었다" 또는 "동아시아에서 단일 통화 도입은 잘 안 될 것"이라는 비관적인 평가를 받고 있다. 그렇다면 왜 동아시아에서는 공동 통화 도입에 대한 비관적 견해가 지배적인가?

이 질문을 검토하기 위해 본 논문에서는 헤리베르트 디터(Heribert Dieter)와 리처드 히고트(Richard Higgott)의 금융적 지역주의 이론과 유럽 통화동맹(European Monetary Union)을 중심으로 기존의 통화 통합 성공 사례들을 분석한다. 공동 통화를 도입한 통화동맹(Monetary Union)은 어떤 통화를 사용하는지에 따라 두 가지로 분류할 수가 있다. 하나는 다른 국가에서 이미 사용하고 있는 통화를 받아들이는 것이고 다른 하나는 새로운 통화를 창출하여 동맹 국가 간에서 공유하는 방식이다. 전자의 예로서는 미국 달러를 자국 통화로 사용하는 달러라이제이션(dollarization)을, 후자에서는 유로화를 사용하는 지역인 유로존을 들 수가 있다. 동아시아는 미국 중심의 IMF(국제통화기금) 체제에서 벗어나고자 하는 지역주의 금융 협력의 움직임을 보이고 있으며 따라서 유럽의 경우처럼 지역 내의 새로운

다. 같은 해 유럽 지역 내의 무역량은 3조 6,200억 달러이다(WTO, *International Trade Statistics 2010*).

통화를 창출하고자 하는 방향으로 가고 있는 것 같다. 현재 이런 유형의 통화동맹은 ECCU(Eastern Caribbean Currency Union, 동카리브해 동맹), UEMOA (West African Monetary Union, 서부아프리카 통화동맹), CEMAC(Economic and Monetary Community of Central Africa, 중앙아프리카 경제통화공동체), 그리고 유럽통화동맹이 있다.

이런 사례들과 동아시아와의 비교 연구가 갖는 유용성은 무엇인가? 동아시아가 다른 지역과 같은 통합 과정을 따라가야 하는지에 대해서는 학자마다 논의가 다르지만 현존하는 통화동맹 사례에서 동아시아는 많은 교훈을 얻을 수 있다. 이런 사례들은 지역 금융·통화 통합이 특정 지역에 한정되어 일어나고 있는 현상이 아니라는 것을 보여 준다. 그러나 현재까지 통화 통합은 성공 사례가 드물기 때문에 동아시아 국가들이 독자적인 통화 통합 과정이나 통합 방식을 시도하는 것은 성공 가능성이 낮고 위험성이 큰 것이 사실이다.

이론적으로 EMU(Economic and Monetary Union, 경제통화동맹)는 다국단일 통화(多國單一通貨) 체제를 말한다. 즉 여러 국가들을 포함한 지역에서 통일된 금융정책이 실시된다는 의미이고 이것은 금융·통화 통합의 마지막 과정에서 달성된다. 통화 통합의 과정은, 국가 통화 간의 환율을 고정시키고 이를 위해 각 중앙은행이 협력하는 환율동맹(Exchange Rate Union)의 단계를 거쳐, 단일 통화 사용과 하나의 중앙은행에 의한 통화 및 외환 정책을 집행하는 통화동맹(여기서는 EMU와 동의)으로 도달된다(문성민, 문우식 2009). 동아시아에는 아직 환율동맹도 형성되어 있지 않기 때문에 우선 그것을 달성하기 위한 환경을 마련해야 하는 상황이다.

본 논문의 목적은 동아시아 지역 경제·금융 통합 성공에 대한 긍정적인 전망을 바탕으로 공동 통화 도입을 가능하게 하는 전제 조건들(pre-conditions)이 무엇인가를 밝히는 것이다. 그리고 통화 통합을 위한 동아시아의 노력과 진행 상황을 조사하여 동아시아 공동 통화 도입의 가능성을 검토하는 데에도 그 목적이 있다. 또한 지역 공동 통화 도입을 저해하는 요인으로서 중국과 일본의 대립에 초점을 맞추어 살펴보고자 한다. 통화 통합을 주도해야 할 두 국가 간의 대립은 금융 통합 과정의 핵심 요소인 지역통화제도(Regional Monetary System)의 설립에 부정적으로 작용하며 정책 결정 과정에서 통화 통합의 의제 설정에 어려움을 주고 있다. 이런 요인들이 지역 공동 통화 도입의 미래를 비관적으로 보여 주는 요인이라는 것을 설명하려고 한다.

본 논문은 다음과 같이 구성되어 있다. 2절에서는 동아시아의 금융·통화 협력의 강화와 지역 통화 통합의 필요성을 조사한다. 1997년 동아시아 금융 위기 이후 미래에 발생할 위기를 방지하기 위해 시작된 지역 수준의 금융 협력은 최근에 들어 강화되는 경향을 보인다. 현재 어떠한 제도들이 존재하는지, 그리고 왜 동아시아에서 공동 통화를 도입해야 하는지를 확인해 본다. 3절에서는 지역 금융 통합의 조건과 동아시아의 현황을 살펴본다. 지역 경제통합 이론에서는 충분한 논의가 이뤄지지 않았던 금융·통화 분야에 보다 주목하여 금융 지역주의 이론을 사용하고, 통화 통합 과정에서 동아시아가 앞으로 중·단기적인 발전을 하기 위해 무엇이 필요한지를 검토한다. 또 기존 사례 중에서도 유럽 사례를 중심으로 이론의 타당성을 분석해 본다. 마지막으로 4절에서는 본 논문의 결론과 함의에 대해 논한다.

2. 동아시아 금융·통화 협력의 강화와 지역 통화 통합의 필요성

1. 동아시아의 지역 금융·통화 협력

동아시아 지역의 공동 통화 도입은 주로 경제학자들에게 지지를 받고 있다. 그들은 1997년 아시아 금융 위기의 원인을 동아시아의 과도한 달러 의존성에서 찾고 있기 때문이다. 그러나 정치학계에서는 동아시아 통화 통합에 대한 부정적 견해가 적지 않다. 이런 주장은 동아시아의 공동 통화 도입을 비관적으로 바라보는 이유로서 "과연 동아시아 통화동맹이 바람직한 것인지 불확실하다"라거나 "동아시아에는 통화 통합을 주도할 지역적 리더십이 결여되어 있기 때문에 각 국가 간의 이해관계를 조절하기가 어려울 것이다"라는 점을 들고 있다(안경애 2008; Krawczyk 2009). 또한 근년의 유럽발 재정 위기를 통해 지역 통화 통합이 금융 위기를 방지할 수 있는지에 대한 근본적인 의문이 제기되었다. 지역 통화 통합의 성공적인 사례인 유럽통화동맹에서 발생한 이 금융 위기에 의해 지역 내 금융 안정이라는 공동 통화 도입의 목적 자체가 의심스럽게 되고, "통화동맹이 통화 통합으로 가는 합리적인 방법"이라는 동아시아 국가들의 주장에 대한 신뢰도가 떨어졌다. 이것에 따라 동아시아 통화 통합의 길은 더 멀어졌다는 지적이 있다.[3]

그러나 지난 10년 동안 동아시아는 지역 금융 협력을 강화시키면서 제

3_『아시아경제』(2010/12/07), "유럽 재정 위기로 아시아 통화 통합 멀어져."

도적인 장치를 갖추어 왔다. 동아시아의 금융·통화 협력은 2000년에 설립된 CMI(치앙마이 이니셔티브)를 시작으로 지금까지 많은 발전을 해왔다. 1997년 타이 바트화가 절하되면서 주변국으로 번진 금융 위기는 동아시아 국가들에게 이 지역에도 공동 통화를 도입할 필요가 있다는 인식을 가져다 주었다.[4] 또한 금융 위기 발생국에 대한 IMF의 일방적인 경제개혁 요구는 동아시아 지역을 중심으로 한 자조 시스템(Self-help System)을 구축할 필요성을 부각시켰다(Hayashi 2006, 120). 이와 더불어 최근 2008년 미국발 금융 위기는 동아시아 국가들로 하여금 지역적으로 "금융 규제와 감시 체제가 미약하다", "서양 국가들에 대한 수출의존도가 높다"는 것을 확인시키고 경제면에서 미국이나 유럽에 의존하는 구조를 재구성(re-balancing)해야 한다고 다시 인식하게 되었다(Jang 2011, 1-2). 따라서 향후 동아시아에서는 지역 간 금융·통화 협력이 더욱 증대될 것이라고 전망된다.

2. 지역 공동 통화 도입의 필요성

동아시아에서 공동 통화 도입 논의 역시 2000년대에 들어와서 활발해졌다. 1997년 아시아 금융 위기의 발생 이후 경제학계에서는 공동 통화 도입을 모색하는 움직임이 나타나기 시작했다. 그러나 동아시아 금융 위기 직후에 동경대학 교수 이토 다카토시(伊藤隆敏)는 "채권시장 통합을 시작으

4_〈Bloomberg〉(2010/06/07), "Asian Single-Currency Plan Must Go on Despite Euro, ADB Says," http://www.businessweek.com/news/2010-06-07/asian-single-currency-plan-must-go-on-despite-euro-adb-says.html(2011년 8월 3일 검색).

로 하여 유로화와 같은 아시아 단일 통화 도입 의견을 제시했으나 당시 이를 지지하는 사람이 아무도 없었으며 이는 학문적인 이슈에 불과할 뿐이었다"고 말했다.[5] 지역 내 금융 협력 체제도 제대로 마련되어 있지 않았던 당시에 동아시아에서 통화 통합이라는 것은 생각하기 어려운 단계였다. 그렇다면 현재와 같이 지역 금융 협력이 많이 진행되어 있는 상황에서 동아시아가 금융 협력을 넘어서 통화 통합까지 지향해야 하는 이유는 무엇인가.

지역 통화 통합에 대한 필요성은 다음 두 가지 관점에서 볼 수가 있다. 첫째, 여러 국가 간에 단일 통화를 사용한다는 것이 세계적인 추세가 되어 있다는 점을 들 수 있다. 현재는 지역 통화 통합을 추진하는 경향이 가속화되고 있다. 어떤 지역들은 통화동맹 형성에 성공하여 지역 중앙은행(Regional Central Bank) 설립까지 달성했다. 이것은 각 국가 중앙은행의 금융정책에 대한 주권이 지역 중앙은행으로 이양되었다는 것을 의미한다. 하나의 기관이 여러 국가의 행동 및 자본의 흐름을 관리하는 정책의 실행을 담당한다는 글로벌 거버넌스(Global Governance)의 관점에서 보았을 때 지역 중앙은행은 그 지역의 경제통합 정도가 매우 높다는 것을 상징한다. 이미 공동 통화 도입에 성공한 지역 외에도 북미, 중동이나 러시아 및 구소련 피지배 국가들 등이 가까운 장래에 통화 통합이 이뤄질 가능성이 높은 후보지로 간주되고 있다(Furceri 2007). 이런 세계적인 지역 통화 통합의 추세를 감안할 때 동아시아 또한 높은 가능성을 인정받고 있으며 앞으로 공동 통화 도입이 피할 수 없는 현상이 될 수도 있다. 따라서 동아시아는 지역 금융·통화 협력을 강화하여 제도화시키고 다른 지역과의 경계(boundary)

5_〈머니투데이〉(2003/10/02), "亞 단일 통화 도입 논의 시작," http://news.mt.co.kr/mtview.php?no=2003100211343534047&type=1(2011년 8월 3일 검색).

표 1 | 통화동맹 설립에 의한 이익과 비용

이익	비용
- 환율을 안정시키고 지역 내 무역과 투자 촉진의 효과가 있다. - 지역 내 무역에서 거래 비용(transaction cost)을 감소시킨다. - (지역) 중앙은행의 독립성을 확보할 수 있다. - (동맹 국가들에게) 거시 경제정책 협력에 대한 집단적 압력을 행사할 수 있다. - 통화의 취약성을 감소시킨다.	-(각 국가의) 금융정책의 독립성이 상실된다. -(공동 통화 도입 시) 자본 유동성과 재정 이전 능력이 충분치 않은 국가들이 받는 충격이 크다(국가의 능력에 따라 비대칭적으로 충격을 받는다).

자료: Krawcayk(2009, 66); Chin(2006, 71).

를 형성하면서 이런 추세에 대응해 갈 필요가 있다.

둘째, 공동 통화 사용에 의한 이익과 긍정적인 효과이다. 〈표 1〉은 통화동맹을 설립했을 때 발생하는 이익과 비용들이다. 통화동맹 가입은 회원국 간에 환율을 안정시키거나 거래 비용을 감소시켜, 지역 내 무역과 투자를 촉진함으로써 물질적 이득(material interests)을 가져온다. 이처럼 지역의 경제적 효율성을 높일 수 있다는 점에서 통화 통합은 합리적인 선택이라고 할 수 있다. 특히 동아시아의 경제 지역주의(Economic Regionalism)가 주로 시장 주도로 진행된다는(induced by market forces) 점을 염두에 두더라도 경제성장을 촉진하는 통화 통합은 국익 증진에 긍정적인 효과를 준다. 또한 앞에서 언급했듯이 통화동맹은 다양한 국가가 하나의 금융·통화 체제를 따른다는 측면에서 글로벌 거버넌스의 한 형태이다. 통화동맹 가입은 지역 수준의 금융정책을 시행하고 지역 금융 체제를 유지하는데 회원국들이 협력한다고 동의하는 것을 의미한다. 따라서 어떠한 국가가 강제적인 압력을 줄 필요가 없다는 장점도 있다.

동아시아 국가들은 지역 금융·통화 협력을 통해 앞으로 일어날 수도 있는 금융 위기에 대비하자는 데 동의했다. 1997년 금융 위기의 경험을 통해 지역 내 환율이 불안정하고 확실하지 않으면 위기에 처할 위험성이 높아질 뿐만 아니라 경제성장을 막는 장애가 된다는 점을 각국 정부가 인지하고 있기 때문이다. 금융·통화 협력은 지역 내 각국 통화를 안정시키고 금융 위기를 미연에 방지하는 효과가 있을 것이다. 또한 지역 금융·통화 협력은 금융 안전망의 정비에 그치지 않고 지역 내 국가 간의 금융 연계를 강화시키고 지역 채권시장을 구축하는 등, 금융시장의 다른 형태의 지역 협력에도 영향을 주었다.

다음 장에서는 앞으로도 이런 지역 금융·통화 협력의 강화와 공동 통화 도입 필요성의 증대가 계속된다는 가정하에 동아시아의 통화 통합 가능성을 이론과 성공 사례를 통해 고찰해 본다.

3. 지역 통화 통합의 조건과 동아시아의 현황 분석

1. 디터와 히고트의 금융적 지역주의 이론

경제학자 벨라 발라사(Bela Balassa)에 의하면 지역 경제통합은 발전 단계에 따라 5단계로 분류할 수가 있다. 1단계부터 '자유무역'(Free Trade Area), '관세동맹'(Customs Union), '공동시장'(Common Market), '경제통화동맹'(EMU), '정치동맹'(Political Union) 순으로 이뤄지고 제5단계에 가까워질수록 통합의 정도가 높다(Balassa 1962). 하지만 발라사의 이론은 1960년

표 2 | 금융적 지역주의 이론의 주요 내용

	제1단계 지역유동성기금	**제2단계 지역통화제도**	제3단계 경제통화동맹	제4단계 정치동맹
주요 내용	지역유동성기금 창출	**환율 변동 폭을 갖는 지역 공동 환율 제도 도입**	지역 단일 화폐 창출, 역내고정환율제 도입	정치·경제적 통합 달성(일국의 정치시스템은 존재하고 대부분의 문제를 관할)
주요 정책 수단	지역 통화위원회와 같은 지역 중앙은행포럼 창설	**지역 금융위원회의 정기 모임**	공동의 정치기구 창설, 지역 중앙은행 설립	일부 분야에서 초국가적 기구의 창설

자료: Dieter and Higgot(2003, 436); 장동식 외(2008, 302).

대라는 사회적, 역사적 배경하에서 제안된 이론이기 때문에 그의 논의가 현재에도 유의미한지에 대해서는 의문이 든다.

디터와 히고트는 발라사 이론에 "1단계부터 3단계까지 통화정책과 금융 부문에 관한 언급이 없다"고 지적하면서 새로운 4단계의 '금융적 지역주의 이론'(Theory of Monetary Regionalism)을 제시했다. 그들의 이론에 따르면 지역 금융·통화 통합은 네 개의 단계를 거치면서 발전한다. 각 단계의 주요 내용과 주요 정책 수단을 정리하면 〈표 2〉와 같다. 제1단계는 '지역유동성기금', 제2단계는 '지역통화제도', 제3단계는 '경제통화동맹' 그리고 마지막 제4단계는 '정치동맹'이다. 아직 제4단계까지 달성된 지역공동체는 없다.

지역 경제통합 과정에서 금융과 무역 분야의 통합이 같이 발전되어야 한다는 주장이나 공동시장(Common Market)이 있어야 통화 통합이 가능하다는 주장도 있다. 이런 주장에 따르면 외국 직접투자(Foreign Direct Investment)나 산업간 무역(Intra-industry Trade)과 같은 시장으로부터의 통화에 대한 압력이 동아시아의 경제통합을 추진하는 원동력이 된다는 것이다. 대표적으로 유럽은 공동시장 이후에 금융 부문의 협력이 이뤄졌다.

1952년에 ECSC(European Coal and Steel Community, 유럽석탄철강공동체)가 설립된 후 지역 내 무역자유화를 추진해 왔으며 1986년의 〈유럽통합법〉(SEA)을 통해 공동시장이 형성되었다. 따라서 경제통합에서 금융과 무역 분야를 나누어 이론화하는 것이 적절한지에 대해서 아직 논의가 많다.[6]

그러나 통화동맹을 먼저 달성하는 경우도 있다. 예를 들면 CEMAC는 1999년에 설립되었지만 10년이 지난 현재도 아직 공동시장을 형성하지 못했다. CEMAC는 통화동맹, 경제동맹, 의회 그리고 사법기관인 재판소를 주축으로 한 경제 공동체지만 공동시장은 2015년 설립을 목표로 통합 과정이 진행되고 있는 중이다.[7] 이런 사례로부터 공동시장은 공동 통화 도입에 영향을 미칠 수 있지만 통화 통합의 결정 요인은 아니라고 볼 수가 있다.

2. 동아시아의 지역 금융 통합 과정

앞장에서 살펴본 이론에서 지역주의의 발전 과정을 단계별로 다루듯이 지역 금융 통합을 어떻게 달성할 것인가에 대한 계획은 동아시아에서도 많이 논의되어 왔다. 특히 통화 통합의 로드맵(Road Map)은 2000년도 초부터 제기되어 계속 수정되어 왔다. 이런 로드맵의 발전은 논의의 내용이 각

6_Jang(2011, 23). 디터와 히고트는 이 이론에서 무역 분야에 대해서도 언급했지만 이론의 구성에서 금융적인 요소가 중심이었기 때문에 구체적으로 다루지는 않았다.

7_International Democracy Watch, "Central African Economic and Monetary Community," http://www.internationaldemocracywatch.org/index.php/central-african-economic-and-monetary-community(2011년 9월 14일 검색).

국가 외교정책의 기초가 된다는 점에서 매우 중요하다. 로드맵의 존재가 통합 과정을 원활하게 진행시키고 지역 통합 참여 국가들의 정책 방향을 결정하는 요소가 되기 때문이다.

금융 지역주의에 있어 지역통화제도가 중요한 요소라는 것은 유럽의 통화 통합 역사를 통해 알 수가 있다. 1969년 레몽 바르(Raymond Barre)에 의해 제안된 통화 협력 계획(통칭 Barre Plan)이 그해 7월의 각료이사회에서 채택되었다. 1970년에는 유럽 공동 통화 도입에 관해 보다 구체적인 내용을 담은 베르너 보고서(Werner Report)가 제출되어, 이 결과를 받아 1972년에 EEC(European Economic Community, 유럽경제공동체) 국가들은 스네이크 체제라고 불리는 공동 변동환율제를 도입했다(Scheller 2004, 16-17). 그러나 당시 발생한 오일쇼크와, 금융정책 공조에 있어 회원국 간 대립 등 부정적인 요인 때문에 주요 국가들이 이 환율 제도에서 이탈하게 되었다. 그런 상황에서도 남은 회원국들이 환율 변동 공동관리를 계속하고 제도를 유지하여 1979년에 EMS(유럽통화제도)를 도입했다. 그리고 1992년에 마스트리히트 조약이 체결되고 유럽동맹이 탄생하게 되었다. 유럽동맹의 탄생은 지역 통합을 가속화시켰고 1998년에 유럽중앙은행이 설립되어 1999년에 유럽 공동 통화인 유로가 도입되었다. 이런 과정을 보면 지역통화제도를 유지했다는 것, 즉 환율 협력에 대한 국가 간의 노력이 공동 통화 도입을 실현시켰다고 할 수가 있다.

그렇다면 동아시아에서는 어떠한 금융 통합 과정이 전개될 것인가. 일본 IIMA(Institute for International Monetary Affairs, 국제통화연구소)가 2002년에 제안한 동아시아 통화 통합 계획에 따르면 통합 발전 과정은 3단계로 나눠져 있다. 첫 단계는 2010년까지 동아시아 공동 통화에 관한 논의와 프로그램 작성 작업을 마무리한다는 내용이다. 다음 단계는 동아시아 공동 통화로 이행하는 준비 기간으로 2030년까지 동아시아 지역 중앙은행을 설립하고 공동 통화에 관한 법적인 틀을 마련하는 것을 핵심 내용으로 한다. 2030년 이후부터는 통합의 마지막 단계에 접어들어 이 단계에서는 동아시아 공동 통화 도입과 동아시아 경제통화동맹을 설립하는 것을 목표로 한다(Wang 2002). 하지만 이 계획에는 AMF(아시아통화기금)의 설립 등 2011년 현재까지 달성 못한 과제가 포함되어 있고 로드맵 발표 당시와 현재의 지역 및 국제 정세도 변했기 때문에 이 청사진을 그대로 앞으로의 금융·통화 협력에 적용하기는 힘들 것이다.

그 후에 제기된 로드맵들도 기본적으로는 단기, 중기, 장기적인 달성 과제를 포함한 3단계 형식을 갖추고 있다. 여기서 주목해야 하는 점은 2010년 이전에 제시된 로드맵들이 공통적으로 통화 통합 과정의 제1단계, 즉 단기적인 과제로서 CMIM(치앙마이 이니셔티브 다자화)을 지적하고 있다는 것이다(Oh 2005; Rana 2006; Lee and Ryong 2007). CMIM은 2010년 3월 24일에 발효되었고 지역 내 금융 감독·감시 제도인 AMRO(ASEAN+3 거시경제조사국)도 창립되었다. 이것으로 지역 내 금융 위기 발생 방지 장치와 위기 시 대응 제도가 어느 정도 완성되었다고 볼 수가 있다. 요컨대 현재 동아시아의 상황은 금융·통화 통합 로드맵의 첫 단계의 과제를 끝내고 2단계로 이행되는 시기로 판단할 수 있다. 왜냐하면 금융 통합 로드맵의 중기적인 단계에서는 지역 내의 환율 안정을 위해 AMS(Asian Monetary System, 동아시아 통화제도)의 도입이라는 새로운 과제가 설정되어 있기 때문이다.

지역통화제도 도입은 디터와 히고트의 이론에 따르면 제2단계에 해당한다. EMS를 구성하는 핵심 요소들은 'ECU'(유럽통화단위), 'ERM'(Exchange Rate Mechanism, 환율조정제도), '신용공여'(Credit Facilities)이다. 동아시아에서 이런 핵심 요소들을 구축하기 위한 노력이 얼마만큼 이뤄져 있는가를 살펴보는 것이 중요하다.

ADB(아시아개발은행)의 총재 구로다 하루히코(黒田東彦)는 동아시아 통화 통합을 강조하는 대표적인 인물이다. 그는 오랫동안 공동 통화 도입과 환율 협력의 중요성을 주장해 왔다.[8] 구체적으로는 동아시아 지역 내의 통화 사이에는 환율을 고정시키고 달러나 유로에 대해서는 변동하는 시스템이 동아시아 경제통합을 위해 필요하다고 주장한다(黒田, 伊藤 2010). 그러나 그의 바람과는 다르게 동아시아에서는 지역 공동 ERM 도입에 관한 협력이 아직까지 구체적으로 진행되어 있지 않고 지역 내에 다양한 환율 제도가 존재하고 있다.[9]

카와이 마사히로(河合正弘)는 아시아에서 환율 변동에 초점을 맞춘 지역 경제 감시·감독의 중요성을 주장하면서 효율적 감독을 위한 'ACU'(아시아통화단위) 도입을 제안하고 있다(河合正弘 2010b). 1979년에 도입된 ECU(유럽통화단위)에 대응하여 ACU는 동아시아 통화의 가중 평균치를 보여 주는 기준으로 2006년에 ADB에 의해 공표되었다. 현재 ACU는 동아시아의 환율 안정도를 높이는 지표의 역할을 하고 있으며 향후 통화 통합이 진행되면 가상 통화에서 공동 통화로 이행될 가능성도 기대할 수 있는 상황이

8_구로다는 ADB 총재 취임 전부터 통화 통합에 대한 청사진을 제기해 왔다. 구로다가 2004년에 제안한 통합 과정은 'CMI 강화' '지역 채권시장 개발' '자유무역(FTA: Free Trade Agreement) 협력' '지역 내 환율 안정 협력' '단일 통화 도입'이라는 5단계로 발전해 간다는 것이었고, 지역 중앙은행의 설립이나 세계 단일 통화까지 전망하고 있다(Dwyer 2004, 26).

9_카와이 마사히로는 동아시아의 환율 제도를 커런시 보드 시스템(Currency Board System), 변동환율제도(Floating Exchange Rate System), 고정환율제도(Fixed Exchange Rate System), '아주 좁은 범위에서의' 변동환율제도, '좁은 범위에서의' 변동환율제도, '넓은 범위에서의' 관리 변동환율제도(Managed Floating Exchange Rate System)로 분류했다(河合正弘 2010a). 이 외에도 기관에 따라 다른 분류 방법이 존재한다.

다. 그러나 ACU에 관한 활발한 논의에 비해 ERM과 신용공여에 관해서는 아직 구체적인 움직임이 없는 상황이다.

3. 동북아 국가들의 통화 통합에 대한 지지의 필요성

동아시아에서 ASEAN이 공동 통화 도입에 대해 적극적인 이유는 환율과 인플레이션의 안정에 대한 기대 때문이다. ASEAN의 회원국 중에는 향후 경제성장의 가능성이 크지만 국내에서 자금을 조달하기 어려워 자본이 부족한 개발도상국이 많다. 따라서 지역 내의 선진국, 특히 동북아 3개국(한국, 중국, 일본)으로부터 투자 촉진을 기대할 수 있는 통화 통합은 ASEAN에게 중요한 의제(agenda) 중 하나다. 이것은 개발도상국뿐만 아니라 투자에 대한 수익(return)을 얻을 수 있다는 점에서 선진국에도 상호 보완적인 상승효과를 기대할 수 있을 것이다(服部高明 2008, 68).

ASEAN은 1997년에 이미 ASEAN 공동체(ASEAN Community)의 개념인 'ASEAN Vision 2020'의 청사진을 제시하고 있다.[10] 그들이 제안한 ASEAN 공동체는 ASC(ASEAN Security Community, ASEAN 안보공동체), AEC(ASEAN Economic Community, ASEAN 경제공동체) 그리고 ASCC(ASEAN Socio-Cultural Community, ASEAN 사회문화공동체)라는 세 가지 축으로 구성되어 있다. ASEAN은 공동 통화가 역내 무역규모 증진에 긍정적 효과를 준다는 데 동의하고 2000년대 초부터 독자적으로 금융 부문의 장관급 회담

10_ASEAN, "ASEAN Vision 2020." 제2회 ASEAN 비공식 정상회담(Kuala Lumpur, Malaysia, 1997년 12월 14~16일).

에서 공동 통화에 대해 논의해 왔다. 2003년부터 07년까지 ASEAN 사무국장이었던 옹 켕 용(Ong Keng Yong)은 "사실 ASEAN이 경제·통화 통합을 달성하기에는 경제적으로 아직 어려운 상황인데도 불구하고 그들이 공동 통화 도입에 대한 선호를 명시하고 있는 것이 통화 통합 성공을 위한 필요조건이라고 할 수 있다"고 긍정적인 평가를 내렸다.[11] ASEAN의 경제·통화 통합에 대한 정치적 의지(political willingness)가 강하다는 것은 공동체 설립 목표를 2015년으로 재설정했다는 것을 보아도 알 수가 있다. 이처럼 ASEAN이 지역 통합에 대한 강한 선호를 표현하고, 동북아 국가들은 공동 통화 도입을 전망하고 있긴 하지만 가시적 결실을 보이고 있지는 않다.

한편 동북아 국가들의 통화 통합에 대한 소극적인 태도는 여러 관점에서 설명할 수 있다. 하나는 동북아 국가들이 지역 통화 통합에 드는 비용에 민감하다는 것이다. ADB가 2007년에 지역 내 여론 지도자들(opinion leaders)을 대상으로 실시한 조사에서, 지역 경제통합의 이익과 비용에 관한 동북아 국가들과 ASEAN의 인식은 반대로 나타났다. ASEAN은 경제통합의 비용에 대해서 긍정적인데, 다시 말하면 그것을 문제라고 인식하지 않는 경향이 있다. 그러나 동북아 국가들의 경우는 통화 통합에 드는 비용을 심각한 문제로 간주한다(Capannelli 2010, 371). 특히 동북아 국가들은 국내 금융정책의 독립성 상실에 대해 큰 의미를 부여하는 데 반해 ASEAN은 지역 환율 안정이나 지역 중앙은행에 의한 보다 신뢰성 높은 인플레이션 조정이라는 이익이 금융정책 주권의 포기라는 비용보다 중요하게 인식해

11_Ong Keng Yong, "Towards ASEAN Financial Integration." Economics 2004 Conference(자카르타, 2004년 2월 18일)에서 발언, http://www.asean.org/16013.htm (2011년 9월 20일 검색).

표 3 | 동아시아의 인플레이션 변동

소비자물가 상승률	1997	1998	1999	2000	2001	2002	2003	2004	2005	2006	2007	2008	2009	2010
동북아														
중국	2.8	-0.8	-1.4	0.4	0.7	-0.8	1.2	3.9	1.8	1.5	4.8	5.9	-0.7	3.3
일본	1.9	0.6	-0.3	-0.8	-0.7	-0.9	-0.3	0	-0.3	0.3	0	1.4	-1.4	-0.7
한국	4.4	7.5	0.8	2.3	4.1	2.8	3.5	3.6	2.8	2.2	2.5	4.7	2.8	3
ASEAN														
브루나이	1.7	-0.4	0	1.2	0.6	-2.3	0.3	0.9	1.1	0.2	1	2.1	1	0.5
캄보디아	8	14.8	4	-0.8	-0.1	0.1	1	3.9	6.3	6.1	7.7	25	-0.7	4
인도네시아	6.2	58	20.7	3.8	11.5	11.8	6.8	6.1	10.5	13.1	6	9.8	4.8	5.1
라오스	19.5	90.1	128.4	23.2	7.8	10.6	15.5	10.5	7.2	6.8	4.5	7.6	0	5.4
말레이시아	2.7	5.3	2.7	1.6	1.4	1.8	1.1	1.4	3	3.6	2	5.4	0.6	1.7
미얀마	33.9	49.1	10.9	-1.7	34.5	58.1	24.9	3.8	10.7	26.3	32.9	22.5	8.2	7.3
필리핀	5.8	9.7	6.4	4	6.8	3	3.5	6	7.6	6.2	2.8	9.3	3.2	3.8
싱가포르	2	-0.3	0	1.3	1	-0.4	0.5	1.7	0.5	1	2.1	6.6	0.6	2.8
타이	5.6	8	0.3	1.6	1.6	0.7	1.8	2.8	4.5	4.6	2.2	5.5	-0.8	3.3
베트남	3.1	8.1	4.1	-1.8	-0.3	4.1	3.3	7.9	8.4	7.5	8.3	23.1	6.7	9.2

주: 이 표의 소비자물가 상승률은 연간 변화를 %로 나타낸 것임.
자료: IMF.

왔다. 따라서 동아시아에서 상대적인 약소국들은 통화동맹에 가입하는 것에 강한 지지를 갖게 된다(Madhur 2002).

다른 하나는 지역 통화 통합에서 전망되는 이익이 동북아 국가들에게는 강한 동기부여가 되지 않는다는 것이다. 〈표 3〉은 1997년부터 2010년까지 동아시아 국가들의 소비자물가 상승률을 나타낸 것이다. 이것을 보면 동북아 국가들보다 ASEAN의 소비자물가 상승률이 더 불안정하게 나타난다. UEMOA와 CEMAC, 즉 CFA[12] 프랑존에서는 공동 통화 도입 이후 여타 사하라 이남의 아프리카 국가들에 비해 물가가 안정되었다(문성민 · 문우식 2009, 43). 이런 사례를 통해 보면 ASEAN에게도 공동 통화를 도입한다는 것은 물가 안정을 위해 매우 매력적일 것이다. 하지만 인플레이션 변동이 심한 ASEAN에 비해 동북아에서는 1997년부터 99년까지의 한국과 2007년부터 09년까지의 중국의 경우를 제외하고 그 변동의 정도가 낮은 편이다. 요컨대 공동 통화 도입으로 인한 인플레이션 안정이라는 이점은 물가 변동이 큰 문제로 인식되지 않는 동북아 국가들에게 크게 매력적인 요소가 아니며 따라서 통화 통합을 추진할 필요성을 느끼게 하지 않는다는 것이다.

동북아 국가들과 ASEAN 사이에 공동 통화 도입에 대한 견해에 차이가 있는 한편, 동북아 3개국 간에도 통화 통합을 둘러싼 이해관계가 존재한다(안경애 2008). 특히 한국, 중국, 일본의 서로 다른 이해 때문에 동아시아에서는 어떤 한 국가의 통화를 공동 통화로 추진하지 않고 역내 단일 통화를 새로 창설하려고 한다. 2000년대 후반부터 중국은 위안화의 국제화를 위해 노력하고 있다. 당분간 위안화가 달러 대신 기축통화가 된다는 것은 실현되기 어렵다는 전망이 대부분이지만 동아시아 지역에서 중심 통화가 될 가능성은 높다(이용욱 2011). 1990년대 후반에 엔화의 국제화를 시도했다가 실패한 일본으로서는 미래의 동아시아 지역에서 중국 위안화가 공동 통화화할 가능성을 피하기 위해서라도 새로운 통화 창출을 강하게 주장

12_1945년부터 58년까지 CFA는 '아프리카의 프랑스 식민지'(Colonies françaises d'Afrique)라는 의미였으나, 1958년 프랑스 제5공화국의 설립 때부터 60년대의 CFA 프랑을 사용하는 아프리카 국가들이 독립하는 때까지는 '아프리카의 프랑스 공동체'(Communauté française d'Afrique)라는 의미를 띠게 되었다. 그때부터 아프리카 국가들의 독립까지 CFA는 두 가지 의미를 가지게 되었다. http://ko.wikipedia.org/wiki/CFA_%ED%94%84%EB%9E%91(2012년 1월 11일 위키백과 검색).

한다(河合正弘 2010b, 427). 이처럼 중국과 일본이 서로를 견제하는 상황은 한 국가가 통화 통합을 주도하기 어려워 공동 통화 도입에 큰 장애 요인이 된다. 지역 통화 통합에 있어, 공동 통화 도입을 주도하는 국가의 인플레이션이 낮아야 다른 국가들도 낮은 인플레이션을 유지할 수가 있다(길핀 2004, 385-86). 유럽의 경우에도 EMS는 인플레이션율이 낮았던 독일을 중심으로 작동되었던 시스템이었다. 물론 프랑스나 이탈리아와 같은 다른 국가들도 유럽의 통화 통합을 강력히 지지했기 때문에 독일 중심의 지역통화 제도를 받아들였다(Chey 2010). 그러나 동아시아의 경우 〈표 3〉에 따르면 공동 통화 도입을 주도해야 하는 중국과 일본이 갈등 관계에 있어 지역 통화 통합을 위한 어느 한 국가의 주도를 다른 국가가 지지하기 어려울 것 같다.

중국과 일본은 상대적 이득을 얻을 수 없다고 해도 동아시아라는 한 지역 전체의 경제성장과 협력 관계를 고려하여 공동체로서의 절대적 이득을 지향하는 것이 요구된다. 통화 통합이 동아시아 지역, 특히 ASEAN 개도국의 경제성장 능력을 증가시키면 그것이 선진국인 동북아 국가들에게도 간접적인 이익 증진을 초래할 것이다. 그렇다면 지역 통화 통합의 과정에서 일본과 중국 간의 갈등 관계 사이에 있는 한국은 어떤 역할을 할 수 있는가. 한국에서는 동아시아 공동 통화 도입이라는 주제에 대해 학계에서만 논의가 진행되어 있고 아직 정책 결정자들 간에서 구체적인 이야기가 나와 있는 상황이 아니다. 또한 통화정책의 자율성을 감안하건대 아직 동아시아 공동체(East Asian Community)도 지역 단일 시장도 존재하지 않는 지금 상황에서는 공동 통화 도입에 대해 보수적인 입장을 고수하고 있다.[13] 그리고 동아시아 지역 통합에서 북한 문제도 매우 중요하다. 동아시아 국가들은 기본적으로는 ASEAN 10개국과 동북아 3개국으로 논의되고 있지만 몽골이나 타이완, 인도, 오스트레일리아 등의 포함 여부 등 회원국 문제가 남아 있기 때문이다. 특히 한국과 북한은 향후 통일의 가능성도 고려해야 하기 때문에 보다 신중론을 주장하게 될 것이다.

4. 의제(Agenda) 제시를 통한 통화 통합 아이디어 공유

2절에서 언급했듯이 통화 통합의 필요성과 공동 통화 도입에 의한 이익이 명확함에도 불구하고 동아시아에서는 통화 통합의 제도화에 대한 실질적 노력은 보이지 않는다. 아시아의 여론 지도자들이 현재 강화·발전이 필요하다고 생각하는 제도는 지역 간 정책 대화 및 감시 제도, 공동시장, 그리고 공공재에 관련된 것이다. ADB의 조사에 따르면 각 이슈에서 약 70%의 지도자들은 이런 제도들의 강화 또는 새로운 제도의 개선이 필요하다는 데 의견을 같이 했다. 그러나 37%의 지도자들만이 공동 통화의 목표 달성을 중요하다고 답해 다른 이슈에 비해 덜 우선적인 것으로 인식하고 있다(Capannelli 2010, 375). 하지만 동아시아에서 공동 통화 창출이 가능하다고 답한 여론 지도자들이 38%로 나타났고 이것은 통화 통합의 가능성을 부정적으로 보기에는 무시할 수 없는 수준이다. 보다 놀라운 것은 64%의 지도자들이 2020년 전에 동아시아에서 통화 통합이 달성될 것이라고 답을 했다. 이런 여론의 인식에 비해 정부 지도자들의 평가는 덜 긍정적이다.

13_2011년 6월 3일에 필자가 한국은행에서 실시한 인터뷰 내용에 따름. 이것은 한국은행 및 한국 정부의 공식적인 입장이 아니라는 것을 밝히며, 협조해 준 익명의 연구원에게 감사를 표한다.

2020년 전에 공동 통화 도입이 가능하다고 답한 정부 관련자들은 다른 여론 지도자들보다 낮게 나타났다(Capannelli 2010, 378-381). 따라서 정책 결정에 가장 결정적인 영향력을 가진 정부는 통화 통합을 더욱 적극적으로 주도할 수 있도록 노력해야 할 것이다.

디터와 히고트의 이론에서 주요 정책 수단을 보면 각 국가의 중앙은행들이 정보와 의견을 교환하는 모임이 지역 금융 통합을 추진하는 데 중요한 역할을 한다는 것을 알 수 있다. 국제관계에서 국가들이 협력하기 위해서는 상대의 의도에 대해 확신과 신뢰를 가져야 한다. 많은 행위자들은 행위의 결과를 확실하게 알 수 없는 상황에서는 그 결과에 대한 '기대'에 의거하여 행동을 선택한다. 이런 경우 행위자들 간에 '아이디어의 공유'(sharing of idea)라는 것이 그 기대를 결정하게 한다. 행위자가 어떤 아이디어를 한 번 믿으면 그것에 따른 선호 및 목표 달성 전략을 선택하게 되기 때문이다.[14]

유럽에서 지역 공동 통화에 대해 제기된 첫 아이디어는 1962년 10월에 열린 유럽이사회(European Council)의 회의록에서 찾을 수가 있다. 하지만 1960년대는 브레튼 우즈 체제가 잘 기능하고 있는 상황이었기 때문에 당시 EEC 멤버들은 지역공동체 수준에서 새로운 고정환율제를 도입하지 않아도 지역 내 환율은 보장될 것이라고 판단했다. 따라서 당시는 1964년에 설립된 각 중앙은행 총재에 의한 위원회(the committee of governors of the central banks of the EEC)를 제외하면 특별히 공동 통화 도입에 관련된 공식적인 움직임은 없었다(Scheller 2004, 17). 이런 상황이었는데도 불구하

14_골드스타인과 코헤인은 이런 아이디어의 효과를 '로드맵'(road map)이라 부른다(Goldstein and Keohane 1993, 13-17).

고 유럽이 유로 도입에 성공한 이유는 금융 전문가들이 지속적으로 통화 통합이라는 '아이디어'를 제기하여 그것이 위원회를 통해 정책 결정 엘리트들 사이에서 공유되었던 배경 때문이라는 주장이 있다.

마티아스 카엘베레(Matthias Kaelberer)와 에이미 베르둥(Amy Verdun)은 유럽 통화 통합 과정에서 '지식공동체'의 역할에 주목했다(Kaelberer 2003; Verdun 1999).[15] 그들에 의하면 경제통화동맹 형성 과정에서는 금융적 전문가들이 아이디어를 공유할 필요가 있으며 국가 중앙은행들의 위원회가 결합력이 있는 정책 결정 집단(policy-making group)으로서 금융정책에 큰 영향을 준다고 했다. 유럽 통화 통합을 추진하기 위해 자크 들로르(Jacques Lucien Jean Delors)가 의장을 맡은 위원회는 각 국가 중앙은행 중역들과 금융 전문가들로 구성됐었다(Walsh 2001, 70). 위원회가 제출한 들로르 보고서(Delors Report)의 내용은 통화 통합 과정을 3단계로 나눠서 발전시킨다는 것이었다. 그 보고서에 따르면 통합 과정의 첫 단계에서 유럽동맹을 설립하고 다음 단계에서 경제통화동맹과 EMI(European Monetary Institute, 유럽통화기구)를 형성, 그리고 마지막으로 통화동맹을 달성할 것이라는 계획이었다(McNamara 1998). 들로르를 중심으로 한 위원회에서 공유된 통화 통합의 아이디어는 하나의 컨센서스(consensus)가 되고 유럽 통화 통합에 영향을 미쳤다. 요컨대 유럽의 사례를 고려하면 동아시아에서도 공동 통화 도입이라는 아이디어 공유는 통화 통합을 촉진할 요소가 될 수 있

15_지식공동체의 개념에 관해서는 피터 하스의 논문(Hass 1992)에서 주장한 것이다. 이 개념을 유럽의 경제통화동맹 과정에 적용한 연구는 Kaelberer(2003); Verdun(1999)를 참조하라. 또 지식공동체가 공유하고 있는 아이디어는 골드스타인과 코헤인의 분류에 따르면 인과적 신념(Causal Belief)으로 간주된다. 이런 아이디어는 이익(interests)만큼 정책 결정에 영향을 미치는 중요한 요소이다(Goldstein and Keohane 1993, 10-11).

다는 것이다. 그렇다면 현재 동아시아에서 지식공동체가 존재하고 아이디어를 공유하는 노력을 하고 있는지를 살펴볼 필요가 있다.

오늘날 동아시아 국가들 간에는 거시 경제 및 통화·금융 부문과 관련한 다섯 가지의 협력 틀이 있다. 'AFMM+3'(ASEAN Plus Three Finance Ministers' Meeting, APT 재무장관 회의) 'AFDM+3'(Informal ASEAN Plus Three Finance and Central Bank Deputies' Meeting, APT 재무차관(次官) 및 중앙은행 부관(副官) 비공식 회의), ABMI(아시아채권시장 이니셔티브), 'CMI'(치앙마이 이니셔티브) 그리고 'APT 리서치그룹'(ASEAN Plus Three Research Group)이다. 네 가지 협력 틀 중에서 기능적으로 지식공동체에 가까운 협력 틀은 APT 리서치그룹이다. APT 리서치그룹은 AFMM+3와 AFDM+3에서 논의될 정책 이슈를 설정하고 동아시아 금융 관료들 간에 의견 교환이 원활하게 이뤄질 수 있도록 지원하는 역할을 하기 위해 2003년에 설립되었다.[16] 이 그룹은 주로 AFMM+3에서 논의될 주제를 연구하는 역할을 하고 있으며, 동아시아 지역 내 연구 기관의 조사 결과에 의거해 지역 금융 협력에 대한 중장기적 계획을 AFMM+3에 제출한다. AFMM+3에서 논의된 결과에 따라 APT 리서치그룹은 구성원인 각 연구 기관에 조사를 지시하고 이들이 조사한 연구 결과를 다시 논의한다. APT 리서치그룹이 작성한 연구 보고서는 AFMM+3뿐만 아니라 AFDM+3에서도 논의된다.[17]

2010년 5월 2일에 열린 AFMM+3에서 그해 APT 리서치그룹의 연구 과제로 RMU(지역통화단위)와 관련된 주제가 설정되었다. 연구 과제 내용은

16_ASEAN, http://www.aseansec.org/19588.htm(2011년 8월 9일 검색).

17_ASEAN, ASEAN Plus Three Cooperation Database, http://www.aseansec.org/22206.pdf (2012년 1월 27일 검색).

표 4 | APT 리서치그룹 연구 과제

년차	연구 과제
2004/2005	I) Economic Surveillance and Policy Dialogue in East Asia II) Trade, Investment and Financial Integration in East Asia III) Exploring Ways to Enhance the Functions of the Chiang Mai Initiative in the Medium Term IV) Role of Private Sector Development in Regional Economic Growth and Financial Integration
2005/2006	V) Regional Coordination of Policy Measures Forward: Financial Market Liberalization and Capital Market Development VI) Liberalization of Cross-Border Capital Flows and Effectiveness of Institutional Arrangements against Crisis in East Asia VII) Fostering Asset Management Industry for the Development of Capital Markets in the Region
2006/2007	**VIII) Toward Greater Financial Stability in the Asian Region: Exploring Steps to Create Regional Monetary Units(RMUs)** IX) Financial Conglomeration in the East Asian Region: Recent Trends and Implocations for Regional Financial Market Development
2007/2008	**X) Toward Greater Financial Stability in the Asian Region: Measures for Possible Use of Regional Monetary Units for Surveillance and Transaction** XI) Development of on Corporate Credit Information XII) Developing the Capital Market to Widen and Diversify SME Financing: The Korean Experience
2008/2009	XIII) Development of Corporate Credit Information Database and Credit Guarantee System XIV) The Trend of Trade, Foreign Direct Investment and Monetary Flows in East Asia, and its Policy Implication XV) New Financial Products and Their Impacts on the Asian Financial Markets
2009/2010	XVI) Ways to Promote Foreign Trade Settlements Denominated in Local Currencies in East Asia XVII) Regulation and Supervision for Sound Liquidity Risk Management for Banks
2010/2011	**XVIII) Possible Use of regional Monetary Units – Identification of Issues for Practical use** XIX) Lessons from Asia' s Experiences with Sudden Capital Flows XX) Fiscal and Financial Impacts of the Climate Change and Policy Challenges in East Asia
2011/2012	XXI) Dealing with Commodity Price Volatility in East Asia XXII) Roles and Functions of the Banking Sector in the Financial System of the ASEAN+3 Region XXIII) Role of Regional Financial Safety Net in Global Architecture

자료: ASEAN.

(1)역내 통화 단위의 실용적 활용 방안, (2)급격한 자본 이동 대응 방안, 그리고 (3)기후변화의 영향 및 대응 과제였다. RMU가 연구 과제로 설정된 것은 이번이 처음이 아니다. 〈표 4〉는 APT 리서치그룹이 진행한 연구 과

제들이다. 2006년 AFMM+3에서는 동아시아 지역의 금융 안정을 위해 RMU 창설에 관한 연구 진행이 결정되었다. 그다음 해인 2007년에도 금융 안정성이라는 같은 연구 주제하에서 지역 내 금융 감독과 결제 수단으로서의 RMU 평가라는 보다 실천적인 내용에 관한 연구가 계속되었다. 하지만 2008년과 09년에는 다른 주제의 연구 과제가 더 중요하게 인식되었다. 왜냐하면 AFMM+3에서는 동아시아의 거시 경제적인 문제를 넓게 다루고 있기 때문이다. 〈표 4〉의 연구 과제들을 보면 알 수 있듯이 APT 리서치그룹은 무역과 투자를 비롯하여 동아시아의 경제·금융 협력에 관련된 여러 주제를 연구하고 있다. 그러나 APT 리서치그룹은 의제를 제시한 후 실제적으로 이행시키지 못한다는 한계를 지니고 있다. 따라서 APT 리서치그룹의 연구 결과를 바탕으로 지역 통화 통합에 대해 집중적으로 논의하는 조직이 필요하다.

2011년 5월 4일의 AFMM+3에서는 각 국가의 중앙은행 총재들이 회의에 참여하도록 하자는 결정이 내려졌다. 이날 공동성명(Joint Statement)은 지역 금융 협력을 위해 2012년부터 AFMM+3가 중앙은행 총재들도 참여하는 'APT 재무장관 및 중앙은행 총재 회의'(ASEAN Plus Three Finance Ministers' and Central Bank Governors' Meeting)로 발전시킨다는 내용을 담고 있다.[18] 이로써 디터와 히고트 이론의 제2단계 구성 요소에 해당하는 지역 금융 위원회의 정기 모임이 마련되었다고 할 수가 있다. 앞으로 이 회의가 중심이 되어, 동아시아 통화 통합에 대한 보다 구체적인 논의와 통합 과정 진행을 위한 협력 제안이 나올 전망이다.

18_ASEAN, "The Joint Ministerial State ment of The 14th ASEAN+3 Financial Ministers' Meeting"(Ha Noi, Viet Nam, 2011년 5월 4일).

4. 결론

본 논문은 현재 동아시아의 금융 협력 강화를 위한 추진 노력과 통화 통합에 대한 학문적인 논쟁들을 정리하고, 동아시아에서 공동 통화 도입에 대한 노력과 진행 상황에 대해 살펴보고 있다. 동아시아 통화 통합에 필요한 조건들은 다음과 같다. 통화 통합 달성을 위한 과정을 제시하는 로드맵의 작성, 동아시아 통화제도의 도입, 공동 통화 도입을 추진할 의지를 형성하기 위한 아이디어의 공유, 그리고 지역 협력을 위해 강대국들이 갈등을 해소하고 공동 통화 도입에 대해 보다 적극적인 자세를 보여 주는 것이다. 이런 조건들과 현재 동아시아의 금융 협력 상황을 고려했을 때 동아시아는 통화 통합 과정의 3단계 중에 1단계까지 달성했다고 할 수 있다. 1997년의 아시아 금융 위기와 최근 전 세계에서 발생한 위기들에 의해 동아시아에서는 금융·통화 협력에 대한 인식이 강화되고 통화 통합의 필요성도 높아졌다. 지금까지 노력해 온 동아시아의 금융 협력은 앞으로도 계속될 전망이고 통화 통합에 대한 논의도 활발하게 진행될 것이다. 그럼에도 불구하고 현재 동아시아에서 공동 통화 도입이 부정적으로 보이는 이유는 해결하기가 어려운 문제가 남았기 때문이다. 통합 과정에서 다음 단계로 진행되기 위하여 필요한 지역통화제도의 도입은 동북아 국가들의 협력이 전제가 되어야 한다. 국가 간 협력을 유도하기 위해서는 동아시아 전체 국가들이 통화 통합에 대한 공유된 아이디어를 갖는 것이 중요하지만 이는 가까운 시일 내에 이뤄지기 어려울 것이다.

한 국가의 국민들에게 통화는 그 소속 사회를 상징하는 것과 같다. 따라서 사람들이 국가의 경계를 넘은 '지역'에 소속되어 있다는 인식이 없으면 공동 통화를 받아들이기 어려울 것이다. 동아시아에서 생활하는 사람들이 본인을 "동아시아에 속해 있다"라고 의식하면 통화 통합이 실현될 가능성이 커질 것이다(服部高明 2008, 70). 각국 국민 차원, 그리고 정부 차원의 통화 통합 아이디어 공유는 서로 영향을 주고받으며 최종적으로는 외교정책에 반영되어 공동 통화 도입의 협력을 가속화하는 데 긍정적 영향을 미칠 것이다.

결론

동아시아 금융 지역주의의 정치·경제

제도적 발전과 쟁점

이용욱

들어가는 말

본서는 지금까지 각 장에서 동아시아 금융 지역주의의 제도적 발전에 관해 구체적으로 논했다. 1997년 동아시아 금융 위기 이후 제도적 기틀을 다진 동아시아 금융 지역주의를 크게 금융 부분과 통화 부분으로 구분하여 분석했다. 금융 부분은 세 가지 이슈 영역을 다루었는데, 역내 금융 안전망 확충(CMIM), 역내 금융 감시 기구(AMRO), 역내 금융시장 활성화(ABMI)가 그것들이다. 통화 부분은 동아시아 통화 연합의 가능성을 중심으로 정치·경제적 분석을 시도했다. 각 장의 저자들은 현재진행형적으로 제도적 발전과 변화를 거듭하고 있는 동아시아 금융 지역주의의 특성을 고려하여 각 분야의 이슈와 쟁점들을 최대한 현재 시점으로 반영하여 논리를 세웠다. 사례별로 구체적인 분석을 시도함과 동시에 이슈 영역들 간의 유기적 연관성에도 주의를 기울이며 동아시아 금융 지역주의의 태동과 발전이라는 큰 그림을 담아내려 노력했다.

본서를 마무리하며 이 장에서는 두 가지를 수행하고자 한다. 첫째는 각 장의 분석과 함의를 바탕으로 동아시아 금융 지역주의의 미래에 대해 논의를 한다. 각 영역별 제도적 공고화에 관한 쟁점을 간략히 살피고 정치경제학적 시각에서 함의를 찾는다. 여기서 정치경제학적 시각이란 지정학적 동인과 경제적 동인의 상호작용을 의미하는데, 특히 중국의 부상이 동아시아 금융 지역주의의 발전에 어떠한 기회와 도전을 줄 것인가를 고찰하여 본다. 이와 함께 동아시아 금융 지역주의에 대한 한국 외교의 전략적 방향성에 대해서도 살펴본다. 둘째는 동아시아 금융 지역주의의 제도적 발전에 관한 미래 연구 방향에 대해 논의한다. 비교 지역주의 연구라는 큰 틀에서 미래 연구를 위한 세 쟁점 이슈에 관한 핵심 질문들을 제시해 본다. 이제 시작 단계인 동아시아 금융 지역주의 연구가 그 이론적, 경험적 엄밀성과 완성도를 높이며 일반성과 특수성을 아우르기 위해서는 다른 지역과의 비교 연구가 크게 요청된다고 할 수 있다.

동아시아 금융 지역주의의 미래와 정치·경제적 함의

본서의 각 장에서 살펴보았듯이 동아시아 금융 지역주의는 지난 15년여 동안 ASEAN+3의 협력을 통해 점증적인 제도적 발전을 이루어 왔다. 1997년 동아시아 금융 위기 전에 제도화를 기반으로 한 동아시아 금융 및 통화 협력이 거의 전무하다시피 했다는 것을 고려해 본다면 협력의 성과가 작지 않다고 평가할 수 있다. 연례 정상회담을 비롯해 제도화된 회원국 고위관계자 회의와 제도적 공고화를 위한 제안들이 지속적으로 나오고 있어 동아시아 금융 지역주의는 앞으로도 그 미래가 기대될 수 있다 하겠다.

다른 한편, 현시점에서의 동아시아는 금융 및 통화 협력의 제도화 완성을 향한 중대한 기로에 서 있다. 향후 10년가량이 동아시아 금융 지역주의의 미래를 규정할 시기라고 볼 수 있는데 그 이유는 크게 두 가지이다. 첫 번째, 동아시아 금융 지역주의의 안착을 위한 제도적 공고화에 관련된 주요 결정들이 앞으로 몇 년 사이에 나타날 전망이다. 두 번째, 글로벌 파워로 자리매김하고 있는 중국이 기로에 서 있는 동아시아 금융 지역주의의 발전에 어떤 정책적 태도를 취할 것인가이다. 일본과 함께 동아시아 금융 지역주의를 견인하는 핵심 국가인 중국의 정책적 선호도에 따라서 동아시아 금융 지역주의의 제도적 공고화의 깊이와 수준이 판가름 날 전망이다. 아래에 후술하듯이 한국은 다자주의 성격의 동아시아 금융 지역주의의 발전으로부터 금융 안전망 확충, 투자 자본 확대 등 경제적 수혜뿐만 아니라 동아시아 및 글로벌 차원에서 책임 있는 중견 국가로 발돋움하는 기반을 얻을 수 있어 중국과 일본을 잇는 적극적인 다자주의 외교로 동아시아 금융 지역주의의 제도적 안착에 힘을 기울여야 할 것으로 본다.

먼저, 동아시아 금융 지역주의의 제도적 공고화에 관련된 주요 이슈들을 살펴보자. 1장의 김진영 교수가 자세히 논했듯 역내 금융 안전망 확충을 위해 ASEAN+3 가 2000년 출범시킨 CMI(치앙마이 이니셔티브)는 2010년 다자화를 성공시키며 상당한 제도적 발전의 틀이 이루어졌다. 총 펀드 규모가 1,200억 달러가 되었고, 2011년에 다시 2,400억 달러로 증액하기로 ASEAN+3는 합의했다. 또한 장기적인 제도적 발전의 초석이 되는 주요 의제별 회원 각국의 투표권(Voting Share)도 합의되었고, 자매기관으로서 보완관계를 이루어 역내 금융 감시 기구 역할을 수행할 AMRO도 2011년 5월에 설립되었다.

이런 제도적 발전에도 불구하고 여전히 넘어야 할 산은 많다. 가장 중요한 이슈는 금융 위기 시 CMI를 작동시키는데 필요한 긴급 구제금융 지원 조건과 처방(lending conditionality and lending prescriptions)의 구성이다. CMIM(치앙마이 이니셔티브 다자화)의 제도적 존재 가치뿐만 아니라 앞으로 AMF로의 이행의 핵심을 구성하는 문제라 할 수 있다. IMF와의 관계 정리도 중요하다. 현재의 CMIM 체제에서는 긴급 구제금융 지원 시 지원금의 80%가 IMF와 연계되어 있다. AMRO가 제도적으로 정착되고 CMIM의 긴급 구제금융 지원 조건과 처방이 확정되면 IMF와의 연계 비율이 줄거나 혹은 전면 철폐될 것이라고 예상하는 견해들이 있어 향후 어떤 형식으로 CMIM 혹은 AMF가 IMF와 관계를 정립할 것인지가 놓칠 수 없는 중요한 사안이다. 또한 AMRO 감시 기능의 범위, 깊이, 정책 권고의 강제성 여부 등 역시 앞으로 다루어질 핵심 사항이다. 이제 막 출범한 AMRO가 어떤 리더십을 발휘하여 회원국들의 협력을 이끌어 내어 제도적으로 발전할 수 있을 것인가가 향후 CMIM과 AMRO를 엮는 명실상부한 AMF의 출현에 큰 함의를 지닌다고 할 수 있다.

역내 금융시장 발전과 활성화를 위해 추진되어 온 ABMI 역시 주요 제도적 결정을 기다리고 있다. 공급적 측면에서 지역 채권시장 활성화를 위한 제도적 틀은 크게 세 가지인데, 이들은 다름 아닌 CGIF(신용보증투자기구), RSI(예탁결제기구), 아시아채권시장 표준화(Asian Bond Market Standardization)이다. 이 중 CGIF는 2011년에 이미 설립되었고 RSI의 논의도 활발하게 이뤄지고 있으며, 장기적으로 볼 때 가장 중요한 이슈라고 할 수 있는 아시아채권시장 표준화는 2010년 9월 도쿄에서 ABMF(아시아채권시장포럼)를 출범시켜 논의에 박차를 가하고 있다. 이와 함께 ASEAN+3는 2011년 5월 ACMI(아시아자본시장 발전방안)도 추후 논의하기로 하여 동아시아는 역내 금융시장 활성화에 중요한 전기를 맞고 있다. ASEAN+3가 채권시장의 공급 측면인 ABMI, 수요 측면인 ABF(아시아 채권 펀드, 본서 3장 이용욱 참조), 자본시장 촉진을 위한 ACMI를 어떻게 제도적으로 맞물리게 하여 동아시아 금융시장 활성화를 진작할 것인지가 핵심 쟁점이라고 할 수 있다.

동아시아 통화 협력은 이제 막 논의를 시작한 단계이고 아직까지 구체적인 제도적 성과 없이 통화 협력의 이익과 비용에 대한 연구를 기반으로 여러 제안 정도가 나오는 수준이다. 단기적으로 보면 가장 통화 협력이 발전한 유럽의 금융 위기가 동아시아 공동 통화 협력 노력에 부정적으로 작용할 수 있다. 그러나 5장의 배병인 교수가 분석했듯이 동아시아가 달러 중심의 국제통화 질서의 수정에 어느 정도 공감대를 형성하고 있어 역내 통화 통합의 제도적 진화를 완전히 배제하기도 어렵다. 6장의 후카호리 스즈카도 통화 통합에 따른 이익과 비용을 논하고 있어 장기적으로 논의가 계속될 전망이다. 2008년 미국발 글로벌 금융 위기로 기존의 기축통화로서의 달러 패권은 흔들리고 있고, 이에 맞물려 남미, 아프리카, 중동에서는 지역 차원의 통화동맹을 이미 출범시켰거나 추진 중에 있다. 아이켄그린의 말대로 세계경제는 달러 체제의 종식과 함께 복수 기축통화 체제로의 이행을 목전에 두고 있는지도 모른다(Eichengreen 2010). 따라서 이런 글로벌 차원과 다른 지역에서의 발전 방향이 동아시아 통화 협력에도 영향을 미칠 것으로 보인다. G2로 부상한 중국이 달러 의존성을 줄이기 위해 위안화 국제화를 2008년 이후 본격적으로 추진하고 있는데 위안화 국제화가 동아시아 통화 협력에 어떤 영향을 미칠지가 변수로 작용할 전망이다(이용욱 2011).

다음으로, 중국의 부상이 향후 동아시아 금융 지역주의 발전에 미칠 영향도 중요하다. 지정학적인 측면에서 동아시아 금융 지역주의 발전은 앞으로 10년가량이 그동안 진행되어 온 제도화의 동력을 살리며 중국의 협력도 끌어낼 수 있는 최고의 기회일 수 있다. 동아시아 금융 및 통화 협력의 제도화에 많은 노력과 지원을 하고 있는 중국이 2020년까지는 미국의 국력을 추월할 가능성이 높지 않기 때문이다. 중국은 '화평굴기'를 위해 실질적으로나 상징적으로 여전히 동아시아와의 협력이 필요하며(Sohn 2008; Jiang 2010), 한국, 일본, ASEAN은 중국을 세력의 정점이 아닌 확장기에 제도적으로 제약(lock-in)하기를 원하고 있어 이런 전략적 맥락의 존재가 동아시아 금융 지역주의의 제도적 공고화에 우호적으로 작용할 수 있다(Hayashi 2006; Grimes 2009; Katada 2009; Ba 2010).

중국의 경우 동아시아 국가들의 제도적 제약 전략을 잘 알고 있지만, 상호 배타적이지 않은 다음과 같은 이유로 중국은 금융 및 통화 협력의 제도화를 지지할 것으로 보인다. 첫째, 다자주의적 제도화 과정을 통해 역내 상호 신뢰 구축을 도모할 수 있어 세력 확장 시 우호적 지역 환경을 조성할 수 있다. 둘째, 다자주의적 제도화는 중국이 제약되는 측면도 존재하지만 역내 다른 국가들도 제도적으로 제약되는 양면성이 있다. 점증하는 중국의 역내 영향력을 볼 때 양면성의 제도적 제약이 중국의 정책 선호도를 더 반영하는 방향으로 조정될 것이라고 생각할 수 있다. 또한 다자주의 논의를 통해 도출한 정책은 정통성 확보를 기대할 수 있어 장기적으로 보면 역내에서 중국의 영향력을 비패권적 형태로 지속시킬 수 있다(Ikenberry 2001). 마지막으로 글로벌 리더십을 위한 학습 효과이다. 역내에서 회원국들과의 상호작용을 통한 다자주의 협력의 경험을 통해 리더십을 배양하고 이를 글로벌 차원에서 활용할 수 있다. 또한 미국, 유럽 등과 경쟁하며 행사될 중국의 글로벌 리더십은 뚜렷한 지역적 존재 기반이 다져질 경우 그 효과가 배가될 수 있다.

정리하면, 당분간 지속될 이런 우호적인 전략적 맥락 속에서 동아시아 금융 및 통화 협력의 제도화는 주요 이슈들에 대한 합의를 목전에 두고 있다. 그 성패에 따라 실질적인 제도적 협력을 이끌어 낼 것인지 아니면 APEC처럼 사실상 유명무실한 모습으로 전락할 것인지가 판가름 날 것으로 보인다. 위에 논의된 이슈들에 대해 한국, 중국, 일본, 아세안은 합의된 의견도 많지만 제도화의 속도, 범위, 상세 내용 등에서 이견도 있다. 따라서 변화하는 국제금융 및 통화 질서와 다른 지역에서 진행되고 있는 경제 지역주의 속에서 동아시아 각국이 어떤 정치적 결단을 통해 동아시아 금융 지역주의를 발전시킬 것인지 중요한 선택의 순간에 있다 하겠다.

경쟁 관계에 있는 동아시아 두 강국인 중국과 일본 사이에서 '가교' 역할이 기대되고 있는 한국은 동아시아 금융 지역주의의 제도화 과정에서 어떤 정책을 펼쳐야 할까? 국제금융 및 통화의 장에서 지역과 글로벌을 연계하는 한국의 역할을 확보하기 위해서는 동아시아 금융 협력의 성공적 제도화를 위한 적극적 다자주의 외교가 어느 때보다 요청된다. 특히 중재자(honest broker)로서 중국과 일본을 잇는 '가교 외교'를 통해 이견을 조율하여 동아시아 금융 질서뿐 아니라 글로벌 금융 질서의 재편 과정에서 한 축을 담당하도록 노력해야 할 것으로 보인다.

한국의 금융 및 통화 외교의 구조적 맥락으로 작용할 변환기의 국제금융 및 통화 질서는 큰 틀에서 보면 서로 관련된 세 가지 흐름으로 압축하여 볼 수 있다. 첫째, 글로벌 차원에서 기존의 신자유주의적 제도적 틀의 변화와 그 변화의 깊이, 정도, 방향성이다. 둘째, 점증하는 지역 금융 및 통화 시스템의 출현과 공고화 정도이다(Katzenstein 2005; Powers and Goertz 2011). 마지막으로, 글로벌 차원과 지역 차원에서 발전하고 있는 금융 및 통화 질서의 관계적 성격이다. 이들은 상호 보완적으로 발전할 것인가? 아니면, 지역 차원의 금융 및 통화 질서의 발전이 배타적인 형태를 취해 글로벌 차원과 지역 차원의 경쟁뿐만 아니라, 지역 간 경쟁 체제의 형태로 제도화될 것인가?

이런 국제금융 및 통화 질서의 변환기에 한국은 어떻게 글로벌과 동아시아 지역을 아우르며 책임 있는 중견국의 역할을 효과적으로 할 수 있을까? 다시 말해, 환율 안정, 금융 안전망 확충, 경제 발전을 위한 원활한 자본 공급과 관리가 큰 틀에서 금융 및 통화 외교의 정책적 목표라고 볼 때 어떠한 방법으로 이들을 추구하여야 하며, 동시에 어떻게 최대한 정책 자율성(Autonomy)을 확보하여 한국의 선호도를 글로벌 및 동아시아 지역 금융 및 통화 질서에 반영할 수 있을까?

적극적인 다자주의(Multilateralism)가 한국 금융 및 통화 외교가 추구해야 할 주요 정책 방향으로 볼 수 있다. 적극적인 다자주의란 비강대국인 한국이 다자주의를 정책적 수단으로뿐만 아니라 그 자체로서 목적으로 추구하여야 한다는 것을 의미한다. 좀 더 구체적으로 말하면, 한국은 중재자 역할 수행을 통해 이미 진행 중인 동아시아 금융 및 통화 협력의 제도화에 총력을 기울여야 하며 동아시아라는 지역적 기반을 토대로 G20 등 글로벌 차원의 금융 및 통화 질서의 재편 과정에 참여해야 한다. 다자주의를 통한 지역과 글로벌의 연계 전략이며, 이와 같은 전략적 선택이 세계경제 질서 재확립의 시기에, 다른 전략에 비해 한국의 정책 선호도가 가장 많이 확보되고 반영될 가능성을 열어 줄 것이다. 지역 다자주의의 공고화를 통해 중국과 일본과의 신뢰 관계 형성과 정책 공조의 경험을 쌓고 정책을 함께 개발하여 글로벌 무대에서 한국의 정책 선호도를 구현하는 방안이다. 비강대국이 특정 이슈에 관해 다자주의를 출범시키고 제도적 틀을 짜는 것에는 한계가 있을 수 있으나 이미 작동 중인 다자주의 틀은 효과적으로 활용할 수 있다.

다자주의는 그 자체로 한국과 같은 비강대국에게 여러 가지 이득을 준다. 가장 일반적으로, 합의 지향적인 다자주의는 다른 형태의 정치과정에 비해 비강대국의 목소리가 정책이 결정되는 과정에서 들릴 수 있게 한다. 물론 최종 결정된 정책이 다자주의에 참여하는 모든 국가들에게 언제나 대칭적 이득을 가져다주는 것은 아니다. 무정부 상태의 국제정치의 장에서 권력의 중요성을 강조하는 현실주의자들의 주장대로 다자주의 역시 강대국 정치의 연장선상에 있을 수도 있다(Mearsheimer 1994). 그러나 이 경우에도 다자주의는 양자주의에 비해 비대칭적 권력관계에 따른 이득의 불균형적인 분배를 완화할 수 있다(Martin 1992; Ruggie 1992). 다자주의의 틀 안에서도 이익의 분배에 대한 갈등은 일어난다. 그러나 상호 존중과 협력에 따른 이익과 비용의 균형을 원칙으로 하는 다자주의의 제도적 성격은 특정 회원국이나 회원국 집단의 독점적 지배를 제약하는데 용이하다(Lu 2009).

다자주의는 변환기 혹은 질서 재편기에 유리하다. 변환기란 변화를 향한 다양한 의견과 정책 제안이 새로운 권력과 기존의 권력이 충돌하는 정치의 장에서 전개되는 혼돈의 시기를 말한다. 다자주의의 틀은 이런 변환기에 다양한 행위자들에게 토론의 장을 제공함으로써 서로에 대한 정보(정책 선호도 및 수단 등)를 공유하게 한다. 토론과 정보의 확충이 언제나 모든 행위자가 동의할 수 있는 좋은 결론을 내는 것은 아니다. 그러나 다자주의가 제공한 토론을 통해 무엇이 문제이며, 어떤 해결책들이 있을 수 있고, 이들에 대한 각국의 입장이 무엇인지가 표출되어, 변환하는 국제금융 및 통화 질서에 영향력을 행사하는 대신 받아들여야 하는 비강대국인 경우 적응을 위한 정책적 예측이 한결 수월해질 수 있다(Pouliot 2011). 의견의 일치와 불일치의 과정 속에서 당면한 문제에 관해 각국의 입장을 중심으로 상호적 정책논의의 틀(Shared Framework of Interaction)이 생기게 되어 문제 해결의 가능성과 방향성에 대한 정책적 예측이 높아져 정책 적응도가 제고된다.

또한, 다자주의의 반복적 게임 형태가 비강대국에게 유리하게 작용할 수 있다. 반복적 게임은 장기성을 내포하며 회원국 간의 장기적인 상호작용은 비슷한 정책 비전을 공유하는 국경을 넘어선 내부 네트워크의 형성을 가능하게 한다(Inner Epistemic Community or Political Friendship among Peoples). 전문가 집단의 정책 네트워크는 단기적 권력과 이득보다는 정책 아이디어와 장기적 비전을 중심으로 작동하게 되는데 비강대국으로서는 네트워크의 활용을 통해 '권력 결핍'을 상쇄하는 효과를 거둘 수 있다. 특히 고도의 전문성을 요구하고 불확실성이 높은 금융 및 통화 분야에서는 네트워크적 요소의 활동 공간이 넓을 수 있다 하겠다.

다자주의가 비강대국에게 가져다 줄 편익에 대한 일반론적 논의를 넘어 좀 더 구체적인 다자주의 연계의 맥락을 살펴보자. 다자주의 연계의 핵심 고리는 국제정치에서 한국의 위치이다. 한국은 글로벌 차원의 국제정치에서는 소위 '떠오르는 국가들 중의 하나'이지만 동아시아 역내 정치 역학에서는 그 자체로 주요 행위자이며, 역내뿐만 아니라 글로벌 차원에서 중국과 일본과의 정책 조율이 가능한 정책 연결 고리가 될 수 있다. 전술한 대로 동아시아 금융 및 통화 협력의 제도화가 대외 개방도가 높은 한국에 역내 금융 안전망 확충과 금융시장 발전이라는 장기적이고 실질적인 이득을 가져다줄 수 있다는 점도 간과할 수 없다.

지역과 글로벌을 엮는 다자주의 외교의 중요성은 G20을 통해서도 엿볼 수 있다. 한국, 중국, 일본의 정책 공조의 부재는 G20 주요 금융 및 통화정책 논의에서 이들 국가 사이에 이견들을 노출하게 했고 이는 집합적으로 '동아시아의 부재'로 나타났다. 나누어진 동아시아는 결과적으로 새로운 글로벌 금융 질서의 판을 다시 짜는 정치적 무대에서 큰 힘을 발휘하지 못했다(Tiberghien 2011). 한국의 경우도 G20 서울 회의에서 글로벌 금융 안전망 확충을 위한 제도화에 상당한 정책적 노력을 했지만 그 목소리가 변화로 나타나기까지는 아직 갈 길이 멀다. 동아시아 3국이 모든 이슈에 대해 합의를 하는 것은 불가능하다. 그러나 적극적인 협상과 정책 조율을 통해 주요 관심 이슈에 대해 작은 차이를 좁히고 다듬어서 정책 공조의 질과 양을 늘리는 노력이 필요하다. 동아시아 다자주의 협력의 반복된 실천이 역내 국가들의 협력 패턴(Patterns of Interaction and Cooperation)을 견인해 내며 이것이 글로벌 무대에서 정책 공조의 바탕이 될 수 있다. 다자주의가 만병통치약은 아니지만, 상대적 비강대국인 한국은 적극적 다자주의 외교를 통해 심화되는 상호의존성 내에서 자율성의 확보를 도모해야 할 것으로 보인다.

미래 연구 방향

동아시아 금융 지역주의 연구는 이제 초기 단계인 만큼 앞으로 더욱 많은 연구를 통해 동아시아 금융 지역주의의 형성과 발전에 관해 심도 있는 학문적 토론이 필요하다. 동아시아 금융 지역주의가 변화하는 국제금융 및 통화 질서와의 관계 속에서 발생했고, 다른 지역의 경제 지역주의에 영향을 받으며 발전해 왔으며 또한 각국의 국내 정치 과정을 통해 정책적 선택을 한다고 보았을 때 미래 연구는 다층적이며 다원적인 상호 관계적 맥락 분석을 지향해야 할 것으로 보인다. 비교 지역주의에 기초한 이론과 방법의 적용과 보완이 미래 연구를 위한 좋은 시작점이라 할 수 있다. 이런 비교 시각적 맥락에서 미래 연구를 위한 세 가지 쟁점 이슈에 관한 핵심 질문들을 제시하고자 한다.

첫째, 글로벌 차원과 지역 차원에서 상호적으로 변화, 발전 하고 있는 금융 및 통화 질서의 관계적 성격에 기초한 질문이다. 동아시아의 금융 지역주의는 글로벌 차원의 금융 및 통화 질서와 상호 보완적으로 발전할 것인가? 아니면 동아시아 지역 차원의 금융 및 통화 질서의 발전이 배타적인 형태를 취해 글로벌 차원의 질서와 경쟁할 것인가? 다른 지역의 금융 및 통화 협력의 지역적 제도화는 글로벌 경제 질서와 어떤 관계 속에서 역사적으로 발전해 왔나? 이런 맥락에서 동아시아 금융 지역주의의 발전은 다른 지역의 제도적 협력과 비교해 보았을 때 유사점과 상이점은 무엇인가? 상이점이 있다면 그 원인은 무엇이고 상이점이 제도화의 깊이와 범위에 어떤 영향을 미치게 되나?

둘째, 경제 지역주의의 발전에서 무역과 금융 부분의 수순(Sequence)에 관한 질문이다. 대표적인 경제 지역주의 사례인 유럽의 경우 무역의 통합에 이어 금융 및 통화 통합의 순으로 지역 통합이 이루어졌다. 남미의 경우에도 무역에 관한 지역적 협력이 먼저 시작되었고 제도적으로 일정 부분 공고화되었으나 금융 및 통화 협력은 아직 큰 제도적 발전을 이루지 못했다. 동아시아의 경우는 반대 사례로 볼 수 있다. 동아시아 금융 지역주의로 불릴 만큼 금융 및 통화 협력은 가시적인 성과가 나타나고 있는 반면, 무역의 경우 동아시아 자유무역 지대와 같은 동아시아를 아우르는 제도적 발전은 아직 첫 걸음도 떼지 못한 형편이다. 따라서 비교적 맥락에서 "왜 동아시아에서는 지역 차원의 금융 및 통화 협력이 무역보다 먼저 나오게 되었는가?"는 흥미로운 질문이라고 할 수 있다. CEMAC(중앙아프리카 경제통화 공동체) 역시 동아시아에서처럼 금융 및 통화 협력이 먼저 제도화되어, 두 사례와 유럽과 남미의 경우를 비교 연구하면 지역 통합의 수순에 있어서 일정 정도의 이론적 일반화도 가능할 수 있다 하겠다. 이와 함께, 이렇게 상이한 수순의 지역 차원의 제도화가 각 지역 경제 지역주의의 제도적 발전의 형태와 질에 어떤 영향을 미치는 것인지도 중요한 연구 주제라고 할 수 있다.

마지막으로, 동아시아 금융 지역주의의 형성과 제도적 발전에 관한 '동기'(motivation)에 관한 질문이다. 핵심 연구 전략은 비교적 시각에서 시계열적으로 거시와 미시적 분석의 연결이다. 거시적 측면에서 경제 지역주의의 성립과 발전은 안보 이익, 경제 이익, 정체성 등에 의해 설명되는데, 제도적 발전을 형성과 공고화란 두 단계로 나누어 보면 위에 언급된 지역주의의 '동인'이 시점별로 다른 영향을 미칠 수도 있다. 미시적 차원에서 상호 협력을 통해 제도적 공고화 단계에서는 다른 '동인'이 형성기에 큰 영향을 미쳤던 '동인'보다 더 크게 작용할 수 있다는 의미이다(Abbott 2001; Sewell 2001). 본서는 동아시아 금융 지역주의에 대한 초기 연구로서 중범위 이론을 활용하여 기초 데이터 축적과 현황을 파악하는 데 중점을 두어 이런 '동기' 부분에 대한 상세한 분석을 제공하지는 않았다. 미래 연구에서 다른 지역과의 비교 연구를 통해 동아시아 금융 지역주의의 형성과 발전의 동인에 관한 일반성과 특수성을 분석해 내면 일반론적으로 금융 지역주의 형성과 발전에 대한 충분조건과 필요조건을 찾아내는 이론적 기여를 할 수 있을 것으로 본다.

참고문헌

서론

Ba, Alice. 2009. *[Re]Negotiating East and Southeast Asia: Region, Regionalism, and the Association of Southeast Asian Nations.* Stanford: Stanford University Press.

Choi, Young Jong and James Caporaso. 2002. "Comparative Regional Integration." Walter Carlsnaes, Thomas Risse and Beth Simmons eds. *Hand book of International Relations.* London: Sage.

De Lombaerde, Philippe et al. 2010. "The Problem of Comparison in Comparative Regionalism." *Review of International Studies* 36(3).

Fawn, Rick ed. 2009. *Globalizing the Regional and Regionalizing the Global.* NewYork: Cambridge University Press.

Grimes, William. 2009. *Currency and Contest in East Asia: The Great Power Politics of Financial Regionalism.* Ithaca: Cornell University Press.

Haas, Ernst. 1957. *The Uniting of Europe: Political, Social, and Economic Forces, 1950-1957.* Stanford: Stanford University Press.

Hayashi, Shigeko. 2006. *Japan and East Asian Monetary Regionalism: Towards a Proactive Leadership Role?* London: Routledge.

Jabko, Nicolas. 2006. *Playing the Market: A Political Strategy for Uniting Europe, 1985-2005.* Ithaca: Cornell University Press.

Katada, Saori. 2009. "Politics that Constrains: The Logic of Fragmented Regionalism in East Asia." EAI Fellows Working Paper Series No. 21.

Katzenstein, Peter. 2005. *A World of Regions: Asia and Europe in the American Imperium.* Ithaca: Cornell University Press.

Katzenstein, Peter and Takashi Shiraishi eds. 2006. *Beyond Japan: The Dynamics of East Asian Regionalism.* Ithaca: Cornell University Press.

Kim, Sunhyuk and Yong Wook Lee. 2004. "New Asian Regionalism and the United States: Constructing Regional Identity and Interest in the Politics of Inclusion and Exclusion." *PacificFocus* 19(2).

Lincoln, Edward. 2004. *East Asian Economic Regionalism.* Washington D.C.: Brookings Institute Press.

Mansfield, Edward and Helen Milner eds. 1997. *The Political Economy of Regionalism.* New York: Columbia University Press.

McNamara, Catherin. 1998. *The Currency of Ideas: Monetary Politics in Europen Union.* Ithaca: Cornell University Press.

Pempel, T. J. ed. 2004. *Remapping East Asia: The Construction of a Region.* Ithaca: Cornell University Press.

Philomena, Murray. 2010. "Comparative Regional Integration in EU and East Asia: Moving beyond Integration Snobbery." *International Politics* 47(3-4).

Powers, Kathy and Gary Goertz. 2011. "The Economic Institutional Construction of Regions: Conceptualization and Operationalization." *Review of International Studies* (Online Publication).

Rosato, Sebastian. 2010. *Europe United: Power Politics and the Making of the European Community.* Ithaca: Cornell University Press.

Strange, Susan. 1996. *The Retreat of the State: Diffusion of the Power in the World Economy.* New York: Cambridge University Press.

1장

강선주. 2009. "동아시아 통화 협력의 제도화: 아시아통화기금 창설 가능성을 중심으로." 『주요 국제문제분석』(2.12.). 외교안보연구원.

김진영, 2007. "동아시아 금융·통화 협력의 진전과 전망." 『한국과 국제정치』 23권 4호.

______. 2009. "국제금융 체제의 문제와 동아시아 지역 금융 협력의 의의." 『21세기정치학회보』 19집 3호.

유승경. 2010. "험난한 유럽의 미래, 필사적인 노력에도 흔들리는 유로화"(12월 13일). LG경제연구원. http://www.lgeri.com/common/.

유승경·배민근. 2011. "근본대책 마땅찮은 남유럽 위기, 세계경제 위기의 불씨"(7월 5일). LG경제연구원 보고서.

전혜원. 2010. "남유럽 발 재정 위기의 정치·경제적 함의." 『주요 국제 문제 분석』 (4월 2일). 외교안보연구원.

Baker, Andrew, David Hudson and Richard Woodward eds. 2005. *Governing Financial Globalization: International political economy and multi-level governance*. London: Routledge.

Boorman, Jack. 2007. "IMF Reform: Congruence with Global Governance Reform." Colin Bradford Jr. and Johannes F. Linn eds. *Global Governance Reform*. Washington D.C.: Brookings Institution Press.

Boughton, James. 2007. "Strengthening the IMF: Lessons from History." Colin Bradford Jr. and Johannes F. Linn eds. *Global Governance Reform*. Washington D.C.: Brookings Institution Press.

Browne, Robert S. 1996. "Rethinking the IMF on Its Fiftieth Anniversary." Jo Marie Griesgraber and Bernhard G. Gunter. eds. *The World's Monetary System: rethingking Bretton Woods*. London, Chicago: Pluto Press.

Caporaso, James. 2003. "Democaracy, Accountability, and Rights in Supranational Governance." M. Kahler and David Lake eds. *Governance in a Global Economy: political authority in transition*. Princeton: Princeton University Press.

Cerny, Phlip. 2005. "Power, markets and accountability: the development of multi-level governance in international finance." Andrew Baker, David Hudson and Richard Woodward eds. *Governing Financial Globalization: International political economy and multi-level governance*. London: Routledge.

Cohen, Benjamin. 2011. "Security Still Trupms Finance in East Asia." *Global Asia* vol.6 no.2, summer.

Dahaner, Kevin ed. 2001. *Democratizing the Global Economy: the Battle against the World Bank and the IMF*. PA: Common Courage Press.

Desai, Raj M. and James Raymond Vreeland. 2011. "Global Governance in a Multipolar World: the Case for Regional Monetary Funds." *International Studies Review* no.13.

Eatwell, John and Lance Taylor. 2000. *Global Finance at Risk*. New York: The New Press.

Eichengreen, Barry. 2010. "The International Financial Architecture and the Role of Regional Funds." FLAR conference paper.

Forbes, Steve. 2011 "Immolate the IMF." Fact & Comment-Steve Forbes. *Forbes Asia* July.

Griesgraber, Jo Marie and Bernhard G. Gunter eds. 1996. *The World's Monetary System: rethingking Bretton Woods*. London; Chicago: Pluto Press.

Gros, Daniel and Thomas Mayer. 2010. "How to deal with sovereign default in

Europe: Create the European Monetary Fund now!" CEPS Policy Brief. no.202. updated 17 May.

Grimes, William. 2011. "The Asian Monetary Fund Reborn? Implications of Chiang Mai Initiative Multilateralization." *Asia Policy* no.11, January.

_____. 2006. "East Asian Financial Regionalism in Support of the Global Financial Architecture? The Political Economy of Regional Nesting." *Journal of East Asia Studies* no.6.

_____. 2009. "The Global Financial Crisis and East Asia: Testing the Regional Financial Architecture." EAI Fellows Program Working Paper Series no.20.

Henning, Randall. 2011. "Asian Regional Financial Arrangements and the IMF." East Asia Forum. http://www.eastasiaforum.org/2011/05/02.

Hund, Markus. 2003. "ASEAN Plus Three: towards a new age of pan-East Asian regionalism? A skeptical appraisal." *The Pacific Review* 16(3).

Jin-Young Kim. 2007. "Financial Cooperation of the ASEAN+3: Viability and Prospects." *Korea Observer* vol.38. no.1, Spring.

Johnson, Simon. 2011. "An IMF just for Emerging Markets." www.businessweek.com/magazine/content/09-42/64151072120155.htm.

Kahler, M. and David Lake. 2003. "Globalization and Governance." M. Kahler and David Lake eds. *Governance in a Global Economy: political authority in transition*. Princeton: Princeton University Press.

Kawai, Masahiro. 2010. "From the Chiang Mai Initiative to an Asian Monetary Fund." Asia Development Bank.

Keohane, Robert O. and Joseph S. Nye. Jr. 2003. "Redefining Accountability for Global Governance." M. Kahler and David Lake eds. *Governance in a Global Economy: political authority in transition*. Princeton: Princeton University Press.

Nachiappan, K. and M. Joksic. 2011. "AMRO and the IMF: The Need for Global Economic Governance Reform." Carnegie Council. August 11. http://www.carnegiecouncil.org.resources/articles_papers_reports/0095.

Nemoto, Yoichi. 2003. "An Unexpected Outcome of the Asian Financial Crisis: Is ASEAN+3 a Promising Vehicle for East Asian Monetary Cooperation?" Princeton Institute for International and Regional Studies Program on US-Japan Relations Monograph Series. No.7.

Oh, Yong hyup. 2010. April. "Lessons from the Asian Monetary fund for the European Monetary Fund." CEPS Policy Brief. no. 208.

Ocampo, Jose Antonio ed. 2006. *Regional Financial Cooperation*. Washington DC: UN ECLA. Brookings Institution Press.

Peet, Richard. 2003. *Unholy Trinity*. London. NY: Zed Books.

Saputro, Eko. 2011. "Where to for ASEAN+3's Macroeconomic Research Office?" East Asia Forum. http://www.eastasiaforum.org/2011/06/18.

Sen, Sunanda. 1996. "Debt. Development and the International Monetary Fund." Jo Marie Griesgraber and Bernhard G. Gunter eds. *The World's Monetary System: rethingking Bretton Woods*. London; Chicago: Pluto Press.

Soederberg, Susanne. 2001. "The Emperor's New Suit: The New International Financial Architecture as a Reinvention of the Washington Consensus." *Global Governance* 7.

_____. 2004. The Politics of the New International Financial Architecture: Reimposing Neoliberal Domination in the Global South. London. New York: Zed Books

Subramanian, Arvind. 2010. "Asia Europe and the Fund." May 26. www.business-standard.com/india/news/arvind-subramanian-asia-europethef und/396022/.

Thirkell-White, Ben. 2005. *The IMF and the Politics of Financial Globalization: From the Asian Crisis to a New International Financial Architecture?* Palgrave. MacMillan.

Park, Young-Joon and Young hyup Oh. 2010. "East Asian Financial and Monetary Cooperation and Its Prospect: Beyond the CMI." KIEP Working Paper 10-04.

Porter, Tony. 2005. *Globalization and Finance*. Cambridge: Polity.

Pierre, Jon and B. Guy Peters. 2000. *Governance, Politics and the State*. New York: St. Martin's Press.

Stile, K. 1991. *Negotiating Debt: the IMF Lending Process*. Boulder: Westview.

Takehiko, Nakao. 2010. "Reforming the International Monetary System: Japan's Perspective." IMF conference 발표 논문.

榊原榮資. 2000.『日本と世界が震えた日』. Tokyo: 角川ソウフイア文庫

Spiegel Online

2010. 3. 8. "Proposal for European Monetary Fund wins EU Support."

2011. 7. 21. "Sarkozy Gets His European Monetary Fund."

기획재정부 보도자료 다수.

2장

박영준·김연실. 2010. "EU 금융 감독 체계 개편과 동아시아 금융 협력에 대한 시사점." 『오늘의 세계경제』 10-08. 대외경제정책연구원.

서영경·김근영. 2009. 은행부문의 통화 불일치 평가와 발생원인 분석. 『금융경제연구』 제393호. 한국은행.

Asia Capital Markets Monitor. 2009. *Emerging Asian Capital Markets*. ADB.

Brunnermeier, M. et al. 2009. "The Fundamental Principles of Financial Regulation." *Geneva Reports on the World Economy* 11. ICMB and CEPR.

Čihák. M. et al. 2009. "Euro Area Policies: Selected Issues." IMF Country Report No. 09/224. International Monetary Fund.

Council of European Union. 2009. "Brussels European Council: 18/19 June 2009." Presidency Conclusions. 11225/2/09.

Jackson, J. K. 2010. "Financial Market Supervision: European Perspectives." CRS Report for Congress.

Kawai. M. and C. Houser. 2007. "Evolving ASEAN+3 ERPD: Towards Peer Reviews or Due Diligence?" Discussion Paper 79. ADBI.

Moss. N.. 2010. "The Regulatory Framework of the EU-Colleges and Financial Conglomerates." CCMF/CARTAC/Caricom Workshop on Regional Financial Stability.

Park. Y. J. and Y. Oh. 2010. "East Asia's Financial Safety Nets and Surveillance Mechanism." 『EU학 연구』 Vol. 15.

Prasad. E. 2010. "Financial Sector Regulation and Reforms in Emerging Markets: An Overview." NBER Working paper No. 16428.

3장

김용민·이기완. 2008. "아시아 채권시장의 현황과 일본의 금융전략." 『아시아연구』 제11권 제1호. 한국아시아학회.

박영준·이동은·오용협·안지연. 2010. 『새로운 국제금융 질서하에서 동아시아 금융 협력 방안』. 대외경제정책연구원.

이동규. 2006. 『아시아 채권시장과 신용 평가기구』. 서울대학교 대학원 경제학부 석사학위 논문.

이용욱. 2011. "중국의 선택: 위안화 국제화와 기축통화의 정치·경제." 『신아세아』 제18호 제1권. 신아시아연구소.

이웅천. 2004. “최근의 아시아 채권시장 육성 논의.” 『제 협력 조사연구』. 한국은행 국제협력실.
이창용·박대권·박재하·오규택. 2005. “아시아 채권시장의 인프라 구축: 예탁결제 및 신용 평가기구 설립 방안.” 『한국경제의 분석』 제11권 제1호. 한국금융연구원.

Amxy, Jennifer. 2004. "Japan and the Evolution of Regional Financial Arrangement in East Asia." Eliss Krauss and T. J. Pemple eds. *Beyond Bilateralism: U.S.-Japan Relations in the New Asia-Pacific*. Stanford, CA: Stanford University Press.

______. 2005. "What Motivates Regional Financial Cooperation in East Asia Today?" *Asia Pacific Issues* 76, February.

Bowles, Paul. 2002. "Asia's Post-Crisis Regionalism: Bringing the State Back in, Keeping the(United) States Out." *Review of International Political Economy* 9-2.

Chey. Hyung Kyu. 2010. "The Changing Political Dynamics of East Asian Financial Cooperation: The Chiang Mai Initiative." *Asian Survey* 49-3.

Cohen, Benjamin. 2011. "Security Still Trumps Finance in East Asia." *Global Asia* 6-2.

Deiter, Heribert and Richard Higgott. 2003. "Exploring Alternative Theories of Economic Regionalism: From Trade to Finance in Asian Cooperation." *Review of International Political Economy* 10-3.

Dent, Christopher. 2008. "The Asian Development Bank and Developmental Regionalism in East Asia." *Third World Quarterly* 29-4.

Eichengreen, Barry, Richardo Hausmann and Ugo Panizza. 2003. "The Pain of Original Sin." accessed at www.econ.berkeley.edu/~eichengr/research/ospainaug21-03.pdfSimilar.

______. 2006. *A Tale of Two Markets: Bond Market Development in East Asia and Latin America*. HKIMR Occasional Paper No.3. Hong Kong: Hong Kong Institute for Monetary Research.

Gilson, Julie. 2007. "Strategic Regionalism in East Asia." *Review of International Studies* 33-1.

Grimes, William. 2009. *Currency and Contest in East Asia: The Great Power Politics of Financial Regionalism*. Ithaca, NY: Cornell University Press.

Hatch, Walter. 2002. "Regionalizing the State: Japanese Administrative and Financial Guidance for Asia." *Social Science Japan Journal* 5-2.

Higgott, Richard. 1998. "The Asian Economic Crisis: A Study in the Politics of Resentment." *New Political Economy* 3-3.

Hiwatari, Nobuhiro. 2003. "Embedded Policy Preferences and the Formation of International Arrangements after the Asian Financial Crisis." *Pacific Review* 16-3.

Jones, David and Michael Smith. 2007. "Constructing Communities: The Curious Case of

East Asian Regionalism." *Review of International Studies* 33-1.

Katada, Saori. 2009. *Politics that Constrains: The Logic of Fragmented Regionalism in East Asia*. EAI Fellow Program Working Paper Series #21. Seoul: East Asian Institute.

_____. 2011. "The Global Financial Crisis for East Asia: Confirmation of Inescapable Dependence or an Opportunity for Financial Regionalism?" Paper presented at the Annual Meeting of International Studies Association. Montreal, Canada. March 16.

Katzenstein, Peter. 2005. *A World of Regions: Asia and Europe in the American Imperium*. Ithaca, NY: Cornell University Press.

Katzenstein, Peter and Takashi Shiraishi eds. 2006. *Beyond Japan: The Dynamics of East Asian Regionalism*. Ithaca, NY: Cornell University Press.

Lee, Yong Wook. 2009. *Regional Financial Solidarity without the United States: Contested Neoliberalism in East Asia*. EAI Asia Security Initiative Working Paper #1. Seoul: East Asian Institute.

Lincoln, Edward. 2004. *East Asian Economic Regionalism*. Washington D.C.: Brookings Institution.

McNamara, Kathleen. 1998. *The Currency of Ideas: Monetary Politics in European Union*. Ithaca, NY: Cornell University Press.

Pempel, T. J. ed. 2004. *Remapping East Asia: The Construction of a Region*. Ithaca, NY: Cornell University Press.

Ravenhill, John. 2002. "A Three Bloc World?: The New East Asian Regionalism." *International Relations of the Asia Pacific* 2-2.

Stubbs, Richard. 2002. "ASEAN Plus Three: Emerging East Asian Regionalism?" *Asian Survey* 42-3.

Terada, Takashi. 2003. "Construction an 'East Asian' Concept and Growing Regional Identity: From EAEC to ASEAN +3." *Pacific Review* 16-2.

Webber, Douglas. 2011. "Two Funerals and a Wedding? The Ups and Downs of Regionalism in East Asia and the Asia-Pacific after the Asian Financial Crisis." *Pacific Review* 14-3.

4장

Baek, Seung-Gwan and Chi-Young Song. 2002. "Is Currency Union a Feasible Option in East Asia?" Hang Gwang Choo and Yunjong Wang eds. *Currency Union in East Asia*. Seoul: Korea Institute for International Economic Policy.

Banducci, Susan A., Jeffrey A. Karp and Peter H. Loedel. 2003. "The Euro, Economic Interests and Multi-Level Governance: Explaining Support for the Common Currency." *European Journal of Political Research* 42(5).

Bayoumi, Tamim, Barry Eichengreen and Paolo Mauro. 2000. "On Regional Monetary Arrangements for ASEAN." *Journal of the Japanese and International Economies* 14(2).

Bayoumi, Tamin and Barry Eichengreen. 1992 "Shocking Aspects of European Monetary Unification." NBER Working Paper NO. 3949. Cambridge, MA: National Bureau of Economic Research.

Bernhard, William and David Leblang. 1999. "Democratic Institutions and Exchange-Rate Commitments." *International Organization* 53(1).

Bowles, Paul. 2002. "Asia's Post-Crisis Regionalism: Bringing the State Back in. Keeping the(United) States Out." *Review of International Political Economy* 9(2).

Broz, J. Lawrence. 2002. "Political System Transparency and Monetary Commitment Regimes." *International Organization* 56(4).

Broz, J. Lawrence and Jeffry Frieden. 2001. "The Political Economy of International Monetary Relations." *Annual Review of Political Science* 4(3).

Chey, Hyoung-kyu. 2009. "The Changing Political Dynamics of East Asian Financial Cooperation: The Chiang Mai Initiative." *Asian Survey* 49(3).

_____. 2010. "Can the European Monetary System Be a Model for East Asian Monetary Cooperation?" *Journal of Asia Pacific Economy* 15(2).

_____. 2012a. "Theories of International Currencies and the Future of the World Monetary Order." *International Studies Review* 14(1).

_____. 2012b. "Can the Renminbi Rise as a Global Currency? The Political Economy of Currency Internationalization." Paper prepared for the 2012 International BISA-ISA Conference. Edinburg. 20-22 June.

Chow, Hwee Kwan and Yoonbai Kim. 2003. "A Common Currency Peg in East Asia? Perspectives from Western Europe." *Journal of Macroeconomics* 25(3).

Cohen, Benjamin J. 1994. "Beyond EMU: The Problem of Sustainability." Barry Eichengreen and Jeffry Frieden eds. *The Political Economy of European Monetary Unification*. Oxford: Westview Press.

De Grauwe, Paul. 1993. "The Political Economy of Monetary Union in Europe." *The World Economy* 16(6).

_____. 2003. *Economics of Monetary Union*. Fifth edition. Oxford: Oxford University

Press.

_____. 2006. "What Have We Learnt About Monetary Integration since the Maastricht Treaty?" *Journal of Common Market Studies* 44(4).

De Grauwe, Paul and Wim Vanhaverbeke. 1991. "Is Europe an Optimum Currency Area? Evidence from Regional Data." CEPR Discussion Paper No. 555. London: Centre for Economic Policy Research.

Dieter, Herbert and Richard Higgott. 2003. "Exploring Alternative Theories of Economic Regionalism: From Trade to Finance in Asian Co-Operation." *Review of International Political Economy* 10(3).

EC(European Commission). 1992. Eurobarometer: Public Opinion in the European Community.

Eichengreen, Barry. 1990. "Is Europe an Optimum Currency Area?" CEPR Discussion Paper No. 478. London: Centre for Economic Policy Research.

_____. 2007. "The Misguided Dream of Asian Monetary Union." *Global Asia*. Winter: 90-99.

Eichengreen, Barry and Jeffry Frieden. 1994. "The Political Economy of European Monetary Unification: An Analytical Introduction." Barry Eichengreen and Jeffry Frieden eds. *The Political Economy of European Monetary Unification*. Oxford: Westview Press.

Frankel, Jeffrey A. and Andrew K. Rose. 1997. "Is EMU More Justifiable *Ex Post* than *Ex Ante*?" *European Economic Review* 41(3-5).

_____. 1998. "The Endogeneity of the Optimum Currency Area Criteria." *The Economic Journal* 108(449).

Frieden, Jeffry. 1991. "Invested Interests: The Politics of National Economic Policies in a World of Global Finance." *International Organization* 45(4).

_____. 1994. "Exchange Rate Politics: Contemporary Lessons from American History." *Review of International Political Economy* 1(1).

_____. 2007. "Globalization and Exchange Rate Policy." Ernesto Zedillo ed. *The Future of Globalization*. New York: Routledge.

Gabel, Matthew J. 2000. "Divided Opinion, Common Currency: The Political Economy of Public Support for EMU." Barry Eichengreen and Jeffry A. Frieden eds. *The Political Economy of European Monetary Unification*. Boulder, Colo: Westview Press.

Gabel, Matthew J. and Simon Hix. 2005. "Understanding Public Support for British Membership of the Single Currency." *Political Studies* 53(1).

Girardin, Eric. 2004. "Regime-Dependent Synchronization of Growth Cycles between Japan and East Asia." *Asian Economic Papers* 3(3).

Glick, Reuven. 2005. "Does Europe's Path to Monetary Union Provide Lessons for East Asia?" *FRBSF Economic Letter* No. 2005-19. August 12.

Goodhart, Charles A. E. 1995. "The Political Economy of Monetary Union." Peter B. Kenen ed. *Understanding Interdependence*. Princeton: Princeton University Press.

Hallerberg, Mark. 2002. "Veto Players and the Choice of Monetary Institutions." *International Organization* 56(4).

Hamilton-Hart, Natasha. 2003. "Asia's New Regionalism: Government Capacity and Cooperation in the Western Pacific." *Review of International Political Economy* 10(2).

Helleiner, Eric. 2004. "A Fixation with Floating: The Political Basis of Canada's Exchange Rate Regime." TIPEC Working Paper No. 04/1(Ontario: Trent International Political Economic Centre).

Huang, Ying and Feng Guo. 2006. "Is Currency Union a Feasible Option in East Asia? A Multivariate Structural VAR Approach." *Research in International Business and Finance* 20(1).

Hund, Markus. 2003. "ASEAN Plus Three: Towards a New Age of Pan-East Asian Regionalism? A Skeptic's Appraisal." *The Pacific Review* 16(3).

IIMA(Institute for International Monetary Affairs). 2007 Research Papers and Policy Recommendations on "Toward Greater Financial Stability in the Asian Region: Exploring Steps to Create Regional Monetary Units(RMUs)".

Ishiyama, Yoshihide. 1975. "The Theory of Optimum Currency Areas: A Survey." *IMF Staff Papers* 22(2).

IWEP(Institute of World Economics and Politics[Chinese Academy of Social Sciences]). 2007. Internationalization of the Renminbi. Paper presented at the conference on *External Use of Currency: International Experience and Implications for Renminbi*. Hong Kong Monetary Authority. 15-16 October.

Jonung, Lars and Jonas Vlachos. 2007. "The Euro–What's in It for Me? An Economic Analysis of the Swedish Euro Referendum 2003." Report No. 2. Stockholm: Swedish Institute for European Policy Studies.

Jupille, Joseph and David Leblang. 2007. "Voting for Change: Calculation, Community and Euro Referendums." *International Organization* 61(4).

Kaltenthaler, Karl C. and Christopher J. Anderson. 2001. "Europeans and Their Money:

Explaining Public Support for the Common European Currency." *European Journal of Political Research* 40(2).

Kawai, Masahiro and Taizo Motonishi. 2004. "Is East Asia an Optimum Currency Area?" Paper presented at the conference on *Financial Interdependence and Exchange Rate Regimes in East Asia*, organized by the Japan Ministry of Finance Policy Research Institute and the Korea Institute for International Economic Policy. Tokyo. 2-3 December.

Kenen, Peter B. 1969. "The Theory of Optimum Currency Areas: An Eclectic View." Robert A. Mundell and Alexander K. Swoboda ed. *Monetary Problems of the International Economy*. Chicago: The University of Chicago Press.

Kwack, Sung Yeung. 2004. "An Optimum Currency Area in East Asia: Feasibility. Coordination. and Leadership Role." *Journal of Asian Economics* 15(1).

Lee, Jong-Wha, Yung Chul Park and Kwanho Shin. 2003. "A Currency Union in East Asia." Discussion Paper No. 571. Osaka: The Institute of Social and Economic Research. Osaka University.

Loayza, Norman, Humberto Lopez and Angel Ubide. 2001. "Comovements and Sectoral Interdependence: Evidence for Latin America. East Asia. and Europe." *IMF Staff Papers* 48(2).

McDougall, Derek. 2002. "Asia-Pacific Security Regionalism: The Impact of Post-1997 Developments." *Contemporary Security Policy* 23(2).

McKinnon, Ronald I. 1963. "Optimum Currency Areas." *American Economic Review* 52, September.

_____. 2004. "Optimum Currency Areas and Key Currencies: Mundell I Versus Mundell II." *Journal of Common Market Studies* 42(4).

Mongelli, Francesco Paolo. 2002. "'New' Views on the Optimum Currency Area Theory: What Is EMU Telling Us?" ECB Working Paper No. 138. Frankfurt: European Central Bank.

Mundell, Robert A. 1961. "A Theory of Optimum Currency Areas." *American Economic Review* 51, November.

_____. 1973. "Uncommon Arguments for Common Currencies." Harry G. Johnson and Alexander K. Swoboda eds. *The Economics of Common Currencies*. London: George Allen & Unwin.

Neumann, Manfred J. M. and Jurgen von Hagen. 1992. "Real Exchange Rates within and between Currency Areas: How Far Away Is EMU?" CEPR Discussion Paper No. 660. London: Centre for Economic Policy Research.

Ogawa. Eiji. and Kentaro Kawasaki. 2006. "Adopting a Common Currency Basket Arrangement into the "'ASEAN Plus Three'." RIETI Discussion Paper No. 06-E-028. Tokyo: Research Institute of Economy. Trade and Industry.

Pascha, Werner. 2007. "The Role of Regional Financial Arrangements and Monetary Integration in East Asia and Europe in Relations with the United States." *The Pacific Review* 20(3).

Pew Research Center. 2008. "Some Positive Sings for U.S. Image: Global Economic Gloom- China and India Notable Exceptions." available at http://pewresearch.org.

Rogoff, Kenneth. 2005. "The Euro at Five: Short-Run Pain. Long-Run Gain?" *Journal of Policy Modeling* 27(4).

Sánchez, Marcelo. 2005. "Is Time Ripe for a Currency Union in Emerging East Asia? The Role of Monetary Stabilisation." ECB Working Paper No. 567. Frankfurt: European Central Bank.

Sandholtz, Wayne. 1993. "Choosing Union: Monetary Politics and Maastricht." *International Organization* 47(1).

Tang, Hsiao Chink. 2006. "An Asian Monetary Union?" CAMA Working Paper No. 13. Canberra: Centre for Applied Macroeconomic Analysis. the Australian National University.

Tavlas, George S. 1993. "The 'New Theory' of Optimum Currency Areas." *The World Economy* 16(6).

______. 2003. "The Economics of Exchange-Rate Regimes: A Review Essay." *The World Economy* 26(8).

Watanabe, Shingo and Masanobu Ogura. 2006. "How Far Apart Are Two ACUs from Each Other?: Asian Currency Unit and Asian Currency Union." BOJ Working Paper No. 06-E-20. Tokyo: Bank of Japan.

Willett, Thomas D. 2003. "Optimum Currency Area and Political Economy Approaches to Exchange Rate Regimes: Towards an Analytical Synthesis." Paper presented at the University of Victoria Conference on *Britain and Canada and Their Large Neighbouring Monetary Unions*. University of Victoria. 17-18 October.

Willett, Thomas D., Orawan Permpoon and Lalana Srisorn. 2007. "Background Paper on Asian Monetary Cooperation." Paper presented at Claremont-KIEP Workshop. 30 November.

Wyplosz, Charles. 2001. "A Monetary Union in Asia? Some European Lessons." Paper presented at Reserve Bank of Australia 2001 Conference on *Future Directions for Monetary Policies in East Asia*. Kirribilli. 24 July.

Yuen, Hazel Phui Ling. 2001. "Optimum Currency Areas in East Asia: A Structural VAR Approach." *ASEAN Economic Bulletin* 18(2).

Zhang, Zhaoyong, Kiyotaka Sato and Michael McAleer. 2004. "Is a Monetary Union Feasible for East Asia?" *Applied Economics* 36(10).

5장

김영철·박창건. 2005. "외환 위기 이후의 동아시아 지역주의: 한·중·일 3국을 중심으로." 『한국과 국제정치』 제21권 제3호.

김진영. 2007. "동아시아 금융·통화 협력의 진전과 전망." 『한국과 국제정치』 제23권 제4호.

김태준·유재원. 1999. "아시아 외환 위기와 지역통화제도의 모색." 『국제 통상연구』 제4권 제1호.

박성훈·김흥종. 2004. "EMU 모형에 비춰 본 동아시아 통화 통합의 경로." 『對外經濟硏究』 제8권 제2호.

배병인. 2010. "환율 제도의 정치적 결정 요인: 당파성 모형과 제도 모형의 경험적 분석." 『한국정치학회보』 제44집 제2호.

신광호·왕윤종·이종하. 2002. "동아시아 단일 통화 지역의 가능성과 금융 협력의 방향." 『韓國經濟의 分析』 제8권 제3호.

Baer, Gunter D. and Tommaso Padoa-Schioppa. 1989. "The Werner Report Revisited." Committee for the Study of Economic and Monetary Union. *Report on Economic and Monetary Union in the European Community*. Luxembourg: Office of Official Publications of the European Community.

Bai, Byoung-Inn. 2009. "Adaptational Pressure, Domestic Politics and the Evolution of the European Monetary System." *The Korean Journal of International Relations* Vol. 49. No. 3.

Barro, Robert and David B. Gordon. 1983. "Rules, Discretion, and Reputation in a Model of Monetary Policy." *Journal of Monetary Economics* Vol. 12. No. 1.

Bayoumi, Tamin and Barry Eichengreen. 1992. "Shocking Aspects of European Monetary Unification." *NBER Working Paper*. No. 3949. Cambridge, MA: National Bureau of Economic Research.

_____. 1994. "One Money for Many? Analyzing the Prospects for Monetary Unification in Various Parts of the World." *Princeton Studies in International Finance 78*. Princeton, NJ: Princeton University International Finance Section.

Bernhard, William. J., Lawrence Broz and William R. Clark. 2002. "The Political

Economy of Monetary Institutions." *International Organization* Vol. 56. No. 4.

Dyson, Kenneth H. F. and Kevin Featherstone. 1996. "Italy and EMU as a "*Vincolo Esterno*": Empowering the Technocrats. Transforming the State." *South European Society and Politics* Vol. 1. No. 2.

Eichengreen, Barry. 1990. "One Money for Europe? Lessons from the U.S. Currency Union." *Economic Policy* Vol. 5. No. 10.

Eichengreen, Barry and Tamin Bayoumi. 1996. "Is Asia an Optimum Currency Area? Can It Become One? An Optimum Currency Area Index for European Countries." *Working Paper* C-96-078. Berkeley: University of California.

Fleming, J. Marcus. 1962. "Domestic Financial Policies under Fixed and Floating Exchange Rates." *IMF Staff Papers* Vol. 3. No. 9.

Flood, Robert and Peter Isard. 1989. "Monetary Policy Games." *IMF Staff Papers* Vol. 36. No. 3.

Frankel, Jeffrey A. 1998. "The Endogeneity of the Optimum Currency Area Criteria." *The Economic Journal* Vol. 108. No. 449.

Frankel, Jeffrey A. and Andrew K. Rose. 1997. "Is EMU More Justifiable *Ex Post* than *Ex Ante*?" *European Economic Review* Vol. 41. No. 3.

Fratianni, Michele. and Jürgen von Hagen. 1992. *The European Monetary System and European Monetary Union*. Boulder. Colorado: Westview Press.

Friedman, Milton. 1968. "The Role of Monetary Policy." *American Economic Review* Vol. 58. No. 1.

Giavazzi, Francesco and Alberto Giovannini. 1989. *Limiting Exchange Rate Flexibility: The European Monetary System*. Cambridge. Mass.: MIT Press.

Giavazzi, Francesco and Marco Pagano. 1988. "The Advantage of Tying One's Hands: EMS Discipline and Central Bank Credibility." *European Economic Review* Vol. 32. No. 5.

Goto, Junichi and Koichi Hamada. 1994. "Economic Preconditions for Asian Regional Integration." Takatoshi Ito and Anne Krueger eds. *Macroeconomic Linkage: Savings. Exchange Rates and Capital Flows*. Chicago: The University of Chicago Press.

Gowa, Joanne. 1989. "Rational Hegemons. Excludable Goods. and Small Groups: An Epitaph for Hegemonic Stability Theory?" *World Politics* Vol. 41. No. 3.

Grieco, Joseph. 1995. "The Maastricht Treaty. Economic and Monetary Union and the Neo-Realist Research Programme." *Review of International Studies* Vol. 21. No. 1.

Henning, C. Randall. 1998. "Systemic Conflict and Regional Monetary Integration: The Case of Europe." *International Organization* Vol. 52. No. 3.

Herrendorf, Berthold. 1999. "Transparency. Reputation. and Credibility Under Floating and Pegged Exchange Rates." *Journal of International Economics* Vol. 49. No. 1.

Hoffmeyer, Erik. 1992. *The International Monetary System: An Essay in Interpretation.* Amsterdam: North-Holland.

Kenen, Peter B. and Ellen E. Meade. 2008. *Regional Monetary Integration.* Cambridge and New York: Cambridge University Press.

Kindleberger, Cahrles P. 1972. "The Benefits of International Money." Journal of International Economics Vol. 2. No. 4.

____. 1973. *The World in Depression: 1929-1939.* Berkeley and Los Angeles: University of California Press.

Majone, Giandomenico. 2001. "Two Logics of Delegation: Agency and Fiduciary Relations in EU." *European Union Politics* Vol. 2. No. 1.

McKinnon, Ronald I. 1962. "Optimum Currency Areas." *American Economic Review* Vol. 53. No. 4.

McNamara, Kathleen. 1998. *The Currency of Ideas: Monetary Politics in the European Union.* Ithaca. N.Y.: Cornell University Press.

Mélitz, Jacques. 1988. "Monetary Discipline. Germany. and the European Monetary System: A Synthesis." Francesco Giavazzi, Stefano Micossi and Marcus Miller eds. *The European Monetary System.* Cambridge: Cambridge University Press.

Milesi-Ferretti, Gian Maria. 1995. "The Disadvantage of Tying Their Hands: On the Political Economy of Policy Commitments." *Economic Journal* Vol. 105. No. 433.

Mundell, Robert A. 1961. "A Theory of Optimum Currency Areas." *American Economic Review* Vol. 51. No. 4.

____. 1962. "The Appropriate Use of Monetary and Fiscal Policy for Internal and External Stability." *IMF Staff Papers* Vol. 9. No. 1.

Padoa-Schioppa, Tommaso. 1988. "The European Monetary System: A Long-term View." Francesco Giavazzi, Stefano Micossi and Marcus Miller eds. *The European Monetary System.* Cambridge: Cambridge University Press.

Rogoff, Kenneth. 1985. "The Optimal Degree of Commitment to an Intermediate Monetary Target." *Quarterly Journal of Economics* Vol. 100. No. 4.

Sandholtz, Wayne. 1993. "Choosing Union: Monetary Politics and Maastricht." *International Organization* Vol. 47. No. 1.

Snidal, Duncan. 1985. "The Limits of Hegemonic Stability Theory." *International Organization* Vol. 39. No. 4.

Solomon, Robert. 1982. *The International Monetary System, 1945~1981*. New York: Harper & Row.

Thompson, Earl A. 1981. "Who Should Control the Money Supply?" *American Economic Review* Vol. 71. No. 2.

Tavlas, George S. 1994. "The Theory of Monetary Integration." *Open Economies Review* Vol. 5. No. 2.

Tsoukalis, Loukas. 1977. *The Politics and Economics of European Monetary Integration*. London: Allen and Unwin.

Ungerer, Horst. 1997. *A Concise History of European Monetary Integration: From EPU to EMU*. Westport. Connecticut and London: Quorum Books.

Walsh, James I. 2000. *European Monetary Integration and Domestic Politics: Britain. France. and Italy*. Boulder: Lynne Rienner Publishers.

Wihlborg, Clas and Thomas D. Willett. 1992. "Optimal Currency Areas Revisited." Clas Wihlborg, Michele Fratianni and Thomas D. Willett eds. *Financial Regulation and Monetary Arrangements After 1992*. Amsterdam: North-Holland.

6장

길핀, 로버트(Robert Gilpin). 2004. 『세계정치·경제론』. 고현욱·강문구·김용복 옮김. 인간사랑.

문성민·문우식. 2009. "남북한 통화 통합 방식에 관한 연구: 사례분석을 중심으로." 『경제논집』 제48권 제1호.

박영준·이동은·오용협·안지연. 2010. 『새로운 국제금융 질서하에서 동아시아 금융 협력 방안』 대외경제정책연구원.

안경애. 2008. "동아시아 지역 경제 및 통화 통합에 관한 한·중·일의 이해관계와 역할." 『OUGHTOPIA』 제23권 제1호.

이용욱. 2011. "중국의 선택: 위안화 국제화와 기축통화의 정치·경제." 신아시아 제18권 제1호.

장동식·전정기·송염염. 2008. "동아시아 지역주의 담론의 제도화에 관한 일고찰: 발전경로 탐색을 중심으로." 『국제지역연구』 제12권 제3호.

Balassa, Bela A. 1962. *The Theory of Economic Integration*. Mexico: Centro de Estudios Monetarios Latinoamericanos.

Capannelli, Giovanni. 2010. "Perceptions of Economic Interdependence: the View of Asian Opinion Leaders." Kawai Masahiro, Lee Jong-Wha and Peter A. Petri eds. *Asian Regionalism in the World Economy: Engine for Dynamism and Stability*. Edward Elgar.

Chey, Hyong-kyu. 2010. "Can the European Monetary System be a Model for East Asian Monetary Cooperation?" *Journal of the Asia Pacific Economy* 15(2).

Chin, Kok-Fay. 2006. "East Asian Monetary and Financial Cooperation: The Long Road Ahead." Rochon Lous-Philippe and Rossi Sergio eds. *Monetary and Exchange Rate System*. Edward Elgar.

Dieter, Heribert and Higgott Richard. 2003. "Exploring Alternative Theories of Economic Regionalism: From Trade to Finance in Asian Co-operation?" *Review of International Political Economy* 10(3).

Dwyer, Graham. 2004. "A Single Currency for Asia? East Asia should start addressing the challenges of adopting a single currency." *ADB REVIEW*, AUGUST.

Furceri, Davide. 2007. "From Currency Unions to a World Currency: A Possibility?" *International Journal of Applied Economics* 4(2).

Goldstein, J. Keohane Robert O. ed. 1993. *Ideas and Foreign Policy: Beliefs, Institutions and Political Change*. Cornell University Press.

Hayashi, Shigeko. 2006. *Japan and East Asian Monetary Regionalism: Towards a Proactive Leadership Role?*. Routledge.

Hass, Peter M. 1992. "Knowledge, Power, and International Policy Coordination." International Organization.

Jang, Hong Bum. 2011. "Financial Integration and Cooperation in East Asia: Assessment of Recent Development and Their Implications." *Institute for Monetary and Economic Studies Discussion Paper Series* No. 2011-E-5: 1-91. Bank of Japan.

Kaelberer, Matthias. 2003. "Knowledge. Power and Monetary Bargaining: Central Bankers and the Creation of Monetary Union in Europe." *Journal of European Public Policy* 10(3).

Krawczyk, Mariusz K. 2009. "Monetary Integration in East Asia: Why Does It Take So Long?" *International Journal of Banking and Finance* 6(2).

Lee, Kyung Tae and Yoon Deok Ryong. 2007. "A Roadmap for East Asian Monetary Integration: The Necessary First Step." *KIEP Working Paper* 07-04. Korea Institute for International Economic Policy.

Madhur, Srivasa. 2002. "Costs and Benefits of a Common Currency for ASEAN." *Economic and Research Department Working Paper Series*. No.12: 1-11. Asian Development Bank.

McNamara, Kathleen R. 1998. *The Currency of Ideas: Monetary Politics in the European Union*. Cornell University Press.

Oh, Junggun. 2005. "Needs and Directions of Monetary Cooperation in East Asia." presented at KIEP-Claremont Conference on the Political Economy of Regional Integration. Claremont Graduate University. Claremont. 18-19 November 2005.

Rana, Pradumna B. 2006. "Economic Integration in East Asia: Trends. Prospects. and a Possible Roadmap." *Working Paper Series on Regional Economic Integration* No. 2. Asian Development Bank.

Scheller, Hanspeter K. 2004. *The European Central Bank: History. Role and Functions*. European Central Bank.

Verdun, Amy. 1999. "The Role of the Delors Committee in the Creation of EMU: An Epistemic Community?" *Journal of European Public Policy* 6(2).

Walsh, James I. 2001. "National Preferences and International Institutions: Evidence from European Monetary Integration." *International Studies Quarterly* 45(1).

Wang, Tongsan. 2002. "Chapter 6. Policy Recommendations on How to Strengthen Financial Cooperation in Asia." *Institute for International Monetary Affairs. Report on the study group on Strengthening Financial Cooperation and Surveillance*: KOBE RESEARCH PROJECT.

河合正弘. 2010a. "第八節 金融協力." 日本国際フォーラム叢書. 『東アジア共同体白書二〇一〇』 第一部 第二章.

___. 2010b. "第七節 金融協力." 日本国際フォーラム叢書. 『東アジア共同体白書二〇一〇』 第二部 第二章.

黒田東彦·伊藤元重. 2010. "東アジア経済統合に向けて: 為替協力と域内自由貿易." NIRA(National Institute for Research Advancement) 対談シリーズ, No. 53.

服部高明. 2008. "第4章 21世紀の日本経済の針路: 東アジア通貨統合." 東アジア共生研究会. 『東アジアの中の日本: 環境·経済·文化の共生を求めて』

ASEAN. http://www.asean.org/index.html

ECB. http://www.ecb.int/home/html/index.en.html

결론

이용욱. 2011. "중국의 선택: 위안화 국제화와 기축통화의 정치·경제." 『신아시아』 제18권 1호.

Abbott, Andrew. 2001. *Time Matters: On Theory and Method.* Chicago: University of Chicago Press.

Ba, Alice. 2010. *(Re)Negotiating East and Southeast Asia: Region, Regionalism, and the Association of Southeast Asian Nations.* Stanford: Stanford University Press.

Eichengreen, Barry. 2010. "Managing a Multiple Reserve Currency World." *Report on The Future Global Reserve Systeman Asian Perspective.* The Asian Development Bank (http://aric.adb.org/grs/papers/Eichengreen.pdf).

Grimes, William. 2009. *Currency and Contest in East Asia: The Great Power Politics of Financial Regionalism.* Ithaca: Cornell University Press.

Hayashi, Shigeko. 2006. *Japan and East Asian Monetary Regionalism: Towards a Proactive Leadership Role?* London: Routledge.

Ikenberry, John. 2001. *After Victory: Institutions, Strategic Restraints, and the Rebuilding of Order after Major Wars.* Princeton: Princeton University Press.

Jiang, Yang. 2010. "Response and Responsibility: China in East Asian Financial Cooperation." *Pacific Review* 23(5).

Katada, Saori. 2009. *Politics that Constrains: The Logic of Fragmented Regionalism in East Asia.* EAI Fellow Program Working Paper #21. Seoul: East Asian Institute.

Katzenstein, Peter. 2005. *A World of Regions: Asia and Europe in the American Imperium.* Ithaca: Cornell University Press.

Lu, Catherine. 2009. "Political Friendship among Peoples." *Journal of International Political Theory* 5(1).

Martin, Lisa. 1992. "Interests, Power, and Multilateralism." *International Organization* 46(4).

Mearsheimer, John. 1994. "The False Promise of International Institutions." *International Security* 19(3).

Pouliot, Vincent. 2001. "Multilateralism as an End in Itself." *International Studies Perspective* 12(1).

Powers, Kathy and Gary Goertz. 2011. "The Economic Institutional Construction of Regions: Conceptualization and Operationalization." *Review of International Studies* (Online Publication).

Ruggie, John. 1992. "Multilateralism: The Anatomy of an Institution." *International Organization* 46(3).

Sewell, William. 2001. *Logics of History: Social Theory and Social Transformation.* Chicago: University of Chicago Press.

Sohn, Injoo. 2008. "Learning to Cooperate: China's Multilateral Approach to Asian Financial Cooperation." *China Quarterly* 194, June.

Tiberghien, Yves. 2011. *East Asian Politics and the Great G20 Games: Convergence and Divergence in Chinese, Korean, and Japanese Approaches.* EAI Fellow Program Working Paper Series #29. Seoul: East Asian Institute.

아연동북아총서 6

동아시아 금융 지역주의의 정치경제 제도적 발전과 쟁점들

1판1쇄 | 2012년 2월 23일

엮은이 | 이용욱
펴낸이 | 이내영
펴낸 곳 | 아연출판부
등록 | 2000년 5월 24일 제6-376호
주소 | 서울시 성북구 안암동 5가 고려대학교 아세아문제연구소(136-701)
전화 | 02-3290-1600 팩스 | 02-923-4661
홈페이지 | www.asiaticresearch.org

값 12,000원

ISBN 978-89-90769-36-7 94300
978-89-90769-29-9 (세트)

이 도서의 국립중앙도서관 출판시도서목록(CIP)은 e-CIP 홈페이지(http://www.nl.go.kr/ecip)에서
이용하실 수 있습니다(CIP제어번호: CIP2012000629).